IN QUESTO CREDIAMO

IN QUESTO CREDIAMO

Una semplice spiegazione sul
*Catechismo della Dottrina Cristiana
approvata dagli Arcivescovi e Vescovi
dell'Inghilterre e Galles*

Monsignor A. N. Gilbey

Traduzione dall'inglese a cura di Giorgio Basciu

GRACEWING

1ᵃ Edizione Italiana 2015

Gracewing
2 Southern Avenue,
Leominster
Herefordshire HR6
0QF
GB-Inghilterra
www.gracewing.co.uk

Traduzione dall'inglese a cura di Giorgio Basciu

© Revmo. Mons. A. N. Gilbey (1983) per il testo
© The Catholic Truth Society per le citazioni dal
Catechism of Christian Doctrine
© Costello Publishing Co. per le citazioni dal Concilio Vaticano II
© Collins per la citazione da *The Screwtape Letters*

Tutti i diritti riservati. Nessuna parte del testo di questo libro può essere riprodotta o trasmessa in qualsiasi forma o con qualsiasi mezzo, elettronico o meccanico, incluso le fotocopie, la trasmissione facsimile, la registrazione, il riadattamento o l'uso di qualsiasi sistema di immagazzinamento e recupero di informazioni, senza il permesso scritto dell'editore.

Il diritto di A. N. Gilbey, autore di questo libro,
è protetto dalla legge sul diritto d'autore.

ISBN 978 085244 804 5

Nihil obstat: Michael Quinlan JCD
Imprimatur: ✠ Thomas, *Ep. Salf.*
Salfordiensis, 5 mensis Octobris MCMLXXXII

Il *nullaosta* e l'*imprimatur* sono dichiarazioni ufficiali secondo cui il materiale da stampare è esente da errori morali o dottrinali in base agli insegnamenti della Chiesa. Ciò non indica però che la stessa Chiesa approva le opinioni in esso contenute.

Prefazione all'Edizione Italiana

Come primo editore privato di *We believe* sono ben lieto di presentare *In Questo Crediamo*, Edizione Italiana dell'opera che, nelle sue diverse edizioni, ha già venduto 20.000 copie e raggiunto così un pubblico ben più vasto di quello originariamente immaginato dall'Autore; si tratta di un riscontro straordinario per un testo di natura catechetica, che gli editori statunitensi hanno ragione di definire una vera e propria "hit". Con a questa nuova edizione, per la quale ringrazio Gracewing, già editrice dell'Edizione Inglese, le parole di Mons. Gilbey raggiungono finalmente anche i lettori del bel paese. L'impaginazione su TeX dei documenti elettronici per la stampa è a cura di Adrian Mathias.

Nei cento semestri, dal 1932 al 1965, durante i quali Mons. Gilbey è stato Cappellano degli studenti cattolici dell'Università di Cambridge, il corso d'insegnamenti che impartiva a coloro che gliel'avessero chiesto raggiunse una fama leggendaria. *In Questo Crediamo*, frutto di un'intera vita di meditazione sulle verità della Rivelazione e sulle rivendicazioni esclusive della Chiesa Cattolica, ma anche della consapevolezza che diverse sensibilità hanno bisogno di essere nutrite in modi diversi, racchiude l'intero corso offerto da Mons. Gilbey.

L'Autore, responsabile di oltre quaranta vocazioni al sacerdozio o alla vita religiosa, credeva fermamente che chiunque fosse stato sufficientemente motivato avrebbe trovato nel suo libro, per citare il defunto Arcivescovo di New York, il Cardinale John O'Connor, "cibo per gli affamati e acqua per gli assetati". "Ci aiuta a rinsaldare la nostra fede".

Sono certo che i lettori dell'Edizione Italiana, definita eccellente dal Bibliotecario Vaticano sia per l'ortodossia del testo, sia per la qualità della traduzione, concorderanno con l'Autore sul valore di una presentazione oggettiva degli insegnamenti della Chiesa, e condivideranno il pensiero del Cardinale.

La Postfazione racconta una breve storia della pubblicazione dell'edizione originale dell'opera.

Victor Walne

Cambridge 2015

Indice generale

PREFAZIONE ALL'EDIZIONE ITALIANA — v
INTRODUZIONE — ix

1. Il Fondamento della Fede nella Ragione — 11

PARTE I FEDE

2. La Rivelazione Divina — 25
3. Tre Persone, un solo Dio — 39
4. Gesù Cristo, Dio incarnato — 51
5. Nascita, Morte e Resurrezione di nostro Signore — 59
6. L'ascensione, la seconda venuta e lo spirito santo — 67
7. La chiesa — 77
8. La Chiesa visibile — 89
9. La comunione dei Santi — 101
10. La remissione dei peccati — 111
11. La resurrezione della carne e la vita eterna — 119

PARTE II SPERANZA

12. La Grazia e la Preghiera — 127
13. La Beata Vergine — 145
14. I Sacramenti: Battesimo e Cresima — 151
15. Il sacramento centrale: la Santa Eucaristia — 159
16. La Penitenza — 177
17. L'Unzione degli Infermi, l'Ordine e il Matrimonio — 189

PARTE III CARITÀ

18	I Primi Tre Comandamenti	201
19	Il Quarto e il Quinto Comandamento	217
20	Il Sesto e il Nono Comandamento	231
21	Il Settimo, il Decimo e l'Ottavo Comandamento	237
22	I Precetti della Chiesa	245

APPENDICI

Elementi essenziali e accessori   254

ESTRATTI DAI DOCUMENTI DEL
   SECONDO CONCILIO VATICANO   259

In Questo Crediamo: POSTFAZIONE   268

I numeri indicati in apice all'interno del testo rimandano a una selezione di estratti dai documenti del Concilio Vaticano II che si trovano riuniti in appendice.

L'acronimo VA sta per Versione Autorizzata, anche nota come Bibbia di re Giacomo. Si tratto di una delle traduzioni in lingua inglese del testo sacro più diffuse.

Introduzione

Questo libro è tratto dalle registrazioni di un corso di Insegnamenti sulla Fede che ho tenuto per tutti coloro che me lo avessero domandato; il tono e il linguaggio sono pertanto colloquiali, e il procedere spesso ripetitivo. Gli incontri avvenivano a cadenza settimanale, in modo che i discenti avessero tempo sufficiente per riflettere sui temi affrontati nel precedente incontro prima di passare a quello successivo. La lettura di questo libro richiede un approccio meditativo ed è opportuno che sia fatto oggetto di preghiera.

Domine, ne respicias peccata mea, sed fidem Ecclesiæ tuæ.

A. N. G.

La verità sola è degna della nostra intera devozione

Fr Vincent McNabb O.P.

CAPITOLO 1

Il Fondamento della Fede nella Ragione

Ciò che propongo come base per le nostre conversazioni è il Catechismo della Dottrina Cristiana, approvato dai Vescovi e Arcivescovi di Inghilterra e Galles e pubblicato dalla Catholic Truth Society. Il Catechismo costituisce un tentativo straordinario e prezioso di concentrare tutta la teologia cattolica in un testo breve e comprensibile anche per un bambino, ed è proprio per questa sua completezza che ho deciso di utilizzarlo come riferimento. Mi preme sottolineare innanzitutto che il Catechismo non è una serie di affermazioni di fede sconnesse le une dalle altre, bensì un'unica e coerente filosofia di vita. A Dio piacendo, queste istruzioni vi condurranno proprio a tale filosofia di vita.

Il Catechismo cerca di coprire la totalità di ciò in cui credono i Cattolici. L'indice di questo libro rappresenta lo schema fondante del Catechismo; come potete vedere, l'intero sistema si sviluppa su tre aspetti: Fede, Speranza e Carità, le tre virtù teologali che hanno come fine e oggetto Dio Onnipotente. Accettare e praticare Fede, Speranza e Carità significa adempiere a tutti i doveri dell'uomo. La quarta sezione del Catechismo, dedicata ai Sacramenti, è solo apparentemente un'eccezione allo schema. Per ragioni logiche e teologiche, i Sacramenti rientrerebbero nella sezione della Speranza ed è appunto in tale contesto che tratterò tale argomento. Suppongo che il Catechismo li collochi in una sezione a sé al fine di poter sviluppare l'argomento in modo più esteso e approfondito.

A proposito del corpo del Catechismo che andiamo ora a prendere in esame, una delle mie poche critiche a questa opera, che ammiro molto, riguarda il fatto che la parola FEDE sia menzionata prima del Capitolo 1. Come vedrete, questa parola dovrebbe invece trovarsi tra il punto 8 e il punto 9. Il punto 9, "Che cos'è la Fede?", è l'inizio di un nuovo capitolo e coincide con il punto in cui il Catechismo comincia a trattare della Fede. Trovo fuorviante che la parola FEDE si trovi all'inizio dell'opera, dal momento che le prime otto domande hanno proprio lo scopo di inculcare nella mente del bambino la premessa della fede, ovvero il suo fondamento nella ragione naturale, un concetto che deve essere compreso prima di poter affrontare Fede, Speranza e Carità. Le tre virtù teologali, come vedremo più avanti, sono tutte doni di Dio Onnipotente. Tuttavia, prima di cominciare a parlare dei Suoi doni a noi, dobbiamo innanzitutto esercitare le nostre menti a cercare di arrivare a un concetto razionale di Dio Onnipotente, della nostra natura e del nostro rapporto con Lui.

Noi crediamo sia possibile, anche prescindendo dalla nozione di rivelazione divina, che la mente umana, se libera da pregiudizi, possa giungere alla conoscenza, per quanto molto limitata, di cinque concetti: l'esistenza di Dio Onnipotente; la Sua natura; la nostra natura, il nostro rapporto con Lui e l'immortalità dell'anima; il libero arbitrio dell'uomo; la nostra conseguente responsabilità.

Questi cinque concetti (l'esistenza di Dio, la natura di Dio, l'immortalità dell'anima, il libero arbitrio e la nostra conseguente responsabilità) costituiscono una sintesi di ciò che chiamiamo teologia naturale. Noi crediamo che l'uomo possa giungere alla conoscenza di tali concetti e che la stragrande maggioranza degli uomini nel corso della storia l'abbiano in effetti raggiunta, e che abbiano pertanto vissuto nella convinzione che esista un Essere Supremo, che Egli sia un Dio personale, che l'uomo sopravviva alla morte, che sia libero, ma anche responsabili delle proprie azioni.

La migliore presentazione classica di queste verità che, com'è evidente, non sono esclusivamente cristiane, né tanto meno unicamente cattoliche, si trova nella Summa Theologica di San Tommaso D'Aquino. Il suo approccio all'esistenza di Dio Onnipotente è comunemente noto come le "cinque prove". È tuttavia significativo che San Tommaso non utilizzi in realtà la parola "prova". Io cerco sempre di evitare di utilizzare la parola "prova" poiché essa lascia intendere che si tratti di una dimostrazione inconfutabile. Ciò di cui parla San Tommaso sono cinque "vie" che ci conducono alla conoscenza di Dio Onnipotente. Per il momento ci interessano solo due di queste "vie", e su queste vorrei soffermarmi in quanto sono di estrema importanza. Esse presentano infatti molti aspetti pratici applicabili alla nostra vita e costituiscono una premessa indispensabile per la comprensione di molti concetti che affronteremo più avanti.

La prima delle cinque vie di San Tommaso, che rappresenta quasi un'ossessione per me e che trovo straordinariamente utile, è quella che chiama ex contingentia, un concetto che può essere sintetizzato nel seguente modo: nulla esiste in sé. Vi fu un tempo in cui tutto ciò che conosciamo o di cui abbiamo fatto esperienza non esisteva. L'esistenza, o essere, non è pertanto parte della sua stessa natura. L'essere è qualcosa che viene donato, dato, infuso in tutto quello che conosciamo. Ciò significa che tutto quello che conosciamo non esisterebbe se non esistesse un Essere che non solo è, ma che è in sé per sua propria natura e che è in grado di infondere l'essere. Tutto ciò che conosciamo e vediamo era un tempo solo potenza; ora è atto. Se non esistesse quell'Essere che È in Sé per Sua propria natura, in grado di trasformare tutto da potenza a atto, tutto sarebbe ancora potenza.

Reputo questo approccio, o via, di San Tommaso il più utile per diverse ragioni. Prima di tutto, ci aiuta a capire che tutte le cose non solo devono essere chiamate a esistere da Dio Onnipotente, ma da Lui devono essere mantenute in essere in ogni momento. Le cose non diventano necessarie in senso filosofico se chiamate a esistere; esse rimangono "non necessarie" o "contingenti", come prima della loro creazione. Se Dio Onnipotente non mantenesse le cose in essere in ogni momento, esse piomberebbero nuovamente nel nulla dal quale Egli le ha tratte.

È evidente quindi che la potenza creatrice e la potenza conservatrice di Dio Onnipotente, il potere di porre in essere e il potere di mantenere in essere, sono due aspetti inscindibili. Possiamo considerare la potenza creatrice come il primo di una serie di atti di conservazione, o la potenza conservatrice come una serie di atti di creazione.

Questo concetto ci porta alla comprensione dell'"immanenza" di Dio Onnipotente, ovvero la Sua costante presenza in tutto l'universo. Conseguenza dell'immanenza di Dio è la Sua Onniscienza. Poiché Egli è in tutto ciò che esiste, che diversamente non esisterebbe, Egli conosce tutto ciò che esiste: "Anche i capelli del vostro capo sono tutti contati" (Luca XII, 7).

Questa verità costituisce un meraviglioso fondamento per una vita di preghiera, o per ciò che chiamiamo "praticare la presenza di Dio". Non vi è attimo, né esiste luogo senza la presenza di Dio Onnipotente. Non solo Egli è nei nostri corpi e in tutti gli oggetti materiali, ma anche nei nostri pensieri, nelle nostre speranze e paure e nei nostri desideri. Senza Dio essi non potrebbero esistere. Pertanto, noi siamo sempre in contatto con Lui, perché Egli sa tutto di noi.

Di tutti gli approcci all'esistenza di Dio Onnipotente, l'essere contingente è quello che più immediatamente richiama ciò che sappiamo di Lui dalla Sacra Scrittura. In questa fase non utilizzeremo la Sacra Scrittura come fondamento dei nostri convincimenti, ma solo come conferma di ciò a cui ci porta la ragione. Forse ricorderete quell'episodio, riportato nel libro dell'Esodo, in cui Dio Onnipotente parla a Mosè dal roveto ardente e lo incarica di parlare ai figli di Israele in Suo nome. Mosè chiede quindi nel nome di chi dovrà parlare. La risposta di Dio Onnipotente è una definizione di Sé stesso: "Io sono colui che sono" (Esodo III, 14), in altre parole, "io sono l'essere stesso; qualunque altra cosa è contingente".

Facciamo ora un salto al Nuovo Testamento, senza scordare che lo stiamo utilizzando unicamente come conferma di ciò a cui ci porta la ragione. Una delle affermazioni più chiare della divinità di Nostro Signore Gesù Cristo è quando Egli disse ai Giudei "Abramo esultò nella speranza di vedere il mio giorno" (Giovanni VIII, 56) e i Giudei risposero "Non hai ancora cinquant'anni e hai visto Abramo?" E la sublime risposta: "prima che Abramo fosse, Io Sono". Non "Ero", ma "Sono". "Io sono l'essere stesso".

Il concetto di Dio come l'essere stesso illumina l'intero concetto di eternità. Molto spesso pensiamo erroneamente all'eternità come a un prolungamento infinito del tempo, nel passato e nel futuro, ma l'eternità non è affatto questo. Nell'eternità non esiste successione di eventi. San Tommaso D'Aquino ha una definizione perfetta dell'eternità: *perpetuum nunc*, presente perpetuo. Dio Onnipotente è presenza perpetua in tutta l'eternità.

Esiste un'analogia che potrebbe aiutarvi a capire il rapporto tra tempo ed eternità. Tenete presente però che si tratta solo di un'analogia. In quanto tale, se vi è utile, utilizzatela; se non vi è utile e non è in grado di mostrarvi la verità, non esitate ad ignorarla, e ricordate che così facendo non state abbandonando la verità che tale analogia intende spiegare.

L'analogia, che personalmente ritengo molto illuminante, è pensare all'eternità come a un punto al centro di un cerchio. La geometria ci insegna che un punto non ha estensione nello spazio: semplicemente esiste. Allo stesso modo, l'eternità non ha estensione nel tempo: semplicemente esiste. Quando parliamo di Dio Onnipotente con il nostro linguaggio limitato diciamo che Egli era, è e sempre sarà; sarebbe più corretto dire, dal momento che nell'eternità non esiste successione di eventi, che Egli è sempre. Ora, se pensate al tempo come alla circonferenza di quel cerchio, ciascun punto della quale è egualmente e contemporaneamente presente al centro, potrete forse comprendere come il tempo è tutto egualmente e contemporaneamente presente a Dio Onnipotente. Torneremo su questo concetto più avanti, ma voglio che sia chiaro cosa si intende quando si dice che Dio è l'Essere e che qualunque altra cosa è contingente o dipende da Lui e pertanto non è necessaria in sé.

L'altra via di San Tommaso sulla quale mi voglio soffermare è quella *ex fine*. In un certo senso, questa è la via più conosciuta e quella più attraente per coloro che conducono una vita a contatto con la natura, come i marinai o i pastori. Chiunque viva a stretto contatto con la creazione materiale percepisce inevitabilmente la presenza di un fine o disegno. La creazione non avviene casualmente. Il giorno e la notte, le stagioni e gli anni, non sono una successione casuale. Nulla accade senza un ordine o senza un disegno. La presenza di un disegno implica necessariamente l'esistenza di un Artefice, Qualcuno che ha concepito nella Sua mente, e che ha determinato per Sua volontà, ciò che noi osserviamo.

La *via ex fine*, applicata a Dio Onnipotente, ci conduce un passo più avanti rispetto alla via ex contingentia in quanto ci conduce al concetto di Dio personale. È tuttavia estremamente importante capire bene cosa si intende per "Dio personale". Tale concetto viene spesso male interpretato; ciò avviene principalmente in due modi, molto diversi l'uno dall'altro. Si tende a pensare che quando si parla di Dio personale ci si riferisca a Lui come a un uomo, per quanto non di dimensioni umane, o che ci si riferisca a Gesù Cristo, che in effetti noi crediamo sia una cosa sola con Dio.

Per "persona" intendiamo un essere dotato di mente e di volontà. Per "Dio personale" intendiamo Colui che è, Colui che ha chiamato in essere tutte le cose, che è dotato di una mente per concepire e di una volontà per eseguire la creazione di tutto il visibile e di tutto l'invisibile.

Questi due approcci, la via ex contingentia e la via ex fine, ci portano al concetto di Dio Onnipotente come l'Essere stesso; non una forza cieca, ma un Dio personale. Nel linguaggio comune, la parola "persona" si riferisce unicamente agli esseri umani, ma il suo reale significato è ben più ampio. In teologia possiamo adoperare questa parola per esprimere il nostro convincimento che Dio Onnipotente è una persona, che gli angeli sono persone e che i demoni sono persone in quanto sono tutti esseri dotati di mente e volontà.

Cerchiamo di capire ora in che senso siamo fatti a immagine e somiglianza di Dio. L'uomo somiglia a Dio in quanto è dotato di una mente per concepire e di una volontà per eseguire. La nostra mente è un riflesso, per quanto lontano, della Saggezza che è Dio, e la nostra volontà è un riflesso, per quanto lontano, della Potenza che è Dio. È questo che ci rende simili a Dio Onnipotente; siamo fatti a Sua immagine. Il possesso di queste due caratteristiche divine, la mente per concepire e la volontà per mettere in atto, ci rende unici in tutto il creato visibile. Gli spiriti invisibili come gli angeli e i demoni sono anch'essi dotati di mente e volontà, ma nel creato materiale solo l'uomo possiede il potere divino di sapere e di fare.

In tutto il creato materiale solo l'uomo sopravvive alla morte; il suo corpo muore e si corrompe, ma noi crediamo che la sua anima sopravviva alla morte. I termini "corpo" e "anima", per quanto assolutamente corretti, potrebbero indurre nell'errore di pensare che corpo e anima siano due entità separate, messe insieme solo per la durata di una vita terrena. È più corretto pensare all'uomo come a una singola entità che agisce contemporaneamente su due piani, quello materiale e quello spirituale.[1]

La sua parte materiale, come tutte le cose materiali, si scompone dopo la morte nelle parti materiali che lo componevano. Noi crediamo che la sua parte spirituale, invece, sopravviva alla morte proprio perché non è composta da parti materiali e, pertanto, non può scomporsi.

Ovviamente, nella vita terrena, materia e spirito interagiscono incessantemente. Il piano spirituale viene nutrito costantemente dalle impressioni comunicate dai sensi materiali, e attraverso tali sensi la parte spirituale esprime pensieri, giudizi e riflessioni. Questa attività non è tuttavia materiale.

I sensi riconoscono costantemente, ad esempio, "questo uomo", "quell'uomo" e "l'altro uomo"; possiamo vedere, sentire e toccare i nostri simili. La mente, meditando su queste impressioni, giunge al concetto astratto di Uomo e a quello ancora più astratto di Umanità. Il pensiero va oltre e formula giudizi astratti su concetti astratti, come quando dice: "l'Uomo è mortale". Questo è un esempio che rientra nei livelli più bassi di pensiero di cui è capace la mente umana, ma è sufficiente per comprendere la profonda differenza tra l'attività fisica e quella spirituale dell'uomo. I sensi possono cogliere una quantità enorme, benché limitata, di fenomeni. La mente o anima, invece, può giungere a concetti astratti e formulare giudizi astratti su di essi. Nessuna realtà materiale è in grado di fare altrettanto; la mente o anima è pertanto immateriale.

L'altra ragione che ci spinge a credere che la mente o anima sia immateriale è la sua facoltà della riflessione, una facoltà che nessun senso materiale può possedere. L'occhio non può vedere sé stesso, l'orecchio non può sentire sé stesso, ma la mente, la cui funzione è pensare, può pensare a sé stessa che pensa a sé stessa all'infinito. Nessuna realtà materiale è in grado di fare altrettanto.

Noi crediamo che questa facoltà immateriale, che ci consente di pensare e di volere, sia immortale: sebbene Dio Onnipotente possa in ogni momento annullare ciò che ha chiamato in essere (in questa fase, prima di trattare la promessa fattaci per rivelazione divina, non possiamo escludere questa ipotesi), ci pare improbabile che Egli abbia voluto fare dono alle nostre anime di una caratteristica essenziale della quale intenda privarci in seguito.

Quanto detto finora definisce a grandi linee tre dei cinque concetti menzionati in precedenza: l'esistenza di Dio Onnipotente, la Sua natura e la nostra immortalità. Dobbiamo ora affrontare i concetti di libero arbitrio e della nostra conseguente responsabilità. La responsabilità non è altro che la realizzazione del fine, dello scopo o dell'obiettivo di Colui che ci ha chiamati in essere. Colui che da solo ha creato tutte le cose conosce il motivo per cui le ha create. Tutto il creato inanimato adempie necessariamente allo scopo prestabilito da Dio Onnipotente in quanto privo di mente o volontà. Come ho sottolineato in precedenza, in tutto il creato visibile solo l'uomo possiede mente e volontà ed è pertanto in grado di prodigarsi per adempiere allo scopo che Dio Onnipotente ha stabilito quando l'ha chiamato in essere, o di cercare di opporvisi.

Ora, tenendo a mente questi cinque concetti (l'esistenza di Dio Onnipotente, la Sua natura, l'immortalità dell'anima, il libero arbitrio dell'uomo e la nostra conseguente responsabilità), vorrei esaminare i primi otto punti del Catechismo, che rappresentano un tentativo di rendere comprensibili anche per un bambino alcune delle cose che abbiamo detto fin qui. Successivamente, ricollegheremo questi otto punti a quanto finora detto.

P 1   **Chi ci ha creato? – Ci ha creato Dio**

Queste quattro parole racchiudono in sé i concetti di disegno, scopo, condizione e responsabilità. Tante persone vivono senza riconoscere questi concetti e conducono per questo vite infelici nella frustrazione. Queste persone sono tentate di pensare alla vita come a una serie di eventi completamente casuali e privi di scopo, laddove il concetto sul quale abbiamo ragionato fin qui è che vi è uno scopo nell'opera di un Creatore che è Saggezza e Potenza.[2]

Per quanto l'uomo sia un essere intelligente, il cui pensiero riflette la saggezza di Dio, le nostre menti limitate non sono in grado di cogliere la totalità del Suo scopo, ma ci consentono solo di cogliere lo scopo di quella minuscola ma immortale parte del creato che Egli ha affidato a noi: la nostra anima. Ciascuno di noi, nel tentativo di adempiere allo scopo per il quale Dio Onnipotente ci ha chiamati all'esistenza, apporta esattamente il contributo richiestogli per l'attuazione della totalità del disegno. Esiste pertanto un disegno, uno scopo e una conseguente condizione per ciascun uomo.

Ciò che è vero di un uomo lo è anche di tutti gli altri esseri umani, e rende ogni uomo oggetto di ammirazione, venerazione e amore. Ciascuno di noi è pertanto immensamente importante, non già grazie a noi stessi o alle nostre azioni, ma in quanto è la volontà di Dio Onnipotente che ci ha chiamati in essere e che in essere ci mantiene.

Pensate a quante persone infelici esistono al mondo, persone colpite da un male tipico della nostra generazione, che li porta a dubitare della loro stessa identità. Molti di loro sono infelici proprio perché prendono come parametro di valori non Dio Onnipotente ma il loro prossimo, e sentono di non essere voluti, di non avere ragione di esistere. Noi che crediamo nel concetto di Dio personale sappiamo che, per quanto vana e priva di scopo la nostra vita possa sembrare a noi stessi e al nostro prossimo, tutti noi abbiamo ragione di esistere. Esistiamo perché tale è la volontà di Dio. Non siamo la giustificazione di noi stessi: *Non però che da noi stessi siamo capaci di pensare qualcosa come proveniente da noi, ma la nostra capacità viene da Dio.*(2 Corinzi III, 5)

La domanda successiva che pone il Catechismo è perché Dio Onnipotente ci ha chiamati in essere. La risposta è:

Dio ci ha creati per conoscerlo, amarlo e servirlo in   P 2
questa vita, e per goderlo poi nell'altra, in paradiso.

La successione di conoscere, amare e servire è significativa: dalla conoscenza di Dio Onnipotente consegue il nostro amore per Lui e la nostra volontà di esprimere questo amore servendolo. La seconda parte della risposta rappresenta un concetto del quale non possiamo veramente avere certezza, a meno di muovere la riflessione a partire dalla rivelazione divina, che però affronteremo solo più avanti.

Dio ci ha creati a Sua immagine e somiglianza   P 3

e ci ha fatto dono di mente e volontà, riflesso della sua saggezza e potenza infinite. Siamo dotati di libero arbitrio, che se esercitato opportunamente, ci consente di fare la volontà di Dio Onnipotente. È questo lo scopo del libero arbitrio: agire secondo la Sua volontà svolgendo il nostro compito all'interno del Suo disegno.[3]

Il Catechismo prosegue quindi con una considerazione sull'anima:

Questa somiglianza a Dio risiede soprattutto nella mia   P 4
anima.

Il mio corpo mi accomuna con gli animali inferiori; la mia anima è un riflesso di Dio Onnipotente.

La mia anima somiglia a Dio perché è spirito ed è im-   P 5
mortale.

Questa risposta potrebbe essere fuorviante in quanto l'analogia non è precisa. L'anima è in effetti spirito, come lo è Dio Onnipotente, ma immortalità ed eternità non sono sinonimi. La risposta successiva propone una definizione di immortalità:

Dire che la mia anima è immortale significa che la mia   P 6
anima non può morire.

Una definizione analoga di eternità potrebbe essere la seguente: "Dire che Dio Onnipotente è eterno significa che Dio Onnipotente non può non essere".

Devo avere molta cura della mia anima, poiché Cristo   P 7
ha detto, "Che giova infatti all'uomo guadagnare il
mondo intero, se poi perde la propria anima?"

Naturalmente la risposta è: "Nulla". Vorrei ampliare in certa misura questo concetto, senza tuttavia modificarlo, ma solo enfatizzarne il significato: "Che giova infatti all'uomo (sebbene ovviamente non sia possibile) guadagnare il mondo intero *per Cristo* se poi perde la propria anima?" La risposta, ancora una volta, è: "Nulla", perché ciascuno di noi viene messo al mondo per fondare il regno di Dio nella propria anima. Nel fare ciò, adempieremo completamente allo scopo della nostra esistenza.

Tengo a evidenziare particolarmente questo punto perché buona parte del cristianesimo moderno sembra credere che lo scopo della nostra esistenza sia quello di risolvere i problemi del mondo. Per poter dare un contributo concreto in questo senso è prima necessario fondare il regno di Dio nei nostri cuori. Noi abbiamo questo compito fondamentale in ogni momento; qualsiasi effetto abbiamo sul mondo esterno è necessariamente una tracimazione, una conseguenza o uno strumento legati a tale compito. Il nostro interesse primo non è il Terzo Mondo, bensì il nostro stesso cuore.

Un giorno, rispondendo a un amico che si lamentava della scelleratezza del mondo, San Pietro d'Alcàntara disse: 'Il rimedio è semplice. Io e te dobbiamo innanzitutto essere ciò che è giusto che siamo; avremo allora curato quanto riguarda noi due. Che ciascuno faccia lo stesso, e tutto si aggiusterà. Il guaio è che vogliamo tutti riformare gli altri, ma non riformiamo mai noi stessi.'

Il raggiungimento della santità è il totale compimento della propria vocazione, e può avere effetti sul mondo esterno come può anche non avere alcuna conseguenza visibile. Prendete ad esempio la vita di un contemplativo di clausura, i cui effetti sul mondo sono assolutamente trascurabili. Probabilmente nessuno ne vedrà alcun effetto, ma il bene fatto da un contemplativo va al di là delle nostre capacità di misurarlo.

Il concetto che ciascuno di noi non solo è una creazione unica di Dio Onnipotente, ma ha anche una vocazione unica e personale, è un elemento fondamentale per la comprensione del significato di vocazione, e per questo richiede particolare attenzione e riflessione. Ciascuno di noi possiede una combinazione unica di doni, di limiti e di compiti da svolgere che non è uguale a quella di nessun altro. La vocazione di ciascuno è unica e personale, e nel cercare di compierla si raggiunge la santità. Tutto ciò avviene esclusivamente nel rapporto tra il singolo individuo e Dio Onnipotente.

Mi chiedo se conosciate quella meravigliosa frase scritta dal Cardinale Newman nella sua *Apologia pro Vita Sua* in cui dice di non riuscire a richiamare alla memoria un tempo in cui non esistessero per lui "due soli esseri assoluti e luminosamente evidenti in sé stessi", lui medesimo e il suo Creatore. Il successo o il fallimento della vita di un uomo dipendono unicamente da come egli ha vissuto il rapporto con il suo Creatore, e da tale rapporto è emanata qualsiasi altra valutazione. "Tu amerai il Signore tuo Dio con tutto il cuore, con tutta l'anima, con tutta la mente e con tutte le forze" e, conseguentemente, "il prossimo tuo come te stesso;" in altre parole, amalo come ami te stesso, ovvero auguratila sua salvezza e realizzazione eterne. Più importante di qualsiasi altra cosa è che noi amiamo noi stessi come quella piccola parte del creato che è affidata a noi.

Ancora una volta ricorrerò ad analogie e similitudini; come ho già detto, fatene tesoro se le trovate utili, diversamente non esitate a ignorarle.

Una di queste analogie, poco utilizzata al giorno d'oggi, prende ad esempio gli artigiani tappezzieri che, seduti in fila l'uno a fianco all'altro su degli sgabelli, lavorano il tessuto per il verso. Ciascuno di essi esegue con estrema precisione la porzione di ricamo assegnatagli. Se uno di essi, notando che l'artigiano seduto cinque sgabelli più in là non sta lavorando a un ritmo sufficiente, andasse ad aiutarlo, ne deriverebbe solo confusione in quanto starebbe trascurando il proprio lavoro. Il compito di ogni artigiano è quello di svolgere la porzione di lavoro che gli compete. Se tutti gli artigiani eseguono il proprio compito con precisione, a lavoro ultimato potranno passare dall'altra parte e vedere l'intero disegno prendere vita. Se anche uno solo di loro pensasse di poter migliorare o cambiare il motivo assegnatogli, o pensasse di doverlo trascurare per aiutare qualcun altro, genererebbe solo confusione.

Un altro esempio è costituito dagli attori su un palcoscenico: ciascun attore, immerso nel suo personaggio, per tutto il tempo in cui si trova sul palcoscenico è quel personaggio. È il suo contributo alla rappresentazione. Se un attore pensasse "il protagonista non sta recitando le sue battute molto bene; proverò a recitarle meglio io", causerebbe solo confusione. Ciascun attore, nell'interpretare perfettamente il suo ruolo, non solo adempie alla sua funzione ma assicura anche la buona riuscita dell'intera rappresentazione.

In un certo senso, il resto di questo corso è dedicato alla seguente risposta:

P 8 **Per salvare la mia anima devo adorare Dio con Fede, Speranza e Carità, ossia devo credere in Lui, devo sperare in Lui e devo amarlo con tutto il mio cuore.**

PARTE I

FEDE

CAPITOLO 2

La Rivelazione Divina

Sin qui, ho cercato di gettare nella vostra mente le basi necessarie per poter cominciare a discutere se Dio abbia rivelato più di Sé stesso di quanto ci riveli la nostra sola ragione. In altre parole, se vi sia stata ciò che chiamiamo la rivelazione di Dio Onnipotente all'umanità. Ho cercato di spiegare che la ragione umana è in grado di riconoscere l'esistenza di Dio Onnipotente, la Sua natura, la nostra immortalità, la nostra libertà e conseguente responsabilità. La morale consiste essenzialmente nel cercare di capire qual'è il volere di Dio Onnipotente e nel cercare di fare il Suo volere. Ciò costituisce non solo il fondamento della morale, ma anche la realizzazione della nostra natura e del nostro essere; possiamo realizzare noi stessi solo attraverso Dio Onnipotente.

Ho anche sottolineato la necessità di instaurare quello che potremmo chiamare un rapporto "verticale" tra noi stessi e Dio Onnipotente prima di poter anche solo tentare di instaurare un rapporto tra noi stessi e il nostro prossimo. In sintesi, la fratellanza tra uomini non ha alcun significato senza la paternità di Dio. Fratellanza significa essere figli dello stesso Padre. Ciascuno di noi trae la propria immensa importanza dal fatto che Dio Onnipotente ha pensato di chiamarci in essere e di mantenerci in essere. L'origine dell'importanza di ciascuno di noi è anche l'origine dell'importanza di chiunque altro.

Ci spostiamo ora da questo concetto fondamentale alla questione, piuttosto diversa, se Dio Onnipotente ci abbia rivelato anche altro di Sé. A questo punto siamo in grado di renderci conto che non è improbabile, perché ciò che sappiamo, e che è certo in quanto crediamo che lo sia, non ci conduce fin dove vorremmo arrivare; non risponde in nessun modo alle domande che vorremmo porre, molte delle quali non avranno risposta, com'è nella natura delle cose, fino a quando non vedremo la luce dell'eternità.

La religione cristiana insegna che Dio Onnipotente ha in effetti dato vita per noi a un intero ciclo di conoscenza che non avremmo altrimenti potuto raggiungere. Non possiamo aspettarci che il suo intero contenuto sia alla portata della nostra mente; sarebbe incompatibile con l'ordine secondo il quale Dio Onnipotente governa l'universo. La rivelazione divina dovrebbe quindi contenere verità a cui noi non potremmo arrivare senza il Suo aiuto e che riusciremmo ad accettare solo attraverso la nostra fede nel Rivelatore. Deve essere compatibile con la ragione umana: ciascuna verità deve essere compatibile con tutte le altre verità, non può contraddire la ragione, per quanto possa essere al di fuori dalla portata della ragione stessa. La accetteremo per fede in Dio Onnipotente, il Rivelatore, perché crediamo in Lui e perché crediamo che Egli sia la Verità stessa.[4]

Nella vita quotidiana operiamo normalmente una distinzione tra il contenuto di una rivelazione e la credibilità di chi rivela. Crediamo continuamente a delle cose perché ci vengono dette da altre persone, e nel caso della vita quotidiana molte di queste cose possono essere verificate. Vorrei sottolineare ancora una volta quanto sia assolutamente normale per noi credere a qualcosa solo perché ci viene detto. Mi preme sottolinearlo perché per noi non dovrebbe essere più difficile applicare al nostro rapporto con Dio Onnipotente ciò che applichiamo quotidianamente al nostro rapporto con il prossimo.

Vi faccio un esempio lampante: perché credo a ciò che credo di sapere su di voi? Proprio perché me lo avete detto voi. Perché credo che il vostro nome sia quello che mi avete detto? Ovviamente potrei verificarlo, potrei fare una telefonata e chiedere conferma, o chiedere di vedere il certificato di nascita. Ma non è questo il motivo per cui vi credo. Vi credo per via della vostra credibilità. Vi propongo un altro esempio: se un insigne professore mi dicesse qualcosa di attinente alle sue conoscenze specialistiche, delle quali io non avessi alcuna nozione e che quindi non potessi verificare, crederei a ciò che mi dice in virtù del fatto che la sua serietà e attendibilità sono riconosciute.

Insisto su questi punti perché il contenuto della rivelazione di Dio Onnipotente va oltre la nostra capacità di verifica o, nel caso dei misteri, di comprensione. Accettiamo ciò che ci viene rivelato perché crediamo che sia stato rivelato da Dio Onnipotente e perché sappiamo che Egli è verità. Pertanto, crediamo alla Sua rivelazione per fede. È a questo punto che cominciamo ad affrontare la questione di cosa significhi atto di fede.

La prima domanda di questa sezione del Catechismo è: "Che cos'è la Fede?" È a questo punto che avrebbe dovuto trovarsi il titolo "FEDE", non all'inizio del Catechismo. La risposta a questa domanda è una di quelle definizioni straordinariamente chiare del Catechismo, che ritengo sarebbe utile imparare a memoria.

Ci sono solo tre o quattro definizioni che vi consiglio vivamente di imparare a memoria, e la seguente è senza dubbio una di queste:

La fede è quel dono soprannaturale di Dio che ci rende capaci di credere al di là di ogni dubbio a tutto ciò che Dio ha rivelato. P 9

Quando, da bambino, studiavo il Catechismo, imparavamo tutto a memoria. Vorrei tanto che le persone avessero quella capacità di memorizzare che sembrano aver perso. C'è oggi chi considera l'insegnamento mnemonico un sistema risibile, solo un giochetto da pappagalli senza alcun valore. Niente di più contestabile; il bambino che imparava il Catechismo a memoria spesso non capiva l'esatto significato di ciò che stava assimilando; ma una volta impressa una definizione nella sua mente, il bambino avrebbe avuto per il resto della sua vita un concetto su cui tornare e riflette. Con i moderni metodi di insegnamento, al bambino non rimane nulla su cui tornare o su cui riflettere.

Se non vi dispiace segnare il vostro Catechismo, vi consiglio di sottolineare due parole: "dono" e "tutto". Cominciamo con "dono".

L'importanza di questa parola risiede tutta nel fatto che essa evidenzia un atto di volontà, poiché l'intelletto è stato sufficientemente preparato da consentire che la volontà agisca liberamente. È la volontà, mossa dalla Grazia, che fa sì che la mente creda. Come ho detto in precedenza, noi assomigliamo a Dio in due modi: siamo dotati di una mente per concepire e di una volontà per eseguire o mettere in atto. Tutte le virtù soprannaturali, Fede, Speranza e Carità, dipendono da atti di volontà; il Catechismo evidenzia questo concetto definendole doni di Dio, poiché donare implica essenzialmente un atto di volontà da parte di due persone. Ciò che sono obbligato a dare a voi, e che voi siete obbligati ad accettare, non è assolutamente definibile come dono. Donare è per sua natura una manifestazione di libertà; io scelgo di dare a voi un libro o un quadro con un atto del libero arbitrio, e voi siete nel modo più assoluto liberi di accettarlo o di rifiutarlo.[5]

La natura stessa di un dono implica un atto del libero arbitrio, e lo stesso vale per la Fede: deve essere liberamente offerta da Dio Onnipotente e, naturalmente, deve essere liberamente accettata dall'individuo. Non può essere imposta.

È necessario, quindi, qualcosa di più di un semplice atto dell'intelletto. Il nostro intelletto, di fronte all'evidenza, non è libero. Non si può seguire un ragionamento di cui si accettano tutti i passaggi, ma non la conclusione. La mente deve arrivare alla conclusione. Non si può accettare la validità delle ipotesi di una dimostrazione matematica e di ciascuno dei passaggi logici successivi, per poi dire: "No, non accetto la conclusione". L'intelletto non ha la libertà di fare una cosa del genere; è già giunto alla conclusione. Un atto di fede, invece, è qualcosa di completamente diverso. Poiché la Fede è un dono di Dio Onnipotente, noi abbiamo la facoltà di accettarlo o di rifiutarlo; è per questa ragione che la Fede è una virtù.

Accettare le conclusioni della ragione non può essere una virtù in quanto la mente non ha alternative. Potete ricevere lodi per la diligenza o l'impegno che vi hanno consentito di utilizzare bene la ragione, ma non per aver raggiunto la conclusione alla quale vi conduce la ragione, in quanto la conclusione non implica alcuna scelta.

Nostro Signore loda continuamente le persone per i loro atti di fede: "Presso nessuno in Israele ho trovato una fede così grande" (Matteo 8, 10). Un atto di fede, di accettazione di ciò che Dio Onnipotente rivela, è un atto del libero arbitrio. Nostro Signore opera costantemente miracoli che sostengono la Sua Divinità, e tali miracoli vengono spesso definiti, con eccessiva sciolezza, "prove" della Sua Divinità. Non sono prove rigorose in senso matematico; in altre parole, non ci lasciano senza alternative se non accettare il fatto che Egli è Dio. Se aveste visto Cristo sollevare un uomo per la testa, vi verrebbe da dire, "Deve essere Dio", ma non ne potreste essere convinti al di là di ogni dubbio. Potreste dire, "Ci deve essere una spiegazione logica per questo fenomeno". Essere testimoni di fenomeni per i quali non avete una spiegazione non vi persuaderebbe inevitabilmente a credere nella divinità di Cristo. Per quanto estremamente convincenti possano essere i fenomeni essi non possono, per loro stessa natura, condurre a un'unica conclusione. Non è possibile dimostrare un mistero.

Come ho già detto, un atto di fede deve essere compatibile con la ragione; non può non avere senso; non può contraddire ciò che vi dice la vostra mente. Ma una volta che vi sarà mostrata la compatibilità della rivelazione cristiana con la ragione (e il compito di un corso di Insegnamenti sulla Dottrina della Fede è proprio quello di dimostrare la compatibilità della rivelazione con la verità naturale), e una volta che sarete stati testimoni o sarete venuti a conoscenza di un qualsiasi numero di altri fenomeni che tendono a suggerire che la rivelazione è autentica, la vostra volontà sarà comunque libera di accettare o di rifiutare la credibilità della rivelazione di Dio all'umanità.

Il carattere puramente espositivo di un corso come questo è ben intuibile dalla pungente risposta data da un prete, alla fine di una giornata faticosa, a una convertita che aveva detto, "Non si aspetterà certo che io ci creda?" Il prete rispose, "Signora, non mi aspetto che lei creda ad alcunché. Mi ha chiesto cosa insegna la Chiesa e io gliel'ho detto". Una religione rivelata può unicamente essere insegnata in modo didascalico.

Intuite quindi l'enorme quantità di significati che implica la parola "dono". L'offerta della fede da parte di Dio Onnipotente, e l'accettazione da parte nostra, sono l'offerta e l'accettazione di un dono. In entrambi i casi si tratta di un atto libero. Questo è il primo di una lunga serie di esempi, che prenderemo in considerazione in questo corso, della nobiltà del libero arbitrio dell'uomo, che ci permette di "giocare contro" Dio Onnipotente. Tutto ciò che tratterò d'ora innanzi è legato a questa interazione tra gli esseri finiti come voi e me, e Colui che è. L'altra parola da sottolineare nella definizione è "tutto". Il concetto alla base di questa parola è che siamo invitati attraverso un singolo atto ad accettare la rivelazione cristiana nella sua totalità.

Si tende generalmente a credere che per diventare cattolici sia necessario accettare, ad esempio, una serie di 25 affermazioni. Non è così; per diventare cattolici è necessario accettarne solo una, ossia che la Chiesa cattolica è la rivelazione di Dio. Accettare tutti gli insegnamenti della Chiesa, con un singolo atto, è una diretta conseguenza. L'atto di accettare è il medesimo per il filosofo come per il contadino. Il primo, in virtù della sua maggiore conoscenza naturale, potrebbe necessitare di un corso di insegnamenti di più ampio respiro rispetto al secondo, ma in definitiva entrambi dovranno compiere il medesimo atto di accettazione.

Ricordo un anglicano, intenzionato a convertirsi al cattolicesimo, che un giorno venne da me e mi disse, "Credo già nel sistema dei Sacramenti, nella natura sacrificale dell'Eucaristia, nella Presenza Reale e nel ruolo della Beata Vergine. A quante altre cose devo credere per poter diventare un cattolico?" Gli ho risposto: "Sei probabilmente arrivato a credere a queste cose una alla volta, poiché hai intuito la loro armonia interna e il loro valore nella tua vita spirituale. Se, a Dio piacendo, diventerai cattolico," cosa che mi rallegro di dire ha fatto, "accetterai tutte quelle verità e molte altre, che non c'è bisogno ti elenchi per il momento, non perché arriverai a credere a ognuna di esse individualmente, ma perché fanno parte degli insegnamenti della Chiesa cattolica, che tu hai accettato con un singolo atto di fede. Per cui, vedi, il fondamento della tua fede è assai diverso".

Un contemporaneo di Nostro Signore che fosse giunto per fede divina alla conclusione che Cristo era il Figlio di Dio, avrebbe detto: "Accetto tutto ciò che Gesù Cristo insegna". Se invece avesse detto: "Sì, accetto tutto quello che ho sentito finora; sì, accetto ciò che Gesù ha appena detto; ma non posso impegnarmi ora a credere a quello che potrebbe dire domani", non avrebbe compiuto un atto di fede, proprio perché non si trattava di un singolo atto con il quale accettava tutta la rivelazione grazie alla forza della sua fede nel rivelatore.

Per ritornare all'esempio che ho fatto in precedenza: credo a ciò che mi dite di voi perché siete persone oneste e degne di fiducia. Non dico, "Sì, accetto tutto quello che mi avete detto finora, ma rinvio il mio giudizio su quello che mi direte in futuro". È la persona stessa, il rivelatore, che ha il potere di convincimento, ed è sulla base della fiducia in lui che si accetta tutto in un singolo atto. Solo in seguito potremo intuire come i diversi aspetti degli insegnamenti della Chiesa si arricchiscono e si spiegano a vicenda; ma accettare e credere costituiscono necessariamente un singolo atto, non una serie di atti.

Poiché la Chiesa è lo strumento per mezzo del quale Dio Onnipotente comunica con noi, il Catechismo muove i passi dalla sua meravigliosa definizione di Fede con una serie di questioni sulla Chiesa, un argomento che affronteremo molto più approfonditamente quando tratteremo del nono articolo del Credo. Non scoraggiatevi se al momento progrediamo molto lentamente: stiamo trattando delle basi fondamentali di tutto. Questo solo è il motivo della Fede divina: la conoscenza di Dio e la verità che Egli incarna.

P 10 **Credo a tutto ciò che Dio ha rivelato, perché Dio è la verità e non può ingannare né essere ingannato.**

Credo in ciò che Dio ha rivelato per la testimonianza,   P 11
gli insegnamenti e l'autorità della Chiesa cattolica.

Gesù Cristo ha dato alla Chiesa cattolica l'autorità per   P 12
insegnare quando ha detto: "Andate e insegnate a tutte
le genti". (Matteo XXVIII: 19)

Noi crediamo nella parola di Dio in virtù della Sua suprema conoscenza e verità. Il ruolo della Chiesa è quello di testimoniare quanto Dio ha rivelato attraverso Cristo, di essere portatrice dei Suoi insegnamenti e amministrare, attraverso i Sacramenti, la grazia conquistata sul Calvario.

La natura della Chiesa può essere forse meglio compresa se diciamo che, attraverso l'intero corso della sua vita, dalla prima Pentecoste alla Seconda Venuta di Cristo, essa ha costantemente l'identità di persona. Come una persona acquista crescente conoscenza di sé e capacità di esprimersi, così fa la Chiesa. La Chiesa è come una persona: con il tempo comprende sé stessa sempre meglio ed esprime i suoi pensieri in modo sempre più chiaro e preciso.

Anche la memoria della Chiesa, quindi, è come quella di una persona. È questo che intendiamo quando diciamo che "Essa è la migliore prova di sé stessa, e la sua stessa autorità". Non insegna perché ciò che insegna è scritto da qualche parte, ma insegna perché ciò che insegna è vero. San Paolo definisce la Chiesa con una splendida frase: "essa è il pilastro e il fondamento della verità" (1 Timoteo III, 15), e per questo non ammette appello sui suoi insegnamenti ad alcuna autorità superiore, come quando qualcuno chiede: "Da chi ha appreso queste cose?" Gli insegnamenti della Chiesa sono costantemente confermati dalle Scritture, dall'archeologia, dalla storia dell'uomo, dall'esperienza e via dicendo, ma la Chiesa non insegna *grazie a* queste conferme.

Una persona è in grado di dire sempre più su sé stessa col crescere delle sue facoltà intellettive. Se seguissi un corso di psicologia, medicina o economia, ad esempio, sarei in grado di dirvi più su me stesso di quanto non lo sia ora. Allo stesso modo, la Chiesa adotta costantemente discipline diverse dalla sua per spiegare la verità immutata nella quale ha sempre creduto. Lasciate che vi proponga alcuni esempi.

Noi crediamo che gli Apostoli conoscessero Cristo come uomo e abbiano creduto dopo la Resurrezione, se non prima, che Egli era Dio stesso. La Chiesa non utilizza però da secoli la terminologia della filosofia greca, come faceva a Calcedonia e a Nicea, per spiegarlo.

La Chiesa ha sempre creduto nella Presenza Reale di Cristo nella Santa Eucaristia, ma la formulazione precisa di questo concetto dovette attendere le definizioni aristoteliche di sostanza e accidente. Ancora, i concetti di biologia e evoluzione possono oggi essere utilizzati per spiegare la natura della Chiesa come corpo mistico di Cristo. Tuttavia, la citazione paolina "siamo molti e siamo un corpo in Cristo"(Romani XII, 5), indica che San Paolo credeva ciò che crediamo noi, ma non utilizza lo stesso linguaggio per esprimerlo.

Facciamo una pausa per riassumere i concetti che abbiamo affrontato fino a questo punto. Vi ho presentato il concetto di rivelazione, ovvero un corpo di verità offertoci da Dio Onnipotente e altrimenti inaccessibile e incomprensibile dalla nostra ragione. Ho descritto brevemente il concetto di atto di fede, per mezzo del quale accettiamo la rivelazione. Ho sottolineato che noi accettiamo la rivelazione divina grazie alla nostra fede nel Rivelatore, non perché siamo obbligati per logica a farlo dal contenuto stesso della rivelazione che, come mi sono sforzato di spiegare, non può per sua natura essere compresa dalla ragione umana, sebbene debba per necessità essere compatibile con la ragione perché la verità non può contraddire la verità.

Da qui, siamo passati alla Chiesa cattolica come portatrice e veicolo sulla terra della rivelazione. La Chiesa sostiene di essere unica detentrice della rivelazione di Dio all'umanità ed esprime tale verità immutata con crescente precisione e cognizione. La verità in sé è per sua stessa natura immutabile e, allo stesso modo, l'identità della Chiesa è immutabile in quanto continuazione di Cristo in forma collettiva, dalla prima Pentecoste alla Seconda Venuta.

Dal concetto dell'identità immutata della Chiesa, appare chiara l'idea che essa non esprima altro che sé stessa; non esiste una fonte, per così dire, che attraverso di essa si esprime; la Chiesa viene spesso sostenuta dalle fonti e dalle prove, ma non esprime mai nulla che sia altro da sé.

Si percepisce immediatamente quanto questa visione del cristianesimo sia completamente diversa da qualsiasi altra visione a noi familiare, per lo meno nel mondo occidentale. Tutte le altre visioni del cristianesimo parlano della Chiesa (o delle "chiese") come se esprimesse qualcosa di diverso da sé, sia quel qualcosa la Bibbia o gli insegnamenti della Chiesa Indivisa o gli insegnamenti dei primi cinque Concili. Per quale motivo crediamo a quello che una persona ci dice ? Vi ho fatto l'esempio del vostro nome; se mi dite il vostro nome, io credo che sia vero per via della vostra credibilità. Se in quel momento aveste cercato di dimostrarlo tirando fuori i documenti dal portafoglio, sarei stato sospettoso, in quanto solo un impostore cerca di dimostrare in quel modo che ciò che dice corrisponde a verità. Si crede a un uomo onesto in virtù della sua manifesta onestà e della convinzione di cui è portatore.

In base allo stesso ragionamento, è confermato anche il fatto che la Chiesa cattolica sia la rivelazione di Dio. Per fare un esempio banale, la Chiesa insegna ciò che insegna sulla divinità di Cristo non solo sulla base dei Vangeli, in quanto essa insegnava e credeva a ciò che insegna oggi ancora prima che i Vangeli fossero scritti. La Chiesa non insegna la dottrina della Santa Eucaristia sulla base del racconto dell'Ultima Cena o del sesto capitolo di San Giovanni, sebbene essi confermino ciò che la Chiesa insegna e ciò in cui credeva e che insegnava prima ancora che essi fossero scritti. La Chiesa è la migliore prova di sé stessa, e la sua stessa autorità; per questo o è portatrice di convinzione di sé stessa (e la storia, l'archeologia e l'esperienza lo confermano), oppure rifiuteremo completamente ciò che essa sostiene. Qualsiasi ragione esterna della sua credibilità non può essere altro che mera conferma.

Una delle migliori esposizioni del concetto di rivelazione proprio della Chiesa si trova in un libro di W.H. Mallock (1849 – 1923), uno scrittore oggi per lo più dimenticato, che divenne famoso quando ancora era uno studente con *The New Republic*, un romanzo satirico molto divertente sullo stile di Thomas Love Peacock. Il libro non aveva una trama; consisteva semplicemente in una serie di conversazioni tra i grandi eruditi del tempo, come Jowett e Matthew Arnold, presentati con nomi di fantasia, ma le cui identità risultavano evidenti. Com'è normale quando si tratta di satira, il libro perde di impatto in quanto non è più di attualità.

Il libro che vi vorrei raccomandare si intitola *Doctrine and Doctrinal Disruption* (London: A. & C. Black, 1900). Quest'opera presenta due inconvenienti per noi: a questo, come ad altri dei sui libri, Mallock ha dato un titolo ben poco invitante, e la disputa sulla quale è incentrato non è più di attualità.

La prima parte del testo è un attacco alle tre visioni protestanti del cristianesimo, che sostengono che l'autorità della dottrina cristiana provenga da: l'intuizione o la testimonianza interiore dell'individuo; ciò in cui credeva la Chiesa cristiana primitiva; l'unanimità della Chiesa. Tre punti di vista, questi, che al tempo in cui Mallock scriveva erano in molti a sostenere. A quest'opera di demolizione, che non ci concerne perché in questa sede cerchiamo una presentazione positiva, segue, nel Capitolo 9, una "teoria dell'autorità che viene respinta da tutti i protestanti ma che, se adottata, perfeziona le loro stesse teorie, riconcilia le loro contraddizioni e le riunisce in un complesso logico". Mallock dedica l'ultima parte del volume alla dimostrazione che l'esposizione cattolica del cristianesimo è libera da tutte quelle difficoltà che gravano invece sulle visioni descritte nella prima parte.

La teoria che espone, con grande acume e capacità espositiva, è che la Chiesa è la migliore prova di sé stessa. Permettetemi di citarne un paragrafo:

> *Il possesso da parte della Chiesa cattolica, in quanto corpo di insegnamenti, di tale caratteristica di completezza e organicità porta a un'ovvia conseguenza. Essendo, come abbiamo visto, dotata di un unico cervello, la Chiesa è dotata anche di una memoria storica ininterrotta; essa è sempre in grado di spiegare e di riformulare la dottrina, e di riportare i fatti storici dei suoi albori come da esperienza personale. Viene manifestato un dubbio sulla Resurrezione e sull'Ascensione di Cristo? La Chiesa cattolica risponde: "Ero presente sulla soglia del Sepolcro. I miei occhi hanno visto il Signore venire avanti. I miei occhi hanno visto la nube che lo accoglieva". Viene manifestato un dubbio sulla nascita miracolosa di Cristo? La Chiesa cattolica risponde: "Posso testimoniare il fatto, anche se nessun altro testimone può farlo, perché le mie orecchie, insieme a quelle di Maria, hanno udito l'angelo dire 'Ave!'".*

È questo che la Chiesa intende quando prende posizione sulla Scrittura e sulla Tradizione. Ancora una volta è opportuno ricordare a noi stessi, come abbiamo fatto quando abbiamo parlato di Fede, Speranza e Carità, che il significato dei termini tecnici nel linguaggio comune è ben lontano da quello attribuito loro dalla Chiesa, e potrebbe persino essere opposto ad esso. Se diciamo, ad esempio, 'la tradizione vuole che la regina Elisabetta abbia dormito in quel letto', ci facciamo diligentemente portavoce di una credenza, che magari condividiamo, e addirittura lasciamo intendere che vi sia ragione di accettarla. Quando parla di Tradizione, la Chiesa rivendica la medesima conoscenza che un uomo può avere di eventi che ha vissuto in prima persona.

Se cogliete il senso di questa teoria della rivelazione capirete che la Chiesa espone i suoi insegnamenti attraverso i secoli non solo con crescente chiarezza, ma anche con crescente cognizione, allo stesso modo in cui una persona è in grado, con l'avanzare dell'età, di capire sempre meglio sé stessa e di esprimere con crescente chiarezza il proprio pensiero, sempre più profondo ma sostanzialmente invariato.[6]

Il Credo degli Apostoli presenta una sintesi della rivelazione di Dio. Leggeremo ora i prossimi tre punti del Catechismo. I nove capitoli successivi saranno dedicati al Credo.

> **Gli aspetti principali della rivelazione di Dio sono contenuti nel Credo degli Apostoli.** P 13
>
> **Credo in Dio, Padre Onnipotente, Creatore del cielo e della terra; e in Gesù Cristo, Suo unico Figlio, nostro Signore; il quale fu concepito di Spirito Santo, nacque da Maria Vergine; patì sotto Ponzio Pilato, fu crocifisso, morì e fu sepolto; discese agli inferi; il terzo giorno risuscitò da morte; salì al cielo, siede alla destra di Dio, Padre onnipotente; di là verrà a giudicare i vivi e i morti; Credo nello Spirito Santo; nella santa Chiesa cattolica, nella comunione dei santi; nella remissione dei peccati; nella risurrezione della carne; e nella vita eterna. Amen.** P 14
>
> **Il Credo degli Apostoli è diviso in 12 parti o articoli.** P 15

Prima di affrontare nel dettaglio il contenuto della rivelazione divina, vorrei fare un passo indietro per proporvi un'ulteriore lettura che confermerà, o per meglio dire chiarirà, l'importanza del ruolo della volontà nell'atto di fede. Sono sicuro che troverete interessante il libro dal quale vi leggerò questo passaggio. Si tratta di un romanzo di Robert Keable intitolato Peradventure, pubblicato subito dopo la Prima Guerra Mondiale ma ambientato nella Cambridge prebellica, che racconta l'esperienza di uno studente che arriva al Magdalene College da una famiglia molto credente e appartenente a una chiesa evangelica. Suo padre è un pastore. Appena arrivato a Cambridge, il ragazzo comincia a predicare per le strade e incontra così un prete di nome Padre Vassal, un personaggio che in realtà è Padre R.H. Benson, un prete molto conosciuto a quel tempo. Monsignor Benson diventò cattolico all'età di trent'anni e fu prete cattolico per soli dieci anni circa, nel corso dei quali produsse un'enorme quantità di libri e di omelie, per poi morire poco dopo i quarant'anni. Deve essere stato un uomo dalla personalità straordinaria, e lui più di chiunque altro ha influenzato la mia scelta di diventare prete. Peradventure dipinge un ritratto molto realistico di lui e dell'effetto che ha sullo studente di famiglia evangelica.

Uno dei grandi pregi di questo romanzo è che rappresenta fedelmente e con grande immedesimazione ogni posizione descritta, da quella evangelica radicale a quella cattolica o a quella agnostica; i personaggi non esprimono mai punti di vista che non esprimerebbero nella vita reale.

Tutto questo preambolo è per dirvi che lo studente subisce l'influenza di Padre Vassal, comincia con lui i suoi studi a Cambridge e, dopo aver terminato il corso di studi, rimane con lui nella sua casa in campagna. In sostanza, il prete dice al ragazzo, "Ti ho dato tutto quello che potevo nella sfera intellettuale. Ti ho fornito una spiegazione completa della dottrina cattolica per soddisfare la tua mente. Sta a te ora accettare il dono della fede con un atto di volontà. Non cercherò di convincerti. Va ora e recita le tue ultime preghiere mattutine, e prega nella cappella per il dono della fede".

Non vi è dubbio che si tratti di un romanzo autobiografico. La posizione del cattolicesimo è descritta con grande accuratezza, la migliore presentazione possibile in un opera di narrativa, e l'autore dà prova di capire profondamente il significato di dono della fede.

Il passo:

"Mio caro," disse, balbettando pesantemente, "p-p-pa-partirai d-d-domani. Abbiamo rispettato la tregua".

Paul annuì.

Silenzio.

Il prete parlò di nuovo. "Non so", disse. "Non posso infilare le mie dita nella tua anima. No-non v-voglio farlo.

> *Solo Dio è stato buono con te, ed è un Dio g-g-geloso".*
> *"Oh, non lo so", esclamò il ragazzo. "Padre, non lo so! Tante cose mi convincono, ma tante altre no. E ho pregato, pregato e pregato, e... e Dio si nasconde".*
> *"Dio ti ha dato tutti i l-lumi di cui hai bisogno. Te l'ha mostrato! Ha mandato Suo Figlio e fondato la Sua Chiesa e te l'ha m-m-messa d-d-davanti al n-naso. Cos'altro vuoi? Vuoi una rivelazione s-speciale?"*
> *"Oh, non lo so," si lamentò Paul, "non lo SO!"*

Il mattino successivo Paul si reca a pregare nella cappella come gli è stato consigliato:

> *Paul chiuse gli occhi. Era spossato. Distolse deliberatamente la mente e pensò a Edith. Si ricordò del bosco di Hursley, del piccolo berretto marrone, delle foglie marroni e del cielo blu. Anche di un tordo, che li aveva osservati con occhi piccoli e brillanti. E ora eccolo qui, in una cappella cattolica, la cappella di Padre Vassall.*
> *Alzò gli occhi. Nella chiara luce del mattino, la cappella era semplice, disadorna... poco più a destra, il velo del tabernacolo pendeva come l'aveva sistemato Padre Vassall quella mattina. Dietro, il mistero. Se solo SAPESSE...*
> *La paura crebbe in Paul Kestern. L'assoluto silenzio della cappella cresceva dentro di lui, gravava su di lui, ondata dopo ondata. Perché Dio non parla? Mi basterebbe una sola parola, anche solo una tenda che ondeggia... Tutto era immobile. Non un soffio di vento. Il silenzio ascoltava, era quella la cosa peggiore; aspettava che pregasse. E se avesse pregato, se avesse pregato sarebbe crollato come un bambino, si sarebbe arreso, e non avrebbe mai saputo.*

È una descrizione molto precisa e dolorosa. Keable comprende molto bene la sensazione. La preparazione è completa; è il momento per Paul di pregare e di ricevere e accettare il dono della Fede, ma in quel momento sente il bisogno di una prova concreta. "Perché Dio non parla?... anche solo... una tenda che ondeggia". Vedete, se qualcosa del genere fosse accaduto, non avrebbe dimostrato la verità della rivelazione di Nostro Signore, così come i Suoi miracoli non dimostravano la Sua divinità. L'atto di fede rimane un atto di libero arbitrio che dipende dalla volontà di cercare e accettare la grazia di Dio: "Signore, io credo; aiutami nella mia incredulità" (Marco IX, 24)

Questo è il motivo per cui vi è virtù nell'atto di Fede. Non può essere la mera conclusione della ragione; la mente non può che andare dove la porta la ragione, mentre nell'atto di fede la volontà può venir meno e il dono della fede può andare perduto. Per questa ragione i cattolici considerano la perdita della Fede qualcosa di riprovevole e la giudicano la più grande delle sventure.

Per la cronaca, W.H. Mallock fu accolto nella Chiesa solo in punto di morte e Robert Keable non lo fu mai.

CAPITOLO 3

Tre Persone, un solo Dio

Proseguiamo ora con una riflessione sul contenuto della rivelazione divina come sintetizzata nel Credo. È significativo che il primo articolo del Credo si applichi retroattivamente al fondamento della fede nella ragione, aggiungendo alle verità alle quali ci conduce la ragione l'ulteriore rassicurazione della fede:

> **Il primo articolo del Credo è: "Credo in Dio, Padre Onnipotente, Creatore del cielo e della terra".**   P 16

La prossima risposta è una delle più straordinarie di tutto il Catechismo: Chi è Dio?

> **Dio è lo Spirito supremo, l'unico che esiste in Sé e che è infinito in tutte le perfezioni.**   P 17

Oggi c'è chi giudica risibile l'insegnamento mnemonico del Catechismo, obiettando: "Come può essere compreso da un bambino?" Lo scopo dell'insegnamento mnemonico è proprio quello di assicurare al bambino il possesso di qualcosa di assolutamente vero, sul quale potrà riflettere fino alla fine dei suoi giorni, senza tuttavia esaurirne il contenuto. Se al bambino viene insegnato qualcosa di vago e amorfo, non gli rimarrà alcunché su cui riflettere.

Una frase in particolare di questa meravigliosa definizione teologica di grandissima precisione, ovvero, "l'unico che esiste in Sé", riesce a condensare in poche parole l'intero approccio all'esistenza di Dio Onnipotente della via ex contingentia. Dio è Essere per Sua stessa natura; tutte le altre cose condividono l'essere o ad esso partecipano, poiché l'essere è stato infuso in esse da Colui che è. Tutte le altre cose sono, in senso filosofico, "superflue".

I successivi sei punti condividono una tematica costante e mi chiedo se riuscirete a individuarla. Di sicuro io, da bambino, non l'ho individuata; percepivo queste osservazioni come prive di connessione alcuna l'una con le altre, per quanto individualmente fossero precise e sensate. In realtà sono strettamente interconnesse. Dalla definizione di Dio come lo Spirito supremo, l'unico che esiste in Sé, il Catechismo prosegue così:

> **Dio è detto "Onnipotente" perché Egli può tutto: "Tutto è possibile presso Dio."** (Marco X, 27)   P 18

P 19   Dio è "Creatore del cielo e della terra" perché Egli creò dal nulla il cielo e la terra e tutte le cose, per la Sua parola.

P 20   Dio non ha inizio; Egli è sempre stato, è, e sempre sarà.

P 21   Dio è ovunque.

P 22   Dio sa e vede tutto, persino i nostri pensieri più segreti.

P 23   Dio non è carne; Egli è Spirito.

Mi chiedo se riuscite a cogliere ciò che lega queste risposte l'una all'altra. Ricordo che da bambino le ultime risposte mi sembravano quelle meno connesse tra di loro, ma in realtà la connessione è molto stretta. Ripensate a quell'approccio di San Tommaso che è quasi un'ossessione per me, la via ex contingentia (vedi "Le 'Vie' di San Tommaso", Capitolo 1). È un tentativo di chiarire nella mente del bambino il rapporto tra il Creatore e la Sua creazione, tra Colui che è e tutte le cose alle quali Egli ha infuso l'essere. Prima di tutto chiarisce che non vi è nulla al di fuori di Colui che è e di ciò che Egli stesso ha fatto, e ovviamente ciò che Egli ha fatto non può limitare la Sua potenza. Per questo diciamo che Egli è Onnipotente.

Tutto ciò che conosciamo ha avuto un principio. Anche Dio ha avuto un principio ? No; pensarla in questi termini significherebbe travisare il concetto chiave. Egli è. Nel nostro linguaggio limitato diciamo che Egli è sempre stato, è, e sempre sarà. Come abbiamo visto nel nostro primo incontro, sarebbe molto più corretto dire che Egli è sempre, perché l'eternità non è una successione infinita di tempo, bensì un presente perpetuo.

Vedete, la nostra non è una visione "meccanicistica" dell'universo; vale a dire, un Creatore che chiama le cose in essere, lasciando quindi che esse seguano il proprio corso. No. Nulla diventa necessario in senso filosofico solo perché è stato chiamato in essere. Tutto rimane superfluo, come prima. È necessaria la cosiddetta "potenza conservatrice" di Dio Onnipotente perché tutto rimanga in essere in ogni momento, così come era necessaria la Sua potenza creatrice per chiamare tutto in essere. Dio Onnipotente infonde costantemente l'essere in tutte le cose, diversamente nulla esisterebbe.

La conseguenza è, ovviamente, che Dio Onnipotente è ovunque. Egli pervade tutto l'universo più intimamente di quanto noi siamo pervasi dall'aria che respiriamo. Egli è in tutto ciò che esiste.

Pensate alla luce del sole che inonda una stanza; per chiunque osservi la stanza dall'esterno, è la luce che chiama all'esistenza tutti gli oggetti contenuti nella stanza. Senza la luce del sole, non sarebbe possibile vedere alcun oggetto all'interno della stanza.

Questa è sicuramente una pallida analogia dell'azione di Dio Onnipotente su tutto l'universo; l'ovvia differenza è che se Dio non fosse in tutto ciò che esiste, tutto ciò che esiste non esisterebbe. L'analogia viene meno su questo punto, perché tutti gli oggetti contenuti nella stanza esisterebbero anche se la luce non li illuminasse.

Potete trovare un'altra analogia in *The Life of John William Walsh*, F.S.A. di Montgomery Carmichael (London: Burns & Oates, 1901), la biografia di un personaggio inventato, ma scritta in modo così convincente che molti l'hanno scambiata per una biografia autentica. È la storia di un giovane che scappa di casa a Manchester, dove era stato messo a lavorare per un ufficio contabile. È una storia estremamente romantica. Il giovane si imbarca su una nave per l'Italia, dove scopre la Chiesa cattolica per la prima volta, si converte al cattolicesimo e sposa una ragazza incantevole. E vivono per sempre felici e contenti. Il passo che vorrei citarvi riguarda un momento durante la navigazione (il libro è scritto in prima persona dal figlio che racconta di suo padre):

> Mio padre lesse la Bibbia e l'Imitazione di Cristo durante l'intera navigazione. Aveva provato con Shakespeare e con Rogers, ma si trovava in uno stato di eccessiva esaltazione. Aveva provato con Sterry, ma la salsedine sembrava privarlo di tutto il sapore del suo misticismo. Non era mai andato per mare prima di allora. Il mare lo rinvigoriva e lo sollevava da sé stesso. Lo portava più vicino a Dio. Gli pareva come una sorta di dio; al suo interno le creature vivono, si muovono, e traggono dal mare la propria esistenza. Allo stesso modo gli uomini vivono e si muovono in Dio e traggono la propria esistenza da Dio e tuttavia sono distinti da Dio. La gloria pervadeva il suo cuore.

Un passaggio splendido! Ovviamente, è di questo che parla San Paolo quando, riferendosi a Dio Onnipotente, dice che "In lui infatti viviamo, ci muoviamo ed esistiamo" (Atti XVII, 28 VA)

Qual è la conseguenza dell'immanenza di Dio Onnipotente ? Semplicemente la Sua onniscienza. Se Egli è in tutto ciò che esiste, che altrimenti non esisterebbe, Egli necessariamente sa tutto. Dio non osserva il creato dall'esterno, Egli lo permea e lo attraversa. Quando Nostro Signore ci dice, "perfino i capelli del vostro capo sono tutti contati" (Matteo X, 30) non significa che Dio Onnipotente ha bisogno di contarli, perché Egli è in essi e se così non fosse essi non esisterebbero. Quando Egli dice che neanche un passero cade a terra senza che Dio lo sappia, non significa che Dio Onnipotente si affaccia dal Paradiso e dice, "Sta cadendo un passero". Egli è in quel passero e in tutta l'aria che lo circonda. La Sua onniscienza è una diretta conseguenza della Sua immanenza. Pertanto,

P 22 **Dio sa e vede tutto, persino i nostri pensieri più segreti.**

Personalmente non avrei utilizzato qui la parola "persino", in quanto suggerisce che per Dio Onnipotente conoscere i nostri pensieri più segreti sia più impegnativo che conoscere gli oggetti materiali, quando è ovvio che tutte le cose che ha creato appartengono alla stessa categoria; nessuna di esse è necessaria.

Avere ben chiaro il concetto di immanenza è di grande aiuto nella comprensione dei miracoli. I detrattori, in modo particolare quelli che aderiscono alla visione meccanicistica del creato descritta a pagina ??, parlano dei miracoli come se fossero improvvisi e bruschi interventi che Dio Onnipotente opera nell'Universo dal di fuori, quasi come una vettura che dalla banchina cerca di correggere la rotta di una barca spingendola con una pertica. In realtà, se vogliamo conservare la fantasiosa analogia, l'azione di Dio Onnipotente nel compiere un miracolo è molto più simile a quella, quasi impercettibile, del timoniere (che si trova decisamente all'interno della barca) che riporta la barca sulla giusta rotta.

Come ho già detto, il concetto di immanenza e di onniscienza di Dio Onnipotente è di grande aiuto in una vita di preghiera. Se teniamo a mente questo concetto, sarà più facile per noi sviluppare quell'atteggiamento di preghiera costante che San Paolo ci invita ad assumere: "Pregate incessantemente"(1 Tessalonicesi V, 17). San Francesco di Sales estende il concetto nella sua *Introduzione alla Vita Devota*:

> *Ricorda sempre di ritirarti molte volte nella solitudine del tuo cuore mentre esteriormente ti trovi nel mezzo di una conversazione o del lavoro: questa solitudine mentale non può essere*

disturbata da coloro che ti circondano, perché essi non appartengono al tuo cuore ma al tuo corpo, così che il tuo cuore rimane sempre da solo nel possesso di Dio.

Ecco una forma di preghiera che possiamo praticare in qualunque momento senza doverci ritirare in chiesa o in un luogo privato. Provate ad esercitare questa abitudine in modo che la vostra mente possa, ogni volta che è libera da pensieri, tornare senza alcuno sforzo al pensiero della presenza di Dio Onnipotente e alla vostra vicinanza a Lui.

Siamo giunti all'ultimo dei sei punti:

Dio non è carne; Egli è Spirito. P 23

Lo scopo di questa affermazione è quello di metterci in guardia rispetto al panteismo, una distorsione del concetto di immanenza. Il panteismo si fonda sull'idea che Dio Onnipotente sia, per così dire, imprigionato nella sua stessa creazione e che da essa sia limitato, come lo siamo noi nei nostri corpi terreni. Non è così. Dio Onnipotente esiste nell'eternità, prima ancora che chiamasse in essere qualsiasi cosa; esisterà per tutta l'eternità, e anche se ogni cosa nell'universo cessasse di essere, Egli è. Finché tuttavia esiste qualcosa, Egli è in tutte le cose e non è limitato né confinato da esse.

Come potete vedere, esaminare questi ultimi sei punti del Catechismo ci ha fornito nuovi elementi di approfondimento su ciò che abbiamo cercato di stabilire attraverso la ragione, completandolo con l'ulteriore rassicurazione fornitaci dalla fede. Da questo momento in poi, ci inoltreremo nella sfera della pura rivelazione, qualcosa alla quale la mente umana non sarebbe riuscita a giungere. Persino ora che ci è stata offerta da Dio Onnipotente abbiamo bisogno del dono della fede, donatoci da Dio e da noi ricevuto, per poterla accettare. Non solo quindi la nostra mente da sola non avrebbe potuto giungervi, ma non è in grado nemmeno di comprenderla senza l'intervento della fede. Dal concetto di Dio Onnipotente come unico Essere necessario, arriviamo quindi a un concetto che ci proviene interamente dalla rivelazione: il concetto che in questo unico e indivisibile Spirito, che è Dio, esistono tre Persone distinte:

Esiste un solo Dio. P 24

Esistono tre Persone in Dio: Dio Padre, Dio Figlio e Dio Spirito Santo. P 25

P 26 **Queste tre Persone non sono tre Dei: Padre, Figlio e Spirito Santo sono un unico Dio.**

P 27 **Il mistero delle tre Persone in un solo Dio si chiama "mistero della Santissima Trinità".**

P 28 **Per mistero si intende una verità al di sopra della ragione, ma rivelata da Dio.**

I misteri sono al di sopra della ragione, e da essa non possono essere raggiunti né compresi. Ci crediamo non perché la ragione ci impone di farlo (sebbene essi debbano dimostrare la loro compatibilità con la ragione), ma perché li rivela Dio Onnipotente.

Il mistero alla base dell'intera rivelazione cristiana è la dottrina della Santissima Trinità, secondo la quale in un Dio uno, unico e indivisibile vi sono tre Persone distinte, ciascuna delle quali si identifica interamente con Dio e nessuna delle quali si identifica con le altre due. Si tratta semplicemente di un mistero, del quale siamo a conoscenza unicamente perché Gesù Cristo ce lo ha rivelato. Lo rivela implicitamente quando dichiara di essere Egli stesso Dio, quando parla del Padre come di una persona distinta da Sé stesso e come di Dio, e quando parla dello Spirito Santo come di una persona distinta da Sé e dal Padre e come di Dio. Lo rivela esplicitamente quando invia gli Apostoli a insegnare e battezzare nel nome (non nei nomi) del Padre, Figlio e Spirito Santo. Esiste un unico Dio, ma esistono tre Persone distinte: il Padre, il Figlio e lo Spirito Santo.

Quella della Santissima Trinità è pertanto una verità alla quale non possiamo arrivare da soli e che possiamo accettare solo grazie alla parola di Gesù Cristo, che per noi è sufficiente. Tuttavia, e questo vale per tutti i misteri della fede, possiamo meditare e comprendere qualcosa della sua profondità, della sua ricchezza e della sua coerenza intrinseca. È questa l'essenza della teologia cattolica: meditare su una verità rivelata. Dirò ora qualcosa che con grande probabilità ripeterò spesso: questo è ciò che rende la teologia cattolica completamente diversa da qualsiasi altra disciplina intellettuale. Tutte le discipline intellettuali e accademiche non hanno forse come scopo quello di estendere i confini della conoscenza? Che si tratti di scienza o di storia, cerchiamo sempre di ampliare le nostre conoscenze. La posizione della teologia cattolica, invece, è radicalmente diversa. Ciò che ci è stato rivelato non è una verità che noi possiamo scoprire né, pertanto, estendere. Ci è stato fatto dono di una rivelazione, "la fede che fu trasmessa ai credenti", e come abbiamo visto, la nostra comprensione di essa cresce e si sviluppa costantemente. La nostra comprensione della rivelazione divina diventa sempre più profonda attraverso la meditazione. Non è un caso che la patrona dei teologi cattolici sia la Beata Vergine; "Maria", se ricordate, "serbava tutte queste cose meditandole nel suo cuore"(Luca II, 19). La teologia cattolica è esattamente questo: incessante meditazione su una rivelazione immutabile, e sempre crescente comprensione di essa.

Non possiamo aggiungere nulla alla rivelazione, come non possiamo aggiungere nulla a qualsiasi altra cosa vivente. Non possiamo aggiungere nulla a un albero o a un corpo; la crescita deve essere organica e deve nascere dall'interno. Questo vale anche per la teologia cattolica; essa non cambia mai l'identità della rivelazione offertaci da Nostro Signore Gesù Cristo, ma ne coglie significati sempre più profondi, permettendoci di averne una maggiore comprensione. E vale anche per un mistero profondo come quello della Santissima Trinità, un inesauribile oggetto di meditazione; sebbene ci sia impossibile coglierlo e comprenderlo, la nostra contemplazione porta nondimeno i suoi frutti.

Esiste un aneddoto che vi aiuterà a comprendere il concetto: una sera Sant'Agostino, una delle menti più illustri della Chiesa cristiana, si recò per la sua passeggiata lungo il litorale nordafricano, con l'intento di riflettere al fine di giungere a un approccio razionale al mistero della Santissima Trinità. Mentre passeggiava, si imbatté in un bambino che aveva scavato un buco nella sabbia e correva avanti e indietro per riempirlo di acqua marina. Sant'Agostino disse al bambino, "Cosa stai facendo?" e il bambino rispose, "Metterò il mare intero dentro questo buco". Sant'Agostino rispose, "Non ci riuscirai mai, piccolo mio" e il bambino disse, "Ci riuscirò quando tu giungerai alla comprensione razionale del mistero della Trinità". Detto questo, il bambino sparì. Una lezione pungente per Sant'Agostino, che evidenzia i limiti di ciò di cui la mente umana è capace.

Possiamo, però, usare delle analogie. Una delle migliori analogie della Trinità, che io amo particolarmente, fu sviluppata nel medioevo dagli Scolastici a partire da quei primi, meravigliosi versetti del Vangelo secondo Giovanni:

In principio era il Verbo e il Verbo era presso Dio e il Verbo era Dio. Egli era in principio presso Dio. Tutto è stato fatto per mezzo di lui, e senza di lui niente è stato fatto di tutto ciò che esiste.

Ispirati da queste parole, gli Scolastici pensarono a Dio Padre come alla Mente eterna e utilizzarono il termine "Verbo" per indicare il pensiero che occupa quella Mente.

La nostra mente cosciente non può svuotarsi neanche per una frazione di secondo, deve essere costantemente impiegata in qualche pensiero, sia esso futile o meno. La Mente perfetta di Dio Onnipotente deve essere occupata eternamente da un Verbo o pensiero, eterno quanto la Mente stessa. Ma Dio soltanto è eterno. Il che ci porta all'inevitabile conclusione: "il Verbo era Dio". Pertanto, la mente che concepisce (Dio Padre) e il pensiero concepito (il Verbo, o Dio Figlio) sono, se mi consentite l'espressione, "coincidenti nell'eternità". Nessuno dei due precede l'altro e tra i due, tra la mente che concepisce e il pensiero concepito, ci deve essere una totale identità di fine e intento, ovvero Dio Spirito Santo. Questo, come vedremo quando tratteremo della Carità, è quello che intendiamo per Amore. L'Amore è essenzialmente qualcosa di reciproco. L'Amore, che unisce la mente che concepisce e il pensiero concepito, muove contemporaneamente da entrambi. Neanche per un istante di eternità è mai venuta a mancare questa totale identità tra la mente che concepisce e il pensiero concepito. L'amore tra Padre e Figlio, tra Figlio e Padre, è eterno quanto lo sono il Padre e il Figlio e, pertanto, è Dio stesso.

Questa è una splendida analogia; è anche la mia preferita in quanto è libera da qualsiasi simbolo materiale. Non ho mai amato i simboli della Santissima Trinità, come ad esempio il trifoglio, in quanto sono solo meri simboli che in realtà non ci insegnano molto. Questa, invece, è un'analogia completamente immateriale: la mente che concepisce (Dio Padre), il pensiero concepito (Dio Figlio) e la totale identità di fine e intento tra loro (Dio Spirito Santo) sono concetti assolutamente astratti.

Per via dei nostri limiti, tendiamo a pensare che vi sia una certa priorità tra le Persone della Santissima Trinità, sebbene ovviamente non ve ne possa essere alcuna. Tendiamo a pensare a Padre, Figlio e Spirito Santo in quest'ordine, ma l'analogia che abbiamo appena visto ci aiuta a capire che le tre persone sono eguali e coesistenti nell'eternità. Qualunque sia l'ordine di precedenza che inevitabilmente attribuiamo loro, tale ordine di precedenza non è nelle tre Persone divine, ma solo nelle nostre menti nell'atto di pensare alle tre Persone. Tra loro non può che esserci la più totale eguaglianza; Padre, Figlio e Spirito Santo sono assolutamente e completamente eguali ed eterni.

Prima di terminare con le analogie, il Catechismo stesso ce ne propone una. Da bambino, questa analogia non mi sembrava di grande utilità, ma con il passare del tempo ho riflettuto su di essa e sono arrivato ad apprezzarla sempre di più. Torniamo quindi al Catechismo:

> **Vi è una somiglianza tra la Santissima Trinità e la mia anima: come in Dio vi sono tre Persone, così nella mia anima vi sono tre facoltà.** P 29
>
> **Le tre facoltà della mia anima sono la memoria, l'intelletto e la volontà.** P 30

Il motivo per cui questa è un'analogia è il seguente: Dio Onnipotente è puro Spirito, così come l'anima è totalmente immateriale. L'anima è una, indivisibile e immateriale, e tuttavia svolge tre funzioni completamente distinte, nessuna delle quali coincide con le altre due. L'anima è la memoria, l'anima è l'intelletto, l'anima è la volontà. Queste tre funzioni dell'anima una, indivisibile e immateriale non sono però parti di essa. Lo spirito non può essere diviso in parti, possono esserlo solo le cose materiali. Una cosa immateriale, per contro, può avere funzioni. Le funzioni dell'anima (memoria, intelletto e volontà) sono un'analogia delle tre Persone divine della Santissima Trinità. Un bambino non è in grado di apprezzare questa analogia, com'è successo a me, perché non è ancora in grado di capire cosa si intenda per spirito. L'anima è qualcosa di molto diverso dai cinque sensi del cervello; l'anima è qualcosa di puramente immateriale, priva di un'estensione nello spazio e non costituita da parti. L'anima ha però tre funzioni distinte, per cui la memoria non è intelletto, l'intelletto non è volontà e la volontà non è memoria. Analogamente, il Padre è Dio, il Figlio è Dio e lo Spirito Santo è Dio, ma il Padre non è Figlio, il Figlio non è Spirito Santo e lo Spirito Santo non è Padre.

Nell'arte medievale, la Santissima Trinità veniva spesso rappresentata con un diagramma, di cui possiamo vedere un esempio su una delle finestre della navata nord della Cattedrale di Ely. Al centro del diagramma vi è un cerchio che racchiude la parola DEUS. A distanze uguali dal cerchio sono posizionati altri tre cerchi riportanti le parole PATER, FILIUS e SPIRITUS SANCTUS, posti ai vertici di un triangolo equilatero, uniti tra loro da nastri con scritto NON EST, e uniti al cerchio centrale da nastri con scritto EST.

Oltre a formulare analogie e paragoni, possiamo anche enunciare il mistero schematicamente al fine di comprenderlo meglio. Troviamo un ottimo esempio nel Credo di Atanasio, che contiene una spiegazione meravigliosa di ciò in cui crediamo a proposito della Santissima Trinità. Possiamo dire: "Questa è una verità, rivelatami come dono di Dio. La accetto per fede e la intendo così".

Il Credo di Atanasio è smisuratamente lungo e al giorno d'oggi lo si sente ben poco. La Chiesa Anglicana lo omette, in parte perché contiene delle clausole minatorie, considerate poco caritatevoli, che minacciano la scomunica per chi non lo accetti. La Chiesa cattolica ha abolito l'ufficio della prima ora canonica, durante il quale veniva di solito recitato. Gli articoli che ci interessano in questo momento, tratti dall'antico Breviario Romano, sono:

> Questa è la Fede Cattolica, adoriamo Un Dio nella Trinità, e la Trinità nell'Unità. Nessuna confonde le Persone, né divide la Sostanza. Perché esiste una Persona del Padre, un'altra del Figlio, e un'altra dello Spirito Santo.
>
> Ma la Divinità del Padre, del Figlio e dello Spirito Santo è Una, di Eguale Gloria, dalla Maestà Coeterna. Tale il Padre, tale il Figlio e tale lo Spirito Santo. Increato il Padre, increato il Figlio e increato lo Spirito Santo. Infinito il Padre, infinito il Figlio e infinito lo Spirito Santo. Eterno il Padre, eterno il Figlio ed eterno lo Spirito Santo. E tuttavia non sono Tre Eterni ma Un solo Eterno. Così come non sono Tre Increati né Tre Infiniti, ma Un solo Increato e Un solo Infinito. Allo stesso modo il Padre è Onnipotente, il Figlio è Onnipotente e lo Spirito Santo è Onnipotente. Per cui il Padre è Dio, il Figlio è Dio, e lo Spirito Santo è Dio, eppure non ci sono tre Dèi ma un Dio. Perché, come ci impone di accettare la verità cristiana, ciascuna Persona da sola è Signore e Dio, e la Religione cattolica ci proibisce di dire che esistono Tre Dei o Tre Signori. Il Padre non è fatto, né creato, né generato. Il Figlio non è fatto, né creato, ma solo Generato dal Padre. Lo Spirito Santo non è fatto, né creato, né generato, ma procede dal Padre e dal Figlio. Vi è quindi Un Padre, non Tre Padri; Un Figlio,

non Tre Figli; Uno Spirito Santo, non Tre Spiriti Santi. E in questa Trinità nulla esiste prima né dopo, nulla è più grande o meno grande; le Tre Persone sono tutte Coeterne, e Coeguali.

Per cui in tutte le cose, come detto sopra, dobbiamo adorare l'Unità nella Trinità, e la Trinità nell'Unità. Colui perciò che vorrà essere salvato, pensi così alla Trinità.

Finora abbiamo parlato del fondamento della fede nella ragione; della rivelazione e della natura dell'atto di fede nel momento in cui l'accettiamo; e del Credo degli Apostoli come sintesi della rivelazione. Abbiamo trattato del primo articolo del Credo, "Credo in Dio, Padre Onnipotente", e la riflessione su questo primo articolo si è distinta chiaramente in due parti. La prima parte mostra come una delle basi dell'atto di fede consista nell'aggiungere al fondamento della fede nella ragione l'ulteriore rassicurazione della fede. Tutta la prima parte di questo capitolo, quindi, ha affrontato ancora una volta la questione di cosa intendiamo per Dio Onnipotente, come sintetizzato da quella meravigliosa definizione, *Dio è lo Spirito supremo, l'unico che esiste in Sé* (p17). Ho evidenziato il fatto che la frase "l'unico che esiste in Sé" è una sintesi del primo approccio all'esistenza di Dio Onnipotente, ovvero la via ex contingenta, che sottolinea che Dio è l'Essere stesso, mentre tutte le altre cose ricevono l'esistenza, o l'essere, da Dio. Ho evidenziato, inoltre, che le successive sei risposte del Catechismo vertono tutte sulle conseguenze di questo approccio sul nostro modo di pensare al rapporto tra Creatore e creatura. L'immanenza è implicita in questo concetto di Dio Onnipotente; Egli deve essere in tutto il Creato affinché il Creato possa esistere. Non solo Dio chiama in essere il Creato, ma lo mantiene in essere in ogni momento. Alla Sua immanenza consegue la Sua onniscienza; come sottolinea l'ultima delle sei risposte, però, Dio Onnipotente non è imprigionato nella sua stessa creazione, né limitato da essa: *Dio non è carne; Egli è spirito.* (p23).

Nella seconda parte di questo capitolo siamo passati dalla riflessione sull'atto di fede, confermando il suo fondamento nella ragione, a qualcosa che rientra nella sfera della pura rivelazione, del tutto al di fuori della portata della nostra ragione: la dottrina della Santissima Trinità. Noi accettiamo questa dottrina, come accettiamo tutti gli altri misteri della fede, per parola di Nostro Signore e Salvatore Gesù Cristo. Egli ci rivela questo mistero indirettamente, sostenendo di essere Dio e riferendosi al Padre come a una persona distinta da Sé stesso e come a Dio, e parlando dello Spirito Santo come di una persona distinta da Sé, dal Padre e come di Dio. Lo rivela esplicitamente quando invia gli Apostoli a insegnare e battezzare nel nome (non nei nomi) del Padre, Figlio e Spirito Santo. Questo è un esempio perfetto di mistero, che il Catechismo definisce "una verità al di sopra della ragione, ma rivelata da Dio" (p28). Da questo momento in poi, ci muoveremo interamente nella sfera dei misteri, verità alle quali la nostra ragione non è in grado di giungere, ma alle quali crediamo perché ci sono state rivelate da Nostro Signore e Salvatore Gesù Cristo.

CAPITOLO 4

Gesù Cristo, Dio incarnato

Il Secondo articolo del Credo è: "e in Gesù Cristo, Suo unico Figlio, Nostro Signore". P 31

Il secondo articolo del Credo riguarda la dottrina centrale di tutta la rivelazione cristiana, l'Incarnazione. Fra tutte le verità in cui crediamo, la venuta di Dio nella Sua stessa creazione è quella centrale, quella che conferisce significato e coerenza a tutte le altre. Non c'è una sola parte del messaggio cristiano che abbia un senso se non la si considera centrata su tale verità, la verità secondo cui Dio nella Persona di Suo Figlio viene nella Sua stessa creazione e si fa Uomo.

A questo punto vorrei modificare l'ordine dei punti del Catechismo, che comincia con l'affrontare nel dettaglio l'Incarnazione, per poi chiedere al punto 43: "Perché Dio Figlio si è fatto Uomo?" Penso che sia più utile iniziare con questa domanda prima di accingerci ad approfondire l'Incarnazione. La risposta del Catechismo è:

Dio Figlio si è fatto uomo per redimerci dal peccato e P 43
dall'inferno, e per mostrarci la via del paradiso.

Questa domanda chiede, in modo molto succinto, ciò che potremmo chiamare il "perché" dell'Incarnazione e, ribadisco, penso sia più utile considerare questa domanda prima del "Chi?". La domanda 43 chiede: "Perché Dio Figlio si è fatto Uomo?" La risposta è: "Per redimerci dal peccato e dall'inferno e mostrarci la via del paradiso"; in altre parole, per eliminare le conseguenze della Caduta che ha precluso il paradiso all'umanità.

Propongo ora di esaminare la dottrina della Caduta dell'Uomo e di anteporre subito a tale esame, così come si dovrebbe per ogni articolo del Credo, la premessa che segue: "Naturalmente stiamo prendendo in esame un mistero". È possibile che dimentichi di dichiarare prima di ogni articolo: "Ricordate, questo è un mistero", per cui spero ve ne ricorderete voi stessi. Ogni articolo del Credo è qualcosa che va oltre la ragione rivelata da Dio. Tuttavia sono del parere che, fra tutti i misteri in cui crediamo, nessuno come quello della Caduta dell'Uomo sia tanto supportato dalla ragione quanto confermato dall'esperienza. Ciò non equivale ad affermare che la Caduta sia completamente comprensibile dalla ragione, ma solo che la ragione ci prepara ad essa e l'esperienza conferma ciò che la rivelazione ci trasmette con maggiori particolari.

La dottrina della Caduta è costituita dal fatto che sin dagli albori della storia dell'uomo si è verificata una catastrofe nella natura umana, di cui subiamo ancora le conseguenze.[7]

La ragione ci prepara alla dottrina della Caduta ponendo un dilemma: come può un Dio che è il Bene stesso aver chiamato in essere una creazione che è, così come a noi pare, palesemente inadeguata e imperfetta ? Esiste una discrepanza fra un Dio perfetto e una creazione che ci appare imperfetta o, in altre parole, malvagia.

Alla radice del problema del male esiste questo dilemma, che ha messo alla prova molte menti, cristiane e non. Lo stesso concetto pagano di un'Era Dorata, un'epoca in cui tutto era perfetto, riconosce tale dilemma. Ma si potrebbe evidenziare che il cristianesimo è l'unico, fra le grandi religioni del mondo, che fa pesare unicamente sull'uomo la responsabilità di quel male. I pagani spesso vedono Dio, o gli dei, come esseri umani fuori misura, con gli stessi difetti e le stesse debolezze tipiche natura umana, litigiosi, lussuriosi e via dicendo. Il cristianesimo, invece, vede Dio come essere perfetto. Il difetto è rappresentato dal fallimento da parte dell'uomo, che abusa del suo libero arbitrio, nel compiere la volontà del Creatore.

Dio ha creato un mondo che, nei suoi aspetti materiali, non può non realizzare la Sua volontà, poiché non ha volontà propria. Soltanto l'uomo, in tutta la creazione visibile, ha facoltà di tentare di realizzare o meno la volontà del Dio Onnipotente. L'idea della responsabilità dell'uomo è alla base del concetto della Caduta, il concetto che vi fu una rivolta da parte dell'uomo all'inizio della storia, della quale oggi subiamo ancora le conseguenze; non solo quelle visibili, quali la sofferenza, la malattia, la morte e così via, ma anche il nostro stesso disordine interiore, che conosciamo per esperienza.

Generazione dopo generazione, gli uomini sono stati scontenti del presente. È un concetto piuttosto singolare, se vi riflettete, visto che il presente è l'unica cosa che qualunque generazione ha mai conosciuto. "Il tempo è scardinato", dice Amleto (Atto I, V, 188). Tale nozione non si trova solo nella tradizione cristiana, così come espressa da Shakespeare e tanti altri, ma è universale.

Generazione dopo generazione, gli uomini hanno idealizzato il passato, parlando di un'Età dell'Oro, o hanno sperato nel futuro, nella prospettiva di cose migliori ancora da venire. "I bei tempi di una volta" o lo "splendido mondo nuovo" sono temi ricorrenti. Ma mai, mai e poi mai viene espressa soddisfazione per il momento attuale, benché sia l'unica cosa di cui si abbia conoscenza diretta.

Non solo sono deludenti le cose esteriori, ma si è anche insoddisfatti di sé. Ognuno di noi vive costantemente le lotte interiori, i disagi e le tensioni del proprio io e, per usare le parole di San Paolo: "Sicché voi non fate quello che vorreste" (Galati V, 17). Esiste una guerra fra il nostro io superiore e la nostra natura inferiore. Non possediamo il totale controllo di noi stessi che desidereremmo avere; siamo costantemente umiliati dalle nostre limitazioni sia nel pensiero che nelle azioni.

È questo fondamento, sia nella ragione che nell'esperienza, che ci prepara ad accettare ciò che, in fin dei conti, è un mistero fondamentale. La religione cristiana ci rivela la verità di quanto già sapevamo e sentivamo istintivamente. Ci dice che le cose non sono come Dio Onnipotente intendeva che fossero. Il peccato dei nostri progenitori ha disorientato la natura umana, che ne subisce ancora le conseguenze.

Questo, a grandi linee, è ciò che intendiamo per Caduta dell'Uomo. Sin dall'inizio della storia dell'umanità, c'è stata una rivolta contro l'Essere perfetto da parte della creatura dotata di libero arbitrio. Questo è un concetto profondamente denso di mistero; la ragione non ci avrebbe portato ad esso; la ragione ci può solo mostrare la sua compatibilità con sé stessa e con l'esperienza. La rivelazione del Dio Onnipotente è necessaria a trasmettere quel concetto con certezza.

Ora, il concetto della Caduta dell'Uomo è rivelato nei primi capitoli della Genesi, una narrazione composta, ovviamente, molto dopo l'evento che riporta, e a vantaggio di un popolo semplice che non aveva il nostro approccio storico né scientifico. Il nostro approccio al testo sacro non lo relega ad una pura finzione né lo tratta, come fanno i fondamentalisti, alla stregua di un testo moderno, scientifico o storico. Il fatto che ci sia stato un abuso del libero arbitrio da parte dei nostri progenitori è effettivamente trasmesso in uno stile letterario adeguato al popolo per cui era inteso. Capire dove la storia cede il posto all'allegoria nei particolari relativi alla Caduta dell'Uomo è materia per una discussione responsabile, ma se non altro sembrerebbe vi siano delle allusioni nel testo biblico. Sebbene i nostri progenitori non usassero il nostro linguaggio né i nostri concetti o categorie di pensiero, devono aver compreso la differenza fra creatura e Creatore, fra assoluto e relativo, fra contingente e necessario. Il racconto così come a noi giunto, indica che la tentazione consistesse nel ritenere che se solo l'uomo avesse sfidato il suo Creatore, avrebbe scoperto di essere un Suo pari: "quando voi ne mangiaste, si aprirebbero i vostri occhi e diventereste come Dio" (Genesi III, 5).

Crediamo effettivamente che vi sia stata una ribellione, le conseguenze della quale hanno comportato l'introduzione nel mondo di tutto ciò che deturpa un creato perfetto: la malattia, la sofferenza e la morte. Crediamo altresì che questo abbia sconvolto l'equilibrio interno della nostra natura, distruggendo ciò che i teologi chiamano "l'integrità" dell'uomo. Tale calamità agli albori della storia è qualcosa che l'uomo aveva il potere di produrre, ma alla quale non poteva porre rimedio. Riteniamo che l'uomo avesse la facoltà di commettere un atto di infinita malignità, ma che non fosse in grado di porvi un rimedio adeguato, ovvero infinito. Il concetto è sostenuto dal principio che la gravità di un'offesa si misura con la dignità della persona che la subisce. Per esempio, una piccola offesa fatta a qualcuno di status inferiore acquisisce maggiore gravità se fatta ad un amico o un pari e così via, aumentando man mano di pari passo con lo status. La stessa piccola offesa fatta a un Re diventa alto tradimento. L'adeguatezza di un rimedio, invece, non si misura con la dignità della persona che cerchiamo di rasserenare, ma con la dignità della persona che cerca di riparare al torto. Per esempio, la sottomissione di Re Enrico II ad essere frustato per la sua parte di colpa per l'assassinio di San Tommaso a Canterbury ha, secondo valutazioni umane, una valenza diversa da un'analoga punizione inflitta ad un povero criminale qualsiasi.

Tale concetto, applicato alla Caduta, mostra che quello dei nostri progenitori era un peccato di infinita gravità, in quanto commesso contro Dio Onnipotente. La loro abilità a porvi rimedio, tuttavia, era finita, in quanto limitata dalla natura umana finita. Questo può aiutarci a capire perché la razza umana, sin dal principio, non sia stata in grado di rimediare al male fatto in origine. L'intero corso dei rapporti fra il Creatore e le Sue creature, come riportato nell'Antico Testamento, suggerisce che Qualcuno sarebbe venuto a riparare il danno. Se si chiarisce questo contrasto fra l'abilità di fare del male e l'inabilità di porvi rimedio, si comprende la necessità dell'Incarnazione.

Ritorniamo ora alle risposte del Catechismo che abbiamo lasciato in sospeso in precedenza:

> **Gesù Cristo è il Dio Figlio, fatto uomo per noi.** P 32
>
> **Gesù Cristo è veramente Dio.** P 33
>
> **Gesù Cristo è veramente Dio perché Egli ha un'unica natura, la stessa di Dio Padre.** P 34
>
> **Gesù Cristo è sempre stato Dio, nato dal Padre dall'eternità.** P 35
>
> **Gesù Cristo è la Seconda Persona della Santissima Trinità.** P 36

E poi:

> **Gesù Cristo è veramente uomo.** P 37
>
> **Gesù Cristo è veramente uomo perché Egli ha la natura dell'uomo, con un corpo e un'anima come la nostra.** P 38
>
> **Gesù Cristo non è sempre stato uomo. Egli si è fatto uomo solo al momento della Sua Incarnazione.** P 39
>
> **Per Incarnazione si intende che Dio Figlio ha assunto Egli stesso la natura di uomo: "Il Verbo si fece Carne"** P 40
> (Giovanni I, 14)
>
> **Esistono due nature in Gesù Cristo, la natura di Dio e la natura dell'uomo.** P 41
>
> **Esiste una sola Persona in Gesù Cristo, la Persona del Dio Figlio.** P 42

Ora, tutte queste definizioni servono a tutelare il concetto che l'unica, inscindibile Persona di Gesù Cristo ha due nature, ognuna completa e distinta: la natura di Dio e la natura dell'uomo. Ogni atto di Nostro Signore e Salvatore Gesù Cristo, di conseguenza, partecipa al divino e all'umano. Egli è entrambi, in ogni momento. Questo è il mistero più profondo e immenso. Solo se si accetta questo mistero, accettando il quale un uomo può dirsi cristiano, si comprende il significato dell'Incarnazione. Solo allora si comprende come l'Incarnazione sia stata essenziale per la redenzione dell'umanità. Il mistero dell'Incarnazione significa che la Redenzione, che Nostro Signore opera per noi, trae infinito valore dal fatto che Egli è Dio. Allo stesso tempo la redenzione è operata da un uomo che ha la stessa nostra natura; è operata, quindi, da un membro della razza umana decaduta. Dio non ha, per così dire, ripulito la nostra fedina penale. Viene effettivamente operata una redenzione e la colpa viene realmente cancellata da Qualcuno che ha il potere di porvi rimedio, perché Egli è Dio. Allo stesso tempo Egli è in grado di farlo per conto della razza umana in quanto Egli è anche uomo. Se non ci fossero due nature nell'unica Persona di Gesù Cristo, l'Incarnazione sarebbe inefficace.

Non esiste un mistero che chieda uno sforzo di fede pari a quello richiesto dall'Incarnazione. Tutti gli altri misteri si possono considerare più come introduttivi ad esso o come conseguenza di esso. Questo è il mistero centrale, e se lo si accetta si accettano implicitamente tutti gli altri. Nulla può screditarlo. Pensate a ciò che significa: l'assoluto penetra nel relativo, l'eterno nel tempo, il necessario nel contingente, il Creatore nella Sua stessa creazione.

Quasi tutte le grandi eresie cristiane hanno dato maggiore valore a una delle due nature di Cristo a scapito dell'altra, o hanno indebolito o negato l'unione completa fra di esse. Ecco perché la Chiesa, in tutte le epoche, ha colpito molto duramente condannando qualsiasi squilibrio o tentativo di indebolire l'unione fra le due nature del Cristo. Poiché il cristianesimo è una rivelazione di misteri, vi è insita un'inevitabile tensione. Non dimenticate che quasi tutte le eresie, o forse tutte le eresie, sono delle verità fuori contesto, verità enfatizzate a spese di altre verità. È necessario conservare l'equilibrio tra le verità; la maggior parte delle eresie deriva da uno squilibrio.

Enfatizzare la divinità di Cristo a spese della Sua umanità è stata la prima eresia cristiana. Dire che Gesù Cristo è veramente Dio, nient'altro che Dio, Colui che ha creato il sole, la luna e le stelle, che ha chiamato e mantiene in essere tutte le cose, è un'affermazione ortodossa. Ma proseguire dicendo che l'umanità di Cristo non è nient'altro che una maschera, una copertura, un'illusione che Egli adotta per poter apparire fra gli uomini vuol dire distruggere la realtà della Sua sofferenza e morte. Uno spettro che insceni una mimica della sofferenza e della morte non ha alcun merito. Pertanto, una redenzione operata in questo modo non ha, per così dire, alcun potere di redimere.

Prendiamo ora l'altro estremo, un'eresia più diffusa al giorno d'oggi, ovvero l'asserzione che Gesù Cristo sia veramente uomo ma che non sia veramente Dio. Dire: "Gesù Cristo è veramente un uomo, come lo siamo voi ed io, poiché realmente nato in un momento preciso e morto in croce, ma la Sua divinità non è che un approccio al Divino più grande di quello raggiunto da qualunque altro uomo" equivale a privare la Sua morte del valore infinito che deriva dal Suo essere veramente Dio. Una redenzione elaborata in questi termini non avrebbe un valenza infinita.

Inoltre, se si sminuisce il legame fra la natura divina e quella umana di Cristo dicendo: "Non c'era un'unica Persona, ma un uomo che ha sofferto ed è morto, e un Dio che è ritornato dalla morte; sì, Egli era davvero un uomo, che ha sofferto ed è morto, ma era Dio che compiva i miracoli e che è risorto;" se si ritiene che vi sia una congiunzione in una persona di due esseri separati, uno umano e uno divino, allora la sofferenza e la morte non sono la sofferenza e la morte di Dio e non hanno dunque valore infinito. La Redenzione è efficace solo se si crede in queste due nature, quella divina e quella umana, unite in una sola Persona; una redenzione operata da Colui che è Dio Stesso e che, in quanto uomo, soffre davvero, espiando così i peccati della razza umana, di cui Egli è parte.

Mi sorprende sempre vedere che coloro che professano la propria fede nell'Incarnazione trovano così difficile credere alle sue conseguenze. Ogni altro mistero è propedeutico o conseguente a quel mistero centrale. Abbiamo visto come il mistero della Santissima Trinità ci prepara ad comprendere Chi s'incarna; il mistero della Caduta ci prepara ad comprendere perché Egli si incarna; e il mistero che prenderemo in esame nel capitolo successivo, quello del ruolo della Beata Vergine nel piano delle cose, è la garanzia assoluta sia della divinità che dell'umanità di Gesù Cristo suo Figlio. È il fatto che la Vergine Lo ha concepito e portato in grembo che Lo unisce a noi e a tutta la razza umana. Tutto ciò in cui crediamo della Chiesa deriva dalla nostra convinzione che la Chiesa sia la continuazione dell'Incarnazione; essa è Cristo che continua in forma collettiva fino alla Seconda Venuta. Inoltre, l'intero sistema dei sacramenti attraverso il quale Egli infonde in noi la grazia divina rispecchia il fatto che l'Incarnazione (Dio che prende forma materiale per attuare la nostra redenzione) è il Sacramento dei Sacramenti. Ma tutti gli altri misteri derivano da quello centrale dell'Incarnazione. È su questo che concentreremo tutti i nostri pensieri e le nostre preghiere.

Prima di procedere su questa linea di pensiero, per un attimo solo affronteremo le ultime tre domande che terminano questa sezione del Catechismo:

P 44 **Il santo nome di GESÙ significa "Salvatore".**

P 45 **Il nome CRISTO significa "Unto".**

È con rammarico che mi accorgo di quanto sia diventato raro riferirsi a Nostro Signore come al Salvatore o Redentore. Quando ci riferiamo a Cristo come a "il Redentore" o "il Salvatore", indichiamo esattamente che la Sua funzione, il Suo ruolo è quello di redimere, di salvare. È questo lo scopo dell'Incarnazione; eliminare l'effetto della Caduta e quindi redimere l'umanità.

È ammirevole che alla domanda successiva: "Dov'è Gesù Cristo ?", così come potrebbe porla un bambino, venga diligentemente fornita una risposta della massima precisione teologica:

P 46 **In quanto Dio, Gesù Cristo è ovunque. In quanto Dio fatto l'uomo, Egli è in cielo e nel Santissimo Sacramento dell'Altare.**

Come abbiamo visto, Dio Onnipotente è onnipresente e permea tutto ciò che esiste, che diversamente non esisterebbe. Poiché Cristo è Dio, anch'Egli deve permeare tutto ciò che esiste, così come il Padre e lo Spirito Santo. Cristo, dunque, è onnipresente. In quanto uomo, Gesù Cristo, che è stato concepito dalla Beata Vergine e da lei generato, ha vissuto la Sua vita sulla terra, è morto sulla Croce ed è risorto, Dio fatto uomo, unito alla nostra natura, è in Cielo, dove Egli è asceso dopo la Resurrezione, e nel Santissimo Sacramento, che prenderemo in esame più avanti.

CAPITOLO 5

Nascita, Morte e Resurrezione di nostro Signore

Nel precedente capitolo abbiamo affrontato l'Incarnazione; un argomento, questo, che in un certo senso non accantoniamo mai, in quanto l'Incarnazione è il mistero centrale della nostra fede. Ogni altro mistero si può considerare come un'introduzione o una conseguenza dell'Incarnazione o in essa contenuto, al punto che si può dire che accettare l'Incarnazione nella sua totalità e con tutte le sue implicazioni, significa accettare la totalità della fede cattolica. La fede vista dall'esterno potrebbe apparire molto complicata, ma una volta che si coglie la verità centrale che Gesù Cristo è vero Dio e vero Uomo, tutte le conseguenze di questo mistero trovano il proprio posto. L'Incarnazione contiene tutti gli altri misteri; ho già accennato a quanto sia singolare per i cattolici che coloro che professano la fede in questo mistero spesso trovino difficile accettare i misteri che da esso derivano. Si tende ad accettare l'Incarnazione più facilmente di altre dottrine perché viviamo in una civiltà in cui la tradizione cristiana è ancora molto radicata. Se si dovesse cercare di esporre la Fede cattolica ad un Bramino o un Confuciano, l'aspetto fondamentale da chiarire sarebbe l'Incarnazione. Una volta superato tale ostacolo, i concetti di corpo mistico o di Presenza Reale verrebbero compresi con relativa semplicità.

Le sezioni successive del Catechismo considerano il mistero dell'Incarnazione nei suoi diversi aspetti. Prima di tutto, l'Incarnazione legata all'umanità di Nostro Signore, vale a dire il fatto che Egli è veramente uomo:

> **Il terzo articolo del Credo è: "Il quale fu concepito di Spirito Santo, nacque da Maria Vergine".** P 47
>
> **Il terzo articolo implica che il Dio Figlio ha assunto un Corpo e un'Anima come la nostra, nel grembo della Beata Vergine Maria, per potere dello Spirito Santo.** P 48
>
> **Gesù Cristo non aveva padre in terra: San Giuseppe era solo il Suo custode o padre adottivo.** P 49
>
> **Il nostro Salvatore è nato in una stalla a Betlemme.** P 50
>
> **Il nostro Salvatore è nato nel giorno di Natale.** P 51

Queste risposte mostrano perché la Chiesa cattolica attribuisca un'immensa importanza alla divina maternità della Beata Vergine. Coloro che non comprendono l'Incarnazione nella sua interezza spesso trovano molto difficile accettare il ruolo che attribuiamo alla Beata Vergine, senza rendersi conto che tale ruolo deriva direttamente da ciò che crediamo a proposito dell'Incarnazione; questa è la grande garanzia di ortodossia a questo riguardo. L'ispirazione della devozione cattolica verso la Beata Vergine deriva appunto dal fatto che Dio, nella Seconda Persona della Santissima Trinità, ha tratto la Sua natura umana proprio da Lei. Egli è veramente uomo, concepito da Sua Madre, come voi siete stati concepiti dalla vostra e io dalla mia. Egli ha tratto la sua esistenza materiale da lei: carne della sua carne, ossa delle sue ossa. Egli non è, come alcuni eretici hanno creduto, uno spettro. Non si tratta di un Dio che sceglie di presentarsi a noi nelle sembianze o sotto le spoglie di un uomo. Come afferma il Catechismo, Egli ha un corpo e un'anima come la nostra. Non riteniamo che la Sua divinità fosse, per così dire, la Sua anima, né che la Sua umanità fosse invece il Suo corpo. Non è così; un uomo che avesse un corpo umano ma la cui anima fosse Dio non sarebbe affatto un uomo. Un uomo è un corpo e un'anima: un animale razionale; Gesù Cristo era proprio questo. Egli aveva realmente un corpo umano; aveva realmente un'anima umana. Egli era un uomo. Di conseguenza Egli conosceva, sentiva e pensava così come conosce, sente e pensa un uomo. Le sue azioni non erano una finzione, le viveva realmente. Quando chiese dell'acqua alla donna del pozzo (Giovanni IV, 7), Egli aveva veramente sete. Quando pianse alla morte di Lazzaro (Giovanni XI, 35), non simulava dolore, non fingeva di piangere, ma provava un dolore reale, piangeva veramente. Egli conosceva le cose così come le conosciamo noi, attraverso i sensi; soffriva come soffriamo noi, attraverso la mente e il corpo. Molto di ciò che potrebbe sembrare incompatibile con la Sua divinità è un'inevitabile conseguenza della realtà oggettiva della Sua umanità. Provò davvero l'agonia della paura nell'orto. Quando ha invocato aiuto nel tormento della Croce: "Dio mio, Dio mio, perché mi hai abbandonato?"(Marco XV, 34), non credeva di essere stato abbandonato; ha usato un salmo per esprimere quella sensazione di completo abbandono che stava certamente provando nella Sua natura umana. Quel salmo, XXI (XXII VA), benché inizi con profonda sottomissione e prosegua descrivendo con particolari profetici le sofferenze di Nostro Signore sulla Croce (vv. 16-18), accoglie con perfetta fiducia la visione della redenzione universale conquistata dalla Croce (vv. 19-31). Non solo il verso 1 ma l'intero salmo attraversa la Sua mente.[8]

Si può comprendere la nostra devozione nei confronti della Beata Vergine solo se si crede alla totalità della visione cattolica dell'Incarnazione. Se si presta ascolto a quegli eretici che sostengono che Nostro Signore è soltanto un uomo che si è avvicinato al Divino più di chiunque altro, allora Lei è madre di un uomo, di un grande uomo, il più grande degli uomini; ma non si può dire che sia la madre di Dio. Se si passa all'altro estremo e si sostiene che Egli è solo Dio e la Sua natura umana è una maschera, una copertura, uno spettro, allora semplicemente si può sostenere solo che la Beata Vergine sia la madre di una maschera, di una copertura, di uno spettro, qualunque significato possiate attribuire a quella frase. O ancora, se si presta ascolto a quegli eretici che separano la natura divina da quella umana del Cristo, attribuendo sofferenza e morte all'uomo, e miracoli e resurrezione a Dio, allora la Beata Vergine è al massimo la madre della natura umana di Cristo. Se invece si crede, come fanno i cattolici, che la Beata Vergine sia la madre di quell'unica e sola persona, Gesù Cristo, che è sia Dio sia uomo, allora si è d'accordo con il Concilio di Efeso, che l'ha definita Madre di Dio. Vedete dunque che la nostra devozione nei confronti della Beata Vergine, che non intacca minimamente la devozione nei confronti di Nostro Signore Dio Incarnato, è, come ho detto un attimo fa, la garanzia dell'ortodossia della nostra Cristologia. Se siamo cristiani ortodossi, e crediamo quindi in due nature, quella umana e quella divina, ognuna completa e distinta, ma entrambe unite in una Persona, allora crediamo che la Beata Vergine sia la Madre dell'unica Persona di Cristo, la Madre di Dio.

Il Catechismo prosegue a questo punto riportando le sofferenze di Nostro Signore:

> **Il quarto articolo del Credo è "patì sotto Ponzio Pilato, fu crocifisso, morì e fu sepolto".** P 52
>
> **Le principali sofferenze di Cristo furono: in primo luogo, la Sua agonia e il Suo sudore nel Giardino; in secondo luogo, il suo essere legato alla Colonna e incoronato di spine; e in terzo luogo, il portare la Sua Croce, la Sua crocifissione e la Sua morte fra i due ladri.** P 53
>
> **Le principali sofferenze di Nostro Signore sono chiamate "Passione di Gesù Cristo".** P 54

P 55 **Il nostro Salvatore ha sofferto per espiare i nostri peccati e per ottenere per noi la vita eterna.**

Queste risposte non fanno che sottolineare, come abbiamo già visto, la realtà delle sofferenze di Nostro Signore, che possono derivare solo dalla Sua natura di uomo. L'apparenza o simulazione della sofferenza non è vera sofferenza. Di conseguenza, se Nostro Signore non fosse parte della razza umana, le Sue apparenti sofferenze non avrebbero valore come espiazione e non sarebbero state da Lui sopportate per conto di tutta la razza umana. Il Catechismo prosegue:

P 56 **Gesù Cristo è chiamato Redentore perché il Suo Preziosissimo Sangue è il prezzo al quale siamo stati riscattati.**

Quando prima parlavamo di Cristo, ho espresso il mio rammarico per il fatto che ormai si senta raramente parlare di Lui come del Salvatore o Redentore, in quanto riferirsi a Lui in questo modo porrebbe la giusta enfasi sullo scopo della Sua venuta. Credo sia fondamentale, quando vi trovate impegnati in una di quelle inutili discussioni sulla religione comparativa che cercano di stabilire se i Cristiani sono più o meno moralmente retti dei Mussulmani, dei Buddisti e via dicendo, che teniate sempre a mente che non sono le conseguenze morali il grande elemento di distinzione del cristianesimo. Ciò che lo distingue è il fatto che, tra tutte le grandi religioni, il cristianesimo è l'unica i cui seguaci rivendichino che il suo Fondatore abbia fatto qualcosa di concreto oltre che insegnare qualcosa. Il punto non è che il cristianesimo presenti un codice morale superiore a quello delle altre religioni, benché noi crediamo che questo sia vero; il punto è che il cristianesimo ha influenzato il rapporto fra l'umanità e Dio. L'Incarnazione ha espiato gli effetti della Caduta e ha conquistato per l'Uomo una posizione più elevata di quella che aveva prima della Caduta.

Questa sezione del Catechismo termina con alcune osservazioni di carattere storico:

P 57 **Il nostro Salvatore è morto il Venerdì Santo.**

P 58 **Il nostro Salvatore è morto sul Monte Calvario.**

Seguono quindi le istruzioni pratiche per fare il Segno della Croce, con una spiegazione del suo significato:

> **Nel fare il Segno della Croce ci viene ricordata la Santissima Trinità con le parole "Nel nome del Padre, del Figlio e dello Spirito Santo".**   P 60

Come abbiamo già osservato, si dice "nel nome", non "nei nomi".

> **Nel fare il Segno della Croce ci viene ricordato che Cristo è morto per noi sulla Croce con la stessa forma della croce che segniamo su di noi.**   P 61

Nel fare il Segno della Croce facciamo piena professione della fede Cristiana: fede nella Santissima Trinità, nell'Incarnazione e nella Redenzione. È una forma di preghiera perfetta, per la sua brevità, in quanto professa la fede Cristiana nel suo complesso e la esprime in pensiero, parole e opere.

Dopo aver sottolineato la realtà dell'umanità di Gesù Cristo, il Catechismo prosegue prendendo in esame la Sua divinità:

> **Il quinto articolo del Credo afferma: "Discese agli Inferi; il terzo giorno risuscitò da morte".**   P 62

Ciò che voglio ribadire è dunque l'importanza attribuita da Nostro Signore alla Sua Resurrezione come dimostrazione della Sua divinità. La crocifissione e la morte di Nostro Signore dimostrano la Sua umanità in quanto Egli non avrebbe potuto soffrire e morire se non fosse stato uomo come voi e me. Egli stesso, quindi, prende la Sua Resurrezione come prova della Sua divinità.

Nostro Signore stesso ha sempre, nel corso della Sua vita, sostenuto di essere Dio. Non ha avanzato questa rivendicazione all'improvviso, in una singola affermazione, ma ha suggerito questo fatto sconcertante aprendo gradualmente gli occhi degli altri, così che progressivamente arrivassero a credere per fede divina che Egli fosse realmente Dio stesso. Suppongo che il motivo per cui Nostro Signore non rivendica improvvisamente la Sua Divinità sia in parte perché questa verità è talmente sconvolgente che i Suoi discepoli non avrebbero potuto accettarla, e in parte perché fare tale affermazione in modo inequivocabile all'inizio della Sua vita pubblica avrebbe portato all'arresto immediato e a un processo per blasfemia. L'accusa capitale contro di Lui alla fine era questa: "Pretende di essere Dio". Per tutta la Sua vita pubblica Egli ha compiuto dei miracoli per sostenere la Sua rivendicazione: moltiplicando cose materiali, placando le tempeste, guarendo i malati, risuscitando i morti.

Egli puntava però a un miracolo di gran lunga più convincente di qualunque altro. Tutti gli altri miracoli hanno un parallelo nella storia dell'Antico Testamento e, secondo quanto crediamo, nella storia successiva della Chiesa. Ogni volta che Cristo compiva miracoli, come ho già detto, Egli mirava a un miracolo più potente di tutti gli altri, che dimostrasse la Sua Divinità: quello di resuscitare Se Stesso dalla morte. Egli previde la Sua Resurrezione quando disse *"Distruggete il tempio di Gerusalemme e in tre giorni lo farò risorgere"* (Giovanni II, 19-21). Coloro che lo ascoltavano naturalmente credevano che si riferisse all'edificio, ma in realtà Egli parlava del tempio del Suo stesso corpo. Ancora, quando Gli fu chiesto di dare un segno, Egli rispose loro: *"Una generazione perversa e adultera pretende un segno! Ma nessun segno le sarà dato, se non il segno di Giona profeta. Come infatti Giona rimase tre giorni e tre notti nel ventre del pesce, così il Figlio dell'uomo resterà tre giorni e tre notti nel cuore della terra"* (Matteo XII, 39-40).

Vi sono inoltre state le parole di Cristo alla Sua trasfigurazione; ricorderete che Egli prese Pietro, Giacomo e Giovanni in disparte e sì trasfigurò davanti ai loro occhi. A loro fu concesso di avere prova della Sua Divinità in quanto proprio loro lo avrebbero visto in agonia nel Giardino, prostrato e provato dalla paura di ciò che gli sarebbe accaduto. Mentre scendevano dalla montagna li ha incaricati di non dire ad alcuno ciò che avevano visto *"finché il Figlio dell'Uomo non sia risorto dai morti"*. In altre parole, "Vi è stata data, per così dire, un'anteprima. Non ne parlate fino a quel momento". In seguito, una volta avvenuta la Resurrezione, gli Apostoli ne hanno fatto proprio l'elemento centrale della loro predicazione.

Nostro Signore ha sempre condotto la Sua vita pubblica in vista della Sua Resurrezione; gli Apostoli l'hanno assunta come punto di partenza. A Gerusalemme, dopo la discesa dello Spirito Santo nel cenacolo, quando gli Apostoli andarono a predicare il Vangelo per la prima volta, che cosa hanno predicato ? Gli elementi centrali non erano certo il tipo di concetti che ci si potrebbe aspettare da molte presentazioni attuali del Vangelo, come la moralità o l'amore caritatevole. No, sono andati a predicare l'inconfutabile fatto storico che Cristo, che era stato crocifisso, era risorto dai morti. Era questo il fardello della loro missione. La dimostrazione della divinità di Cristo era il messaggio che hanno portato ai quattro angoli del mondo allora conosciuto e nella difesa della cui verità hanno consacrato la propria vita.

La Chiesa ha poi proseguito l'opera cominciata allora dagli Apostoli. Tutta la vita della Chiesa è incentrata sulla Resurrezione, al punto che il giorno sacro per cristiani non è l'ultimo giorno della settimana, in cui Dio si riposò, ma è il primo giorno della settimana, in cui Dio è sorto a nuova vita. Analogamente, il centro di tutto l'anno Cristiano non è, come l'attuale osservanza sociale ci porterebbe a pensare, il Giorno di Natale, ma la Domenica di Pasqua. L'intero anno Cristiano è imperniato su di essa e le festività variabili sono calcolate in base ad essa.

Mi chiedo se riuscite a cogliere il motivo per cui la Resurrezione rappresenta una dimostrazione inopinabile della divinità di Cristo. Tutti gli altri miracoli, come abbiamo già visto, hanno dei paralleli altrove. Questo non ne ha nessuno. Non esiste Santo né Profeta, per quanto grande, che si dica abbia operato la propria resurrezione. Il potere conferitogli da Dio in vita si spegne con la sua morte. Se Cristo fosse stato solo uomo, i Suoi poteri miracolosi sarebbero cessati alla Sua morte. No, Egli era Dio, l'unico Essere necessario, Colui che non può non esistere. La Sua onnipotenza continuò, quindi, in eterno anche dopo che i Suoi nemici hanno posto fine alla Sua vita umana. La Resurrezione di Nostro Signore è pertanto la dimostrazione della Sua divinità, così come la Sua crocifissione è prova la Sua umanità.

Il Catechismo affronta ora la discesa agli Inferi di Cristo:

> **Con le parole "discese agli Inferi", si intende che, non appena Cristo morì, la Sua Anima benedetta discese in quella parte di Inferno chiamata Limbo.** P 63

> **Per Limbo si intende un luogo di riposo, dove venivano trattenute le anime dei giusti morti prima di Cristo.** P 64

> **Le anime dei giusti venivano trattenute nel Limbo perché non potevano salire al Regno dei Cieli finché Cristo non l'avesse aperto per loro.** P 65

Abbiamo già discusso della domanda successiva:

> **Con le parole "il terzo giorno risuscitò da morte", si intende che, dopo che Cristo morì e fu sepolto per tre giorni, Egli riportò in vita il Suo Corpo benedetto al terzo giorno.** P 66

> **Cristo risuscitò da morte la Domenica di Pasqua.** P 67

Quella parte del quinto articolo del Credo dedicata alla discesa agli Inferi è, immagino, la parte del Credo meno ricordata dai Cristiani. Non è stato sempre così. Nel Medio Evo si faceva costante riferimento alla visita degli Inferi da parte di Cristo. La si vede raffigurata nelle pitture murali medievali, descritta nelle rappresentazioni sacre medievali; la si trova, ad esempio, in una delle vetrate meridionali della Cappella del King's College a Cambridge.

Immagino che la ragione per cui i cristiani parlano così raramente della discesa agli Inferi sia la terminologia fuorviante. "Inferi" o "Inferno" qui non significa Inferno in senso stretto, perché Inferno è lo stato di separazione eterna da Dio Onnipotente. Quello di cui parliamo qui si definisce Inferno per analogia. È molto importante sapere cosa significa, perché questo articolo del Credo ci riporta all'assoluta necessità della Redenzione. Noi, che viviamo diciannove secoli dopo la Redenzione, la diamo per scontata; pensiamo: "Devo solo fare ciò che è giusto e agire secondo i coscienza, e sarò salvato". Sì, ma è così solo grazie a Gesù Cristo e a quello che ha fatto, le Sue sofferenze e l'essere morto per noi. Ogni tentativo da parte nostra di condurre una vita devota ha valore solo perché è complementare al fatto che Egli è morto per noi. I nostri sforzi sarebbero vani senza la Redenzione.

Questo articolo del Credo implica chiaramente che tutti i santi e i profeti dell'Antico Testamento non hanno potuto accedere al Paradiso fino a che non è stato compiuto il sacrificio di Cristo. Fino ad allora sono rimasti nel Limbo; non erano ancora stati redenti. La maledizione di Adamo pesava ancora sulle loro spalle. Le loro vite devote e virtuose sono state vissute nell'attesa della Redenzione, della quale avevano bisogno per poter ricevere la ricompensa. Quest'articolo del Credo significa che nel momento in cui la Redenzione ha avuto luogo, le conseguenze si sono immediatamente manifestate: le loro buone opere, le loro vite di virtù hanno visto la luce; le porte del Paradiso si sono aperte.

Dovremmo ringraziare Dio ogni giorno della nostra vita per il fatto di essere vissuti dopo la Redenzione e che i nostri sforzi di condurre una vita devota sono efficaci proprio perché la Redenzione è stata operata.

CAPITOLO 6

L'ascensione, la seconda venuta e lo spirito santo

Negli ultimi due capitoli abbiamo riflettuto sull'Incarnazione che, come ho spesso sottolineato, è il nucleo della rivelazione cristiana, la verità centrale secondo la quale Gesù Cristo è assolutamente divino e assolutamente uomo, due nature congiunte in un'unica Persona, la Persona di Gesù Cristo. Abbiamo inoltre considerato come la Passione e la morte di Nostro Signore dimostri la realtà della Sua umanità (Egli è davvero un uomo con un corpo e un'anima umani, stroncato dalla morte sulla Croce) e come la Resurrezione di Nostro Signore sia la grande dimostrazione della Sua divinità. Proprio perché l'unione delle due nature nella Persona di Dio Figlio non si è spezzata nel momento in cui è morto sulla Croce, sia il corpo che l'anima continuano ad appartenere a Lui anche dopo la separazione della morte. Il loro ricongiungersi è una dimostrazione ancora più diretta del Suo potere divino della resurezione di Lazzaro, del figlio della vedova, o della figlia di Giairo.

Prendiamo ora in esame l'Ascensione al Cielo, un concetto che dovrebbe essere molto più presente nella mente di tutti noi di quanto lo sia effettivamente. La sua importanza teologica risiede nella dimostrazione di quell'unione indissolubile fra le due nature di Cristo, quella umana e quella divina.

> **Il sesto articolo del Credo è: "Egli ascese al Cielo; e siede alla destra di Dio Padre Onnipotente".** P 68
>
> **Con le parole "Egli ascese al Cielo" si intende che il nostro Salvatore è salito in cielo Corpo e Anima nel Giorno dell'Ascensione, 40 giorni dopo la Sua Resurrezione.** P 69

Questo significa che al momento dell'Ascensione al Cielo, come riportato negli Atti degli Apostoli, Gesù Cristo fu sollevato fino a scomparire alla vista degli Apostoli, e giunse in Cielo dopo 40 giorni dalla Sua Resurrezione, durante i quali apparve spesso ai Suoi discepoli per insegnare loro. L'elemento cruciale è che il Verbo, che era sceso in terra 33 anni prima e si era incarnato nel ventre di Sua madre, è ritornato al Cielo non come la Divinità disincarnata che era scesa in terra, ma come il Dio Uomo. In un certo senso, si può guardare all'Ascensione al Cielo di Nostro

Signore come al primo frutto della Sua stessa Redenzione; Egli porta con Sé la Sua natura umana, che non si separerà mai dalla natura divina. È utile pensare a Lui come il Capo di quel Corpo di cui noi facciamo parte; e considerare il suo ascendere al Cielo come garanzia che anche noi Vi giungeremo. Come vedremo quando arriveremo a trattare della Chiesa cattolica, noi crediamo di essere incorporati in Lui e di far parte di un'unica Persona con lui. Colui che è la nostra guida ha già raggiunto il fine cui siamo destinati; l'Uomo, come siamo soliti dire in quel linguaggio icastico, siede quindi alla destra di Dio Padre Onnipotente.

Per quanto io sappia, nessun artista ha mai riunito su di una tela o in un trittico quei tre eventi che rivelano perfettamente l'umanità di Cristo, la divinità di Cristo e la loro indissolubile unione: la Crocifissione (Gesù Cristo che muore davvero sulla Croce, rivelando la Sua umanità), la Resurrezione (Gesù Cristo che resuscita Se Stesso dalla morte, rivelando la Sua divinità) e fra i due l'Ascensione in Cielo (mostrando la completa e indissolubile unione fra loro). Colui che ora ascende al Cielo non è più il Verbo disincarnato, disceso in terra al momento dell'Incarnazione, bensì il Verbo Incarnato, che ascende al Cielo e siede sul trono di Dio.

Il concetto che l'Ascensione in Cielo di Nostro Signore è la garanzia della nostra stessa ascensione, viene espresso in modo efficace nella Colletta del Giorno dell'Ascensione, che nel vecchio rito recitava così: "Ti supplichiamo, Dio Onnipotente: concedi a noi, che crediamo che in questo giorno il tuo unigenito e nostro Redentore è asceso in cielo, di vivere nella gioia delle speranze celesti", come a dire che laddove va la nostra mente, là sarà il nostro corpo. Questo è espresso ancora più chiaramente nel Prefazio: "per mezzo di Cristo nostro Signore, Che dopo la Sua Resurrezione è apparso e si è mostrato a tutti i Suoi discepoli; e mentre essi Lo osservavano, Egli si è levato in Cielo, così che fossimo partecipi della Sua Divinità".

L'ultimo punto relativo all'Ascensione è:

P 70 **Le parole "siede alla destra di Dio Padre Onnipotente" non significano che Dio Padre abbia un corpo, in quanto Egli è spirito; significano che Cristo, in quanto Dio, è uguale al Padre e, in quanto uomo, è nel luogo più alto del Cielo.**

Ovvero, dove siede Dio.

Il settimo articolo del Credo è: "di là verrà a giudicare i vivi e i morti". P 71

Cristo verrà di nuovo dal Cielo nell'ultimo giorno, per giudicare tutta l'umanità. P 72

Cristo giudicherà i nostri pensieri, le nostre parole, opere e omissioni. P 73

Cristo dirà ai malvagi: "Via, lontano da me, maledetti, nel fuoco eterno, preparato per il diavolo e per i suoi angeli".(Matteo XXV, 41) P 74

Cristo dirà ai giusti "Venite, benedetti del Padre mio, ricevete in eredità il regno preparato per voi". P 75
(Matteo XXV, 34)

Tutti saranno giudicati nel momento della morte, così come nell'ultimo giorno: "E come è stabilito per gli uomini che muoiano una sola volta, dopo di che viene il giudizio".(Ebrei IX, 27) P 76

Con ciò completiamo il ciclo della storia umana. Abbiamo iniziato la riflessione su questo ciclo con la Caduta dell'Uomo, ovvero la separazione o l'abisso creato fra l'Uomo e il suo Creatore dalla ribellione dei nostri progenitori. Abbiamo quindi preso in esame il mistero dell'Incarnazione, che ha posto rimedio all'orrenda catastrofe della Caduta e colmato l'abisso da essa generato. La Seconda Venuta del Nostro Salvatore e Signore Gesù Cristo rappresenta il completamento del ciclo.

Noi crediamo che alla fine della storia dell'umanità Egli ritornerà, così come ci ha promesso, per giudicare l'intera umanità alla luce della redenzione da Lui operata. Inoltre, il Catechismo ci dice che oltre che in occasione del Giudizio Universale, ciascuno di noi sarà giudicato singolarmente al momento della morte.

È molto importante che cerchiamo di comprendere appieno i concetti di giudizio, castigo e ricompensa, perché il rischio di pensarvi in termini umani è costantemente presente. È un peccato che si parli della legge, dei giudizi e dei castighi di Dio Onnipotente negli stessi termini in cui si parla della legge, dei giudizi e delle punizioni degli uomini. La legge, i giudizi e le punizioni degli uomini spesso suscitano il nostro risentimento, in particolare, com'è naturale, quando li viviamo sulla nostra pelle. Questo è comprensibile perché le leggi degli uomini sono tutte, in varia misura, arbitrarie e quando le violiamo pensiamo che avrebbero potuto semplicemente essere diverse. La maggior parte delle nostre leggi sono arbitrarie; non lo sono naturalmente quelle che si fondano sulla legge morale, come le leggi contro l'assassinio o il furto, ma lo sono le leggi ordinarie, come il codice della strada o le leggi fiscali, alle quali è probabile che ci troviamo a contravvenire prima o poi nel corso della nostra vita. Non esiste alcun motivo intrinseco per cui dovremmo guidare sulla destra o sulla sinistra della strada o per cui dovremmo pagare 5 o 50 sterline di imposte sul reddito. Queste sono cose determinate in modo arbitrario dagli uomini con un giudizio che non è infallibile, proprio come il nostro. Di conseguenza, se le infrangiamo proviamo rancore per la loro natura arbitraria. Se veniamo perseguiti per la violazione di una di queste leggi, ci appare arbitrario sia che veniamo condannati sia che siamo assolti. Molto dipende dall'avvocato che siamo riusciti ad assumere, dal giudice davanti al quale compariamo, dalla giuria che apprezza o meno il nostro aspetto. Quando il verdetto è contro di noi diciamo: "Sarebbe andata diversamente, se solo il mio avvocato avesse chiarito un po' meglio quel punto, se solo non avessi manipolato le prove", e così via.

La punizione è dunque arbitraria: quando veniamo condannati in base a una legge che giudichiamo arbitraria, attraverso un processo che ci sembra arbitrario, il giudizio ci appare tanto più arbitrario, sia che veniamo condannati alla detenzione o al pagamento di una multa, o che ci venga concessa la condizionale. Può andare a finire in tutti questi modi, il che suscita ancora una volta il nostro risentimento.

Quando usiamo questa terminologia per parlare della legge, dei castighi e dei giudizi di Dio Onnipotente, corriamo il pericolo di fare nostro questo sentimento di rancore, che è conseguenza della natura arbitraria delle leggi umane. Eppure, le leggi, i giudizi e le punizioni di Dio Onnipotente non sono arbitrari. Non si può pensare che Dio Onnipotente avrebbe potuto formulare i Comandamenti diversamente da come ha fatto, in quanto essi riflettono la Sua natura perfetta e immutabile.

I giudizi di Dio Onnipotente non sono arbitrari. Nelle nostre faccende umane, noi concediamo sempre agli altri il beneficio del dubbio. Con Dio Onnipotente non può esistere alcun dubbio. Il nostro comparire al Suo cospetto è assolutamente certo. Le conseguenze di una violazione consapevole della Sua legge non possono essere diverse da quello che sono. Se allontaniamo deliberatamente la nostra volontà dalla Sua, Egli non prevaricherà il libero arbitrio di cui ci ha fatto dono, con tutte le terrificanti potenzialità di bene e male che implica il libero arbitrio. Una volontà che può solo scegliere il bene, o che può essere sopraffatta se sceglie il male, non può certo dirsi libera.

Le conseguenze dell'ignorare le leggi di Dio non sono arbitrarie ma sono insite nelle azioni stesse. Sotto questo aspetto, assomigliano alle leggi della natura. Le conseguenze dell'ignorare le leggi della natura non provocano il nostro risentimento così come succede con le conseguenze dell'ignorare le leggi degli uomini. Se ci gettiamo da un precipizio, sfracellarci al suolo non è una punizione arbitraria. Allo stesso modo, quindi, le conseguenze dell'ignorare la legge di Dio Onnipotente sono inevitabili. Il nostro stesso atto di deviare le nostre volontà dalla Sua significherà che non possiamo ricongiungerci a Colui che è il solo nostro compimento. Nient'altro può ricondurci a Lui se non il ritorno della nostra volontà verso la Sua, che è ciò che intendiamo per pentimento e dolore per aver peccato.

Questo spiega forse un po' meglio perché si dice che saremo giudicati al momento della morte oltre che nella solenne Assise dell'ultimo giorno. Al momento della morte, ci viene rivelato il destino, deciso nel bene e nel male dalla nostra condotta, riservato alla nostra anima. Sappiamo in quel momento se la grazia di Dio è nelle nostre anime, così come preghiamo che sia, o se in effetti l'abbiamo estraniata con le nostre azioni. Ha luogo, quindi, quello che chiamiamo "giudizio privato" al momento della morte. Il nostro destino, in quel momento, viene suggellato per tutta l'eternità. Crediamo, tuttavia, anche nella forza delle stesse parole di Nostro Signore, ovvero che vi sarà un ultimo, solenne Giudizio di tutta l'umanità alla fine della storia dell'uomo; non nel senso di un appello rispetto a quanto avvenuto al momento della morte, ma piuttosto di una proclamazione o conferma.

Questo è un ulteriore esempio del riconoscimento da parte di Dio Onnipotente sia della nostra stessa importanza assolutamente unica che della nostra natura inevitabilmente sociale. Il nostro impegno sociale permea il nostro pensiero. Ognuno di noi è una creazione unica di Dio Onnipotente, chiamata al mondo da Lui, modellata da Lui, mantenuta in essere da Lui. Eppure, proprio per questo non possiamo vivere al di fuori della società.

Nasciamo in una famiglia dalla quale dipendiamo per avere riparo e cibo, essendo incapaci, a differenza degli animali inferiori, di provvedere a noi stessi per i primi dieci o vent'anni della nostra vita. Tale dipendenza vale non solo per i nostri bisogni materiali, bensì anche per lo sviluppo e l'esercizio delle nostre facoltà di comunicazione e intellettive.

La prova di questa nostra doppia natura è chiara sin dall'inizio della storia dell'uomo, alla Caduta, quando l'azione di due individui ha conseguenze per tutta la razza umana; e di nuovo nella Redenzione, dove l'azione di un singolo Dio Uomo capovolge le conseguenze della Caduta. Con le parole di San Paolo: "E come tutti muoiono in Adamo, così tutti riceveranno la vita in Cristo" (1 Corinzi XV, 22).

Affronteremo in seguito le conseguenze della nostra natura individuale e sociale nella missione dello Spirito Santo. Lo Spirito Santo ha una duplice funzione: una personale e una sociale. Egli dimora nell'anima di ognuno di noi con la Sua grazia; Egli dimora in tutta la Chiesa Cattolica come suo spirito vitale e fedele.

È in questa luce che dovremmo vedere i due giudizi, quello immediato alla nostra morte, nel momento in cui ci viene rivelato il destino preparato da noi stessi, e il Giudizio Universale alla fine della storia dell'uomo.

Con ciò concludiamo la riflessione sull'Incarnazione. Come ricorderete, abbiamo iniziato prendendo in esame il mistero della Santissima Trinità, e abbiamo compreso Chi si è incarnato; il mistero della Caduta, che ci spiega perché Egli si è incarnato; infine, abbiamo considerando il mistero centrale, l'Incarnazione stessa. Il Verbo diventa Uomo, opera la nostra redenzione per conto della razza umana, di cui fa parte, e conferisce a quella redenzione un valore infinito perché Egli è Dio. Ritorneremo molte volte ancora sull'Incarnazione: la ritroveremo nel nostro concetto di Chiesa, nei Sacramenti e nella Presenza Reale. Non potrò mai sottolineare abbastanza la sua importanza e centralità, e il fatto che richiede uno sforzo della fede maggiore di quello richiesto da qualunque altro mistero. Si può affermare che chi accetta l'Incarnazione accetta implicitamente tutta la fede cattolica.

Il Catechismo ora passa allo Spirito Santo:

P 77 **L'ottavo articolo del Credo è: "Credo nello Spirito Santo".**

Lo Spirito Santo è la Terza Persona della Santissima Trinità.   p 78

Lo Spirito Santo procede dal Padre e dal Figlio.   p 79

Lo Spirito Santo è uguale al Padre e al Figlio, poiché Egli è effettivamente Signore e Dio come lo sono il Padre e il Figlio.   p 80

Lo Spirito Santo è sceso sugli Apostoli la Domenica di Pentecoste, sotto forma di "lingue come di fuoco che si dividevano".   p 81

Lo Spirito Santo è sceso sugli Apostoli per confermare la loro fede, santificarli e permettere loro di fondare la Chiesa.   p 82

Arriviamo ora a discutere della Terza Persona della Santissima Trinità; richiamiamo quindi alla mente quel mistero fondamentale che è la Trinità. Teniamo sempre a mente che di tratta di un mistero. Non saremmo mai giunti ad esso con la sola ragione umana: è un mistero rivelatoci indirettamente da Nostro Signore quando afferma di essere Dio, quando parla del Padre come distinto da Lui e come Dio e quando parla dello Spirito Santo come distinto da Sé e da Suo Padre e come Dio. Lo insegna invece direttamente inviando gli apostoli ad insegnare e battezzare nel nome del Padre e del Figlio e dello Spirito Santo: ovvero, nel nome, non nei nomi, dell'unico, inscindibile Dio, in cui esistono tre Persone distinte, ciascuna delle quali è Dio stesso, e nessuna delle quali è le altre due.

La prima cosa da sottolineare è la totale identità fra le tre persone della Trinità. Non dobbiamo dimenticare che il fatto che nominiamo le tre Persone in un certo ordine non implica che vi sia una successione nella Trinità. La nostra mente è incline a considerare le Persone della Trinità in successione temporale, benché esse siano naturalmente coeterne. Abbiamo preso in esame questo punto quando abbiamo parlato per la prima volta della Trinità, citando il prologo del Vangelo di San Giovanni: "In principio era il Verbo e il Verbo era presso Dio e Dio era il Verbo". La Mente Eterna per tutta l'eternità contempla il Verbo Eterno, non meno eterno di Sé stessa. Per tutta l'eternità vi è totale Armonia fra la Mente Eterna e il Verbo Eterno. Mente, Verbo e Armonia sono tutti parimenti eterni e dunque tutti egualmente Dio. Non esiste successione. Non dobbiamo pensare alla Mente Eterna che medita sul Verbo Eterno e stabilisce infine un'Armonia Eterna di intenti. Il Padre, il Figlio e lo Spirito Santo sono un'unica cosa nell'eternità; nemmeno per un istante è esistita prima la Mente, poi il Pensiero che l'ha occupata, poi l'Identità di intenti e finalità fra loro. Sono completamente coeterni. Sarebbe impossibile avere gradi di disuguaglianza in Dio Onnipotente: tutte e tre le Persone sono egualmente Dio.

Ho accennato un momento fa al fatto che siamo inevitabilmente unici e, tuttavia, inevitabilmente sociali. Penso sia utile pensare a questo concetto come a una sorta di riflesso della Trinità. Affermiamo che l'uomo è fatto a immagine di Dio Onnipotente principalmente perché dotato di mente e volontà, che riflettono la Saggezza e il Potere che è Dio stesso. Esiste anche una somiglianza con la Santissima Trinità nella nostra stessa natura, che non è in grado di realizzarsi o crescere appieno senza contatto con gli altri. L'uomo ha bisogno di uscire da sé stesso per potersi pienamente realizzare. Non siamo autosufficienti; abbiamo bisogno di amare ed essere amati. San Giovanni ci dice: "Dio è amore"(1 Giovanni IV, 8). Al centro della Divinità, dell'unico Essere necessario, vi è l'Amore di tutta l'eternità, il Padre che ama il Figlio, il Figlio che ama il Padre, quell'Amore che è personificato nello Spirito Santo. L'amore è qualcosa di reciproco, qualcosa che proviene dall'uno ed è ricambiato dall'altro, qualcosa fra due persone. Quindi proprio al centro della Divinità, il centro dell'Essere stesso (che è Dio), c'è l'Amore. Ecco cosa intendiamo quando affermiamo che lo Spirito Santo procede sia dal Padre che dal Figlio.

Una grande controversia ha diviso la Chiesa Occidentale da quella Orientale quando tale concetto, a cui la Chiesa ha sempre creduto, è stato espresso nella clausola *Filioque* del Credo.

L'amore è essenzialmente un sistema di scambio bidirezionale. Lo Spirito Santo non procede soltanto dal Padre verso il Figlio per poi rimanervi, ma ritorna anche dal Figlio verso il Padre. Per tutta l'eternità, questo movimento di amore che viene dato e ricambiato è il cuore, il fulcro dell'Essere.

Per quanto concerne la Santissima Trinità, crediamo che, per usare le parole dei teologi, tutte le *operationes ad extra*, vale a dire le opere della Trinità al di fuori di Sé stessa, sono comuni a tutte le Persone della Trinità. Le *operationes ad intra* sono attribuibili alle singole Persone. Anche se le Persone della Trinità sono una sola nell'opera della creazione e conservazione, tendiamo, con un processo che i teologi chiamano "attribuzione", ad attribuire la Creazione al Padre, la Redenzione al Figlio e la Santificazione allo Spirito Santo.

Dobbiamo sempre correggere la tendenza a pensare che qualunque opera al di fuori della Trinità possa essere esclusiva di una Persona ricordandoci che, benché siamo propensi a pensare al Padre come al Creatore che porta in essere tutte le cose, il Figlio e lo Spirito Santo creano insieme a Lui come un'unica entità. L'incipit del Vangelo di San Giovanni afferma chiaramente questo punto: "In principio era il Verbo e il Verbo era presso Dio e", di conseguenza, "Dio era il Verbo. Tutto è stato fatto per mezzo di lui, e senza di lui niente è stato fatto di tutto ciò che esiste".

E ancora, sebbene sia il Verbo solo, la Seconda Persona della Santissima Trinità, ad incarnarsi, Padre, Figlio e Spirito Santo insieme hanno fatto sì che il Verbo diventasse carne. L'Incarnazione, come tutti gli altri effetti dell'onnipotenza, deriva dalla natura di Dio, in cui le Persone si fanno una.

Infine, a causa della discesa dello Spirito Santo alla prima Pentecoste, tendiamo ad attribuire l'opera della santificazione della Chiesa e di tutti i suoi membri allo Spirito Santo. Eppure tutta la Trinità dimora in coloro che sono in stato di grazia.

All'interno della Trinità, tutto è comune quando non interviene alcuna relazione personale (dal Padre al Figlio, dal Figlio al Padre, dallo Spirito Santo al Padre e al Figlio).

Tenendo a mente queste premesse, torniamo a parlare dello Spirito Santo. Noi crediamo che lo Spirito Santo sia disceso sugli Apostoli alla prima Pentecoste, come riportato negli Atti degli Apostoli (II, 3). Egli è disceso su di loro, come dice il Catechismo, per permettere loro di fondare la Chiesa. Egli è sceso su di loro per essere lo spirito immutabile di quell'organizzazione sociale qui sulla terra, la Chiesa cattolica. Il Suo rapporto con essa equivale al rapporto della nostra anima con il nostro corpo.

Ricordate sempre, quando siete tentati di essere impazienti o critici con quel corpo umano qui in terra, la Chiesa visibile, che essa dipende nella sua autorità e santità non da coloro attraverso i quali essa giunge a noi, ma dal dimorare dello Spirito in essa. La Chiesa cattolica in terra deriva il suo valore unicamente dal fatto che lo Spirito Santo dimora in essa. Esattamente come il vostro e il mio corpo non valgono nulla una volta che lo spirito lo lascia, così tutta l'immensa e intricata organizzazione che è la Chiesa cattolica in terra non avrebbe valore se lo Spirito la abbandonasse.

Lo Spirito Santo è venuto agli Apostoli prima di tutto per la missione collettiva e sociale di permettere loro di fondare la Chiesa. Egli dimora inoltre nel cuore di ogni individuo che sia in uno stato di grazia. Questo è ciò che intende San Paolo quando ci dice: "Il vostro corpo è tempio dello Spirito Santo" (1 Corinzi VI, 19).

Ancora una volta, abbiamo un'immagine del nostro duplice carattere. Ognuno di noi è un individuo unico, eppure tutti noi siamo inevitabilmente sociali. Lo Spirito Santo dimora in noi sia a livello individuale che a livello collettivo.[9]

Per vedere con quale potenza giunge lo Spirito Santo, è sufficiente guardare l'effetto della Sua venuta sugli Apostoli. Dopo la Crocifissione e persino dopo la Resurrezione, gli Apostoli erano un gruppo di uomini sconvolti che non osavano andare a predicare il Vangelo. Erano totalmente demoralizzati dalla morte di Nostro Signore: al momento della Sua Passione e del Suo Processo uno l'aveva tradito, un altro l'aveva rinnegato più volte e solo uno si trovava ai piedi della Croce mentre Egli moriva. Questa è la situazione nella quale ha agito lo Spirito Santo. Questa è la situazione che Egli ha completamente trasformato. Nel momento in cui lo Spirito Santo è sceso sugli Apostoli, essi sono andati a predicare il Vangelo per la prima volta. Sono partiti per un mondo ostile a portare la buona novella della Resurrezione ai quattro angoli della terra. Hanno consacrato la propria vita a testimoniare la Resurrezione. Questo è l'effetto che lo Spirito Santo ha avuto su di loro.

Ciò che Egli ha fatto agli Apostoli può farlo anche a noi. Il successo della sua opera su di noi dipende unicamente dalla nostra cooperazione. Tutti coloro che sono in uno stato di grazia portano dentro di sé la Terza Persona della Trinità, Dio Stesso, che può fare di ognuno di noi un santo.

CAPITOLO 7

La chiesa

Abbiamo terminato la riflessione sullo Spirito Santo, la Terza Persona della Santissima Trinità, di cui si parla nell'ottavo articolo del Credo. Il Credo prosegue con il nono articolo:

la Santa Chiesa cattolica: la Comunione dei Santi.   p 83

L'ordine è volutamente significativo. La Chiesa cattolica affonda le radici e riceve la propria vita direttamente dalla Santissima Trinità. Nel Credo di Nicea questa verità è asserita in modo più esplicito: dichiariamo qui la nostra fede nello Spirito Santo: "il Signore che dà la vita"; ma a chi dà la vita lo Spirito Santo? Alla "Chiesa una, santa, cattolica e apostolica". Quindi la Chiesa cattolica è un mistero di fede legato alla nostra fede nella Santissima Trinità. Essa è una società visibile di persone, un'organizzazione umana con una storia umana, ma, come il nostro corpo fisico, ha un unico, superiore principio di vita, un'"anima", che unifica e anima i suoi membri.

Quando lo Spirito Santo venne, nella prima Pentecoste, ebbe l'effetto duplice che abbiamo già evidenziato: il fatto di dimorare personalmente negli individui (come dimostrato dalle lingue di fuoco che si dividevano) e l'effetto collettivo di riunire tutti i singoli in un unico corpo di cui lo stesso Spirito Santo è l'anima. Poiché Egli giunge come dono del Verbo Incarnato, dalla cui pienezza abbiamo tutti ricevuto, diventiamo un tutt'uno con Cristo nello Spirito Santo. Formiamo un corpo mistico con Lui, Lui il capo, noi i Suoi membri. Mistico qui non significa "irreale"; significa una realtà al di là della creazione naturale che solo la fede può cogliere. Questa considerazione sulla Chiesa cattolica condivide la centralità dell'Incarnazione. Abbiamo sottolineato che l'Incarnazione è la dottrina centrale di tutto quello in cui crediamo. La Chiesa cattolica è la continuazione dell'Incarnazione nel corpo mistico di Cristo fino alla Seconda Venuta. Tutti i misteri del Credo nei quali professiamo la nostra fede sono giustamente visti solo in relazione a quel mistero centrale che il Dio Figlio viene in questo mondo nella persona di Gesù Cristo.

È per me motivo di rammarico osservare che il Catechismo affronta il discorso della Chiesa cattolica in modo, a mio avviso, non sufficientemente chiaro. In particolare, trovo l'ordine delle domande infelice e propongo di invertirlo.

Il Catechismo inizia, come sempre quando si affronta una nuova tematica, con una definizione:

p 84   **La Chiesa cattolica è l'unione di tutti i fedeli sotto un unico Capo.**

Consentitemi subito di farvi notare che questa definizione, per quanto precisa, è sicuramente inadeguata. Vorrei che sostituiste sul vostro Catechismo la parola "unione" con una parola molto più carica di significato e più precisa, "incorporazione", così che la definizione diventi:

p 84'   **La Chiesa cattolica è l'incorporazione di tutti i fedeli sotto un unico Capo.**

Naturalmente il termine più carico di significato include necessariamente anche quello meno forte. Quando critico il Catechismo, non lo faccio mai perché credo sia sbagliato, ma perché trovo alcune parti inadeguate o ritengo che ponga un'enfasi fuorviante. Critico il punto 84 perché è inadeguato, non incorretto, perché un'unione può essere un evento puramente fortuito e può venire meno.

p 85   **Il Capo della Chiesa cattolica è Nostro Signore Gesù Cristo.**

Nei punti dall'86 al 93, il Catechismo procede da quella riflessione sulla Chiesa cattolica come incorporazione di tutti i fedeli sotto un unico Capo, per poi descrivere la Chiesa in terra e il ruolo del Papato. Preferisco affrontare i punti dal 94 al 99 subito dopo il punto 85, per esaminare successivamente il tema della Chiesa visibile in terra. Voglio iniziare con il concetto base della Chiesa cattolica, vale a dire la totale identità fra la Chiesa e Gesù Cristo Stesso, prima di affrontare le manifestazioni visibili di quella identità qui sulla terra.[10]

Nostro Signore identifica chiaramente i Suoi seguaci con Se Stesso in quel meraviglioso discorso dopo l'Ultima Cena, riportato per noi nei Capitoli XIV-XVII del Vangelo di San Giovanni. Il Nuovo Testamento, così come a noi noto, suddivide quel discorso in quattro Capitoli, ma affronta un solo tema. Si tratta del Suo ultimo testamento ai Suoi discepoli. Il brano che vorrei che voi leggeste e sul quale vorrei che rifletteste e pregaste sono i primi dieci versetti del Capitolo XV. Questo passo, così come spesso avviene nei discorsi di Nostro Signore, sembra essergli stato ispirato da qualcosa che aveva visto. In questo caso, Nostro Signore e i Suoi discepoli stavano probabilmente attraversando il vigneto per andare dalla cena al Giardino del Getsemani, dove Egli avrebbe passato la notte in preghiera. Nostro Signore dice:

> Io sono la vera vite e il Padre mio è il vignaiolo. Ogni tralcio che in me non porta frutto, lo toglie e ogni tralcio che porta frutto, lo pota perché porti più frutto. Voi siete gia mondi, per la parola che vi ho annunziato. Rimanete in me e io in voi. Come il tralcio non può far frutto da se stesso se non rimane nella vite, così anche voi se non rimanete in me. Io sono la vite, voi i tralci. Chi rimane in me e io in lui, fa molto frutto, perché senza di me non potete far nulla. Chi non rimane in me viene gettato via come il tralcio e si secca, e poi lo raccolgono e lo gettano nel fuoco e lo bruciano. Se rimanete in me e le mie parole rimangono in voi, chiedete quel che volete e vi sarà dato. In questo è glorificato il Padre mio: che portiate molto frutto e diventiate miei discepoli. Come il Padre ha amato me, così anch'io ho amato voi. Rimanete nel mio amore. Se osserverete i miei comandamenti, rimarrete nel mio amore, come io ho osservato i comandamenti del Padre mio e rimango nel suo amore.
> (Giovanni XV, 1-10)

Non vi è distinzione fra la vite e i suoi tralci. Non esiste vite senza tralci e i tralci che non fanno parte di un ceppo non sono vite. La vite e i tralci sono un'unica cosa vista sotto due aspetti differenti, ed è così che Nostro Signore vuole che noi vediamo il nostro rapporto con Lui. Noi diventiamo una realtà organica che vive e cresce con Lui.

Non è un'unità morta; non si tratta di mettere insieme una serie di oggetti. Ecco perché considero la parola "unione" inadeguata. Un'unione potrebbe essere un fascio di bastoni: messi insieme e legati essi formano effettivamente un'unione, ma se si taglia la corda si spargeranno. Non sono affatto una cosa vivente.

Ora, il collegamento fra la vite e i tralci è completamente diverso in quanto essi condividono la vita. Il loro valore nell'insieme dipende dal fatto di condividere tale vita, senza la quale non possono far nulla. Questa è la visione di Nostro Signore del rapporto fra Sé e i Suoi seguaci, la Sua visione, il Suo modello della Chiesa.

La stessa idea pervade tutti gli insegnamenti di San Paolo, con la similitudine del corpo e le sue membra. Non vi sorprenderà il fatto che identifichi Cristo e i Suoi seguaci, se tenete a mente le circostanze della sua conversione. Mentre era in viaggio verso Damasco, gli apparve Nostro Signore che gli chiese: "Saulo, Saulo, perché mi perseguiti ?"(Atti IX, 4). Noterete che Egli non dice "perché perseguiti i miei seguaci", dice "perché mi perseguiti", perché Cristo e i Suoi seguaci sono una cosa sola. Quando questo accadde Nostro Signore era già morto, risorto e asceso al cielo già da tre anni. San Paolo presenta l'identità fra Cristo e i Suoi seguaci con la similitudine del corpo e le sue membra (1 Corinzi XII, 12). Come il valore dei tralci di una vite dipende dalla loro appartenenza al ceppo, così il valore delle membra dipende dal loro essere incorporati in un corpo (Efesini V, 30). Né i tralci né le membra hanno valore in sé. Il loro valore deriva dal condividere la stessa linfa vitale o lo stesso sangue. Quando pensiamo alla Chiesa non pensiamo a un'unione fortuita di elementi, ma a un'unità organica.

Passiamo ora al punto 94 del Catechismo, al quale arriviamo alterando l'ordine:

P 94 **La Chiesa di Cristo ha quattro note che la contraddistinguono: essa è Una; è Santa; è Cattolica; è Apostolica.**[11]

Ora, ciò che voglio che voi notiate di queste quattro note della Chiesa è che sono tutte di natura organica ed essenziale; non sono state inventate dall'uomo, sono la natura stessa della Chiesa. Passiamo in rassegna le definizioni del Catechismo di queste diverse note della Chiesa. Vi avverto che sono piuttosto critico su queste definizioni, ancora una volta non perché credo che siano incorrette, ma perché ritengo siano inadeguate e spesso sembrano non distinguere le cause dagli effetti. La causa di tutte queste quattro note della Chiesa è la sua identità con Gesù Cristo. Ecco perché essa è Una, Santa, Cattolica e Apostolica. Se volete capire cosa intende un cattolico per Chiesa, vi basta ricordare una semplice frase che abbiamo già utilizzato: la Chiesa è Cristo che continua a vivere nei Suoi seguaci. Tutti questi attributi sono caratteristiche di una persona che non potrebbe spogliarsi di esse, anche se lo volesse.

Il Catechismo dice:

P 95 **La Chiesa è Una perché tutti i suoi membri accettano la stessa fede, condividono lo stesso Sacrificio e gli stessi Sacramenti e sono tutti uniti sotto un unico Capo.**

> La Chiesa è Santa perché insegna una dottrina santa, offre a tutti i mezzi per raggiungere la santità e si distingue per l'eminente santità di migliaia di suoi figli. P 96
>
> La parola Cattolica significa universale. P 97
>
> La Chiesa è Cattolica o universale perché essa esiste in tutte le epoche, insegna a tutti le genti, ed è l'unica Arca della Salvezza per tutti. P 98
>
> La Chiesa è Apostolica perché conserva le dottrine e le tradizioni degli Apostoli, e perché, attraverso la successione continua dei suoi Ministri, deriva i suoi Ordini e la sua Missione da essi. P 99

Avrete capito cosa intendo quando dico che molte risposte del Catechismo confondono le cause con gli effetti:

> La Chiesa è Una perché tutti i suoi membri accettano la stessa fede, condividono lo stesso Sacrificio e gli stessi Sacramenti e sono tutti uniti sotto un unico Capo. P 95

La vera ragione per cui la Chiesa è Una è perché Cristo è Uno; Egli è una Persona, indivisibile come qualsiasi persona. Non si può dividere una persona: si può mutilare, amputare, ferire, ma non è possibile dividere una persona. Quindi la Chiesa è Una con un'unità assoluta ed essenziale. La ragione per cui è Una è l'ultima clausola: i suoi membri "sono tutti uniti", o come preferisco dire, incorporati, "sotto un unico Capo". La conseguenza è che tutti i membri accettano la stessa fede e condividono lo stesso Sacrificio e i gli stessi Sacramenti. Questi non sono la causa dell'unità. L'unità è assoluta perché i membri della Chiesa sono tutti incorporati in un corpo, e un corpo non può essere diviso. L'unità della Chiesa non è in alcun senso un'unità creata dall'uomo. Ecco, ancora una volta, il perché dell'inadeguatezza della parola "unione". Se si mettono molte persone intorno a un tavolo per raggiungere un accordo, quella è un'unità fatta dall'uomo, ed esse potrebbero, come ben sapete, trovarsi in totale disaccordo. L'unità che hanno creato può venir meno. L'unità della Chiesa è di natura completamente diversa, che deriva dal fatto che essa è la continuazione di Cristo in forma collettiva. Quando gli uomini vengono incorporati in essa, condividono tutti quell'unità. Quando, Dio non voglia, si allontanano da quell'unità, l'unità rimane intatta perché non è stata creata dagli uomini. Quindi, quando le persone abbandonano la Chiesa, a centinaia o a migliaia o a milioni, come hanno fatto durante la Riforma, la Chiesa non ne risulta divisa, in quanto questo non sarebbe possibile. Avranno abbandonato quell'unità, lasciandola inalterata. Ricordate sempre che l'unità della Chiesa deriva dal suo essere la continuazione di Cristo stesso, non dal fatto che un certo numero di uomini accettino le sue dottrine.

Allo stesso modo, la santità della Chiesa è essenziale, non fortuita. Ancora una volta, ecco un esempio di come il Catechismo non distingua tra cause ed effetti:

P 96 **La Chiesa è Santa, perché insegna una dottrina santa, offre a tutti i mezzi per raggiungere la santità e si distingue per l'eminente santità di migliaia di suoi figli.**

Direi piuttosto che la Chiesa è santa perché deriva la sua vita da Cristo, Che è la fonte di tutta la santità. Come i membri della Chiesa non hanno creato l'unità, ma traggono la loro unità o il loro accordo dall'appartenenza ad una Chiesa che non può perderla, così i membri della Chiesa non contribuiscono alla santità fondamentale della Chiesa, ma traggono da essa la propria santità. Essa è fonte di santità così come è fonte di unità, perché il suo Capo è Cristo stesso. Essa dispensa i mezzi per raggiungere la santità attraverso i Sacramenti che Egli ha istituito. Se, come asserisce il Catechismo, molte migliaia dei suoi figli sono santi (ce ne fossero di più), lo sono perché utilizzano i mezzi da lei offerti. Di conseguenza, che i suoi figli siano più o meno santi non influisce minimamente sulla santità della Chiesa: la sua santità essenziale è tanto assoluta quanto lo è la sua unità. La Chiesa non può perdere la sua santità così come non può perdere la sua unità.

Passiamo ora all'universalità della Chiesa. Osservate ancora una volta come il Catechismo non riesce a distinguere fra cause ed effetti:

P 98 **La Chiesa è Cattolica o universale perché essa esiste in tutte le epoche, insegna a tutti le genti, ed è l'unica Arca della Salvezza per tutti.**

È proprio l'ultima frase la ragione della Cattolicità o universalità della Chiesa: essa è l'unica Arca di Salvezza per tutti, l'unico mezzo rivelato e istituito da Dio per la salvezza degli uomini, e la sua estensione attuale nello spazio e nel tempo è fortuita. Essa è Cattolica perché tale è intesa nel disegno di Dio. Egli la istituisce perché sia l'unica Arca di Salvezza per tutti. Ne consegue che la Chiesa è molto diffusa, per quanto mai abbastanza; tuttavia, anche se fosse più diffusa non significherebbe che la sua Cattolicità è maggiore. La sua Cattolicità non deriva dalla sua attuale estensione geografica.

A questo punto è necessario specificare cosa si intende per "l'unica Arca di Salvezza per tutti", poiché, come sapete, questa rivendicazione propria solo della Chiesa cattolica è uno dei principali ostacoli per i non cattolici. La Chiesa cattolica è l'unica ad avanzare una simile rivendicazione, non dimenticatelo. È l'unica a rivendicare una cosa del genere come Cristo è il solo a rivendicare di essere l'unico Redentore. L'Apostolo dice: "non vi è infatti altro nome dato agli uomini sotto il cielo nel quale è stabilito che possiamo essere salvati" (Atti IV, 12). Nessuno viene salvato grazie a quanto è stato compiuto da altri maestri o profeti religiosi. Ciascun uomo che viene salvato, dal principio fino alla fine dei tempi, viene salvato solo grazie alla Redenzione che Cristo ha compiuto. Il tentativo di qualunque uomo di vivere secondo la propria coscienza è complementare a quella redenzione, e sarebbe assolutamente inefficace se non fosse stata compiuta la redenzione di Cristo. Pertanto il buon Confuciano, il buon Buddista e via dicendo, non viene salvato grazie a quello che hanno fatto le loro guide religiose. Essi non avevano il potere di fare alcuna differenza. Solo Cristo, Dio e Uomo, può cancellare gli effetti della Caduta. Gli uomini sono salvati quando vivono secondo tale dottrina in quanto il sacrificio di redenzione di Cristo conferisce un valore soprannaturale alle loro vite.

Se tenete a mente questa frase, "non vi è infatti altro nome dato agli uomini sotto il cielo nel quale è stabilito che possiamo essere salvati" (Atti IV, 12), capirete il vero significato della citazione latina *extra Ecclesiam, nulla salus*, "Non esiste salvezza al di fuori della Chiesa". La Chiesa è il mezzo divino di Cristo per salvare l'umanità, l'unica Arca di Salvezza per tutti. Come molte persone vengono salvate, come ci auguriamo, grazie a quanto compiuto da Cristo, anche se esse stesse ignorano ciò che le sta salvando, così ogni singolo individuo viene salvato grazie alla sua appartenenza più o meno consapevole alla Chiesa cattolica. Si può anche ignorare del tutto cosa conduca alla salvezza eterna, ma essa si raggiunge unicamente attraverso la Chiesa cattolica. Sembra che molti non cattolici pensino alla salvezza come ad una sorta di

Dunkerque, un'enorme operazione di salvataggio che può essere compiuta con una grande varietà di mezzi, la cui scelta può essere lasciata all'individuo. L'intero genere umano stretto in un corridoio angusto, così come lo era l'esercito inglese dopo il crollo della Francia, quando cercava di raggiungere l'Inghilterra con qualsiasi mezzo possibile; piroscafi, pescherecci, panfili da competizione, qualunque imbarcazione a portata di mano. L'unico obiettivo era di arrivare dall'altra parte, non importava con quale mezzo. Il cattolico crede, invece, che esista un solo mezzo per arrivare dall'altra parte, e che tale mezzo trasporti molti passeggeri che pensano di viaggiare in modo indipendente. È come se un uomo passeggiasse sul ponte o nuotasse nella piscina della nave, o remasse in una delle scialuppe di salvataggio, pensando di arrivare a destinazione grazie ai suoi sforzi. In realtà, viene condotto a destinazione dall'unico vascello divino. Esiste un solo modo per raggiungere la salvezza.

Il concetto della rivendicazione esclusiva della Chiesa Cattolica di essere il veicolo per la salvezza ha senso solo se si vede tale affermazione come la continuazione della rivendicazione esclusiva di Cristo. Se volete verificare la veridicità di qualunque affermazione sulla Chiesa Cattolica, provate a sostituire la parola "Chiesa" con "Cristo". Se l'affermazione ha senso, allora potete essere certi della sua ortodossia. Se non ha senso, allora c'è qualcosa di errato nell'affermazione stessa. Tutto ciò che Cristo rivendica per Se Stesso può essere anche rivendicato per la Chiesa, che è la Sua continuazione.[12]

Giungiamo infine all'ultima delle quattro "note" della Chiesa:

P 99 **La Chiesa è Apostolica perché conserva le dottrine e le tradizioni degli Apostoli e perché, attraverso la successione continua dei suoi Ministri, deriva i suoi Ordini e la sua Missione da essi.**

Delle quattro note, questa è forse quella più difficile da spiegare. Tanto più che la parola "Apostolica" può facilmente suggerire un richiamo alla Chiesa primitiva, che è esattamente il contrario di ciò che intendiamo con tale termine, vale a dire che la Chiesa cattolica, come ho detto, è una con Cristo; ha un'identità immutata lungo tutta la sua storia, la stessa identità che ha un individuo. Nel descrivere sé stessa come Apostolica, essa non fa riferimento alla Chiesa degli Apostoli ma rivendica di essere quella stessa Chiesa.

Ci sono molte cose della Chiesa cattolica che si spiegano solo se si pensa alla sua identità in Cristo. Essa è Una con l'unità di una persona, Santa con la santità di una persona e quindi rimane la medesima, dal mattino della Prima Pentecoste fino alla Seconda Venuta, così come voi ed io rimaniamo le stesse persone dal momento della nascita al momento della morte. Ognuno di noi è una determinata persona e lo rimane per tutta la vita, nessuno la può simulare, nessuno può privarcene o distruggerla. Ancora una volta, nel discutere questa nota della Chiesa parliamo di un qualcosa che non è stato creato o raggiunto dall'uomo. Si tratta di caratteristiche essenziali di cui la Chiesa non potrebbe privarsi neanche se volesse. Così come non può perdere la sua unità, la sua santità e la sua cattolicità, la Chiesa non può perdere neanche la sua identità immutabile. Lo stesso corpo che è nato alla prima Pentecoste, la Chiesa Apostolica, continua oggi come Chiesa cattolica in terra e continuerà fino alla Seconda Venuta di Cristo, in un modo che nessuno potrà cambiare, né simulare o rivendicare per se stesso. Proprio come una persona cresce e si sviluppa, così fa anche la Chiesa, non solo fisicamente ma, come vedremo, nella sua comprensione di se stessa, lungo l'intero corso della sua esistenza.

Ora, con qualunque altra visione del cristianesimo si può indicare un punto e dire: "Questo si è sviluppato da queste circostanze, da questi eventi sociali e storici o teologici". Per la Chiesa cattolica, questo discorso non può valere. Essa è nata alla prima Pentecoste.

Coloro che non hanno afferrato il concetto della Chiesa come persona, hanno difficoltà a capire la mutevolezza dei suoi aspetti superficiali. Come una persona, la Chiesa non è affatto statica. Non solo cresce nei suoi aspetti ovvi ed esteriori, si espande, si organizza e via dicendo, ma cresce anche nella comprensione di sé. Proprio come voi ora capite voi stessi meglio di quanto faceste in un periodo precedente della vostra vita, così fa anche la Chiesa. Se voi o io stesso dovessimo affrontare una nuova disciplina intellettuale come la psicologia, la nostra comprensione di noi stessi aumenterebbe, ma la nostra identità rimarrebbe invariata. Allo stesso modo, la Chiesa ha adottato nuove terminologie in tutta la sua storia per spiegare ciò in cui ha sempre creduto. Si è servita del vocabolario della filosofia greca per esprimere ciò che aveva sempre creduto sull'Incarnazione. Ha fatto la stessa cosa quando ha adottato i termini della filosofia di Aristotele per descrivere la Vera Presenza di Cristo nella Sacra Eucaristia, e di nuovo quando ha usato il concetto di evoluzione nel XIX secolo per descrivere lo sviluppo delle dottrine in cui aveva creduto fin dagli albori della sua esistenza.

La Chiesa sviluppa le sue facoltà di espressione come un individuo aumenta e migliora la conoscenza di se stesso man mano che cresce e impara. Io, per esempio, non avrei potuto fornire gli stessi identici insegnamenti che fornisco oggi, parola per parola, 50 anni fa. Ma credo forse in qualcosa di diverso ? Grazie a Dio, *no*.

La Chiesa accresce costantemente la comprensione di sé e la capacità di spiegarsi. È questo che fa quando definisce le dottrine: non le innova, non le inventa, ma spiega con crescente precisione la "la fede che fu trasmessa ai credenti" (Lettera di Giuda 3). I Cattolici non credono che la Beata Vergine sia stata resa immacolata nel 1854 o che il Papa sia diventato infallibile nel 1870. La trasmissione della fede si è conclusa con la morte dell'ultimo Apostolo; la comprensione della fede da parte della Chiesa continua da allora.

Un altro parallelo con l'individuo è il seguente: come noi non abbiamo bisogno di determinare la coerenza della nostra identità, siamo coerenti senza aver bisogno di pensarci, così la Chiesa non ha bisogno di pensare a determinare la coerenza della propria identità. Vedete quindi quanto è diverso il suo approccio al passato rispetto a quello di tutte quelle istituzioni cristiane che guardano al passato per avere autorità nel presente. Non è così per la Chiesa. Qualunque autorità abbia avuto in altri periodi della sua esistenza, la possiede ancora adesso. Ecco perché la parola "Apostolica" potrebbe generare un'impressione errata. Quando la Chiesa sostiene di essere Apostolica, non si richiama agli Apostoli o alla Chiesa dei primi secoli, così come fanno molte altre dottrine del cristianesimo. Essa rivendica di essere la medesima Chiesa.

La Chiesa prova, ovviamente, un naturale interesse per il suo passato, come ciascun individuo per il proprio. Se, per esempio, vi imbatteste in un diario su cui scrivevate a scuola o se, nel rimettere a posto i cassetti, trovaste delle lettere scritte molti anni fa, sono sicuro che le trovereste molto interessanti. Una vanità istintiva ci spinge a leggere questo tipo di cose. Ma hanno forse il potere di determinare cosa farete domani ? Volete forse usare quelle lettere come modelli per quelle che scriverete la sera ? Certo che no. Avete un legame con il passato; siete la stessa persona. Probabilmente voi, che avete fatto quelle cose e possedete le stesse caratteristiche, vi trovereste un'anticipazione di ciò che state facendo spontaneamente. Eppure non modellate voi stessi consapevolmente su quello che eravate prima. Possedete un'identità con il vostro io precedente che non richiede sforzi da parte vostra.

Dunque, nessuna delle quattro note della Chiesa è inventata dall'uomo. La Chiesa non ha bisogno di pensare ad essere Una, Santa, Cattolica e Apostolica, vale a dire essere identica alla Chiesa degli Apostoli. Essa è tutte queste cose. Nessuna di queste si ottiene per volontà o erudizione. La Chiesa possiede la stessa identità conferitale da Dio perché essa è la continuazione di Cristo fino alla Seconda Venuta.

CAPITOLO 8

La Chiesa visibile

Abbiamo visto il nono articolo del Credo, la Santa Chiesa cattolica. Abbiamo cambiato l'ordine dei punti e rafforzato la definizione fornita dal Catechismo: invece di definire la Chiesa cattolica come un'unione di tutti i fedeli sotto un unico Capo, ho suggerito di sostituire il termine "unione" con "incorporazione". Ho evidenziato che un'unione può essere qualcosa di assolutamente fortuito, più facile da perdere che da raggiungere, laddove un'incorporazione è qualcosa di organico che implica la condivisione di una vita comune. Abbiamo visto come l'analogia della vite e dei tralci, formulata da Nostro Signore, sottolinei questo concetto di Chiesa, così come fa l'analogia del corpo unito in Cristo, formulata da San Paolo. In entrambi i casi le analogie parlano di cose viventi, non di cose inanimate.

Con in mente il fatto che la Chiesa cattolica è la continuazione dell'Incarnazione e che essa è una Persona, ovvero Cristo, siamo passati all'enunciazione delle quattro note della Chiesa: essa è Una, Santa, Cattolica e Apostolica. Ho spiegato in che modo, a mio parere, il Catechismo spesso non distingue tra cause ed effetti. La causa di tutte e quattro le "note" della Chiesa è che essa è la continuazione di Cristo stesso, Una grazie alla Sua unità, Santa grazie alla Sua santità, Cattolica grazie all'universalità della Sua redenzione e Apostolica nel senso che essa è sempre la stessa persona, dalla discesa dello Spirito Santo sugli Apostoli fino alla Seconda Venuta di Cristo. Come abbiamo visto, tutti questi attributi sono essenziali, non fortuiti; sono gli attributi propri della persona di cui abbiamo parlato.

Faremo ora un passo indietro per coprire gli argomenti che abbiamo saltato quando, nel precedente capitolo, abbiamo cambiato l'ordine dei punti del Catechismo. Una volta data una definizione della Chiesa cattolica, il Catechismo passa direttamente a trattare della Chiesa visibile sulla terra. Voglio che vi soffermiate sul fatto che questo corpo mistico, attraverso il quale siamo incorporati in Cristo e nel quale formiamo un corpo con Lui, è anch'esso incarnato o personificato in una istituzione visibile sulla terra. La Chiesa cattolica non è un corpo invisibile, così come l'Incarnazione non era una presenza invisibile. Nell'Incarnazione, il Verbo, la Seconda Persona della Santissima

Trinità, fu concepito nel grembo della Beata Vergine, da lei nacque e venne al mondo come essere umano visibile e tangibile, esattamente come voi e me, dotato di un'altezza, di un peso, di un volume e via dicendo. Non era spirito puro, era uomo in tutto e per tutto. Noi crediamo che l'Incarnazione di Cristo continui nella Chiesa, per cui essa non è una entità invisibile e disincarnata. Crediamo, pertanto, nella cosiddetta unità visibile della Chiesa.

È proprio questa, sebbene venga raramente messo in evidenza, la linea di demarcazione tra noi cattolici e il resto dei cristiani, perlomeno nell'Occidente. Potrete condividere o meno questa affermazione, ma provate a chiedervi quale altra istituzione religiosa cristiana rivendichi di essere La Chiesa, come fa la Chiesa cattolica. Come sapete, anche gli altri cristiani credono nella Chiesa cattolica, come affermato nel Credo degli Apostoli, ma se indagate scoprirete invariabilmente che ciò in cui credono è un'entità invisibile. Quando dicono di credere nella Chiesa cattolica, probabilmente intendono dire che credono nell'unità di tutti coloro che vivono nello stato di grazia, nell'unità di tutti i veri credenti o in mille altre cose, ma non identificano mai la Chiesa cattolica con un corpo unico, visibile e organizzato sulla terra. Il Dr. William Temple, Arcivescovo di Canterbury, soleva dire: "Credo nella Santa Chiesa cattolica, e mi rammarico sinceramente che essa non esista oggi".

L'errore alla base di tale affermazione, al di là delle differenze superficiali, è esattamente lo stesso che commettevano i Riformatori nel sedicesimo secolo quando invocavano la chiesa primitiva. In entrambi i casi, il presupposto è che, qui ed ora, le promesse di Cristo sono venute meno. Qui ed ora, però, è l'unico momento in cui, con la grazia di Dio, posso ottenere la salvezza, e nella mia ricerca della salvezza la Chiesa ideale, passata o futura, non ha alcun potere di aiutarmi.

La dottrina cattolica dell'unità visibile della Chiesa è il concetto che divide la Chiesa cattolica da tutte le altre visioni del cristianesimo. La nostra idea di Chiesa cattolica, che andiamo ora a trattare, è il concetto della Chiesa visibile. Abbiamo trattato della Chiesa nel suo aspetto mistico di continuazione di Cristo; proseguiamo ora parlando della Chiesa come entità incarnata e personificata, proprio come Cristo.

Passiamo quindi dalle definizioni del Catechismo a proposito della Chiesa cattolica, nella loro versione modificata ("La Chiesa cattolica è l'incorporazione di tutti i fedeli sotto un unico Capo" e "il Capo della Chiesa cattolica è Gesù Cristo"), al concetto di Chiesa visibile sulla terra e, in particolare, al concetto e ruolo del papato all'interno di questo corpo visibile. Inizieremo la riflessione, ancora una volta, con un piccolo ritocco al testo, questa volta nella risposta alla domanda 86. La risposta del Catechismo è:

La Chiesa ha un Capo visibile sulla terra ? - La Chiesa ha un Capo visibile sulla terra, il Vescovo di Roma, Vicario di Cristo.   P 86

A mio avviso, domanda e risposta dovrebbero essere riformulate come segue:

La Chiesa visibile ha un Capo sulla terra ? - La Chiesa visibile ha un Capo sulla terra, il Vescovo di Roma, Vicario di Cristo.   P 86'

La Chiesa visibile (un concetto che affronteremo ora) ha un Capo sulla terra, e questo Capo è il Papa. Poiché la Chiesa è visibile, è visibile anche il suo Capo sulla terra. Prima di riflettere sul ruolo del Papa all'interno della Chiesa, facciamo una breve digressione per approfondire il concetto di Chiesa visibile. Per quale motivo questo concetto è così immensamente importante e centrale nella teologia cattolica della Chiesa ? Perché nella Chiesa vediamo soprattutto lo strumento attraverso il quale Dio Onnipotente ci comunica la verità rivelata. Anche questo, se ci pensate, è un aspetto peculiare della Chiesa cattolica. Noi crediamo che il ruolo fondamentale della Chiesa sia di essere, per usare un'espressione di San Paolo, "colonna e sostegno della verità" (1 Timoteo III, 15), il mezzo attraverso il quale apprendiamo la rivelazione divina; e che il suo ruolo secondario e conseguente sia di insegnare la morale cristiana. Questo non significa che la morale cristiana sia meno importante; tuttavia, ricordate sempre che lo scopo della Chiesa cattolica è quello di divulgare la verità rivelata. È questo il motivo per cui la Chiesa attribuisce un'importanza così grande all'unità visibile. La verità è necessariamente una e una sola, e non può contraddire un'altra verità. Dal momento che lo scopo della Chiesa è quello di essere "colonna e sostegno della verità', quindi il canale attraverso il quale la verità giunge a noi, la sua essenza implica necessariamente che essa, la Chiesa visibile e organizzata sulla terra, sia una. La verità di cui è testimone è una e indivisibile, pertanto anche la Chiesa deve essere tale. Il testimone di una verità non può essere diviso e contraddittorio.

Nel capitolo precedente, quando riflettevamo sul concetto mistico della Chiesa come continuazione di Cristo e sul fatto che gli attributi di Cristo sono anche quelli della Chiesa, ho citato l'incipit del Capitolo 15 del Vangelo secondo Giovanni, che riporta le parole pronunciate da Nostro Signore dopo l'Ultima Cena. Vorrei che leggiate nuovamente quei quattro Capitoli, a partire dal Capitolo 14. Si tratta di una divisione arbitraria della preghiera di Cristo sul Suo rapporto con la Chiesa, da cui ho tratto l'analogia della vite e dei tralci.

Vedremo ora cinque versetti, da San Giovanni XVII 17, in cui Nostro Signore definisce il ruolo della Chiesa come portavoce della verità e la conseguente esigenza di unità. Non dimenticate che Egli definisce anche il Suo stesso ruolo come quello di testimone della verità. Cristo ha anche altri ruoli (Redentore, maestro di morale, profeta), ma nel momento più solenne della Sua vita, quando gli viene chiesto di definire la Sua missione, Egli risponde: "Per questo io sono nato e per questo sono venuto nel mondo: per rendere testimonianza alla verità" (Giovanni XVIII, 37). La verità ha la priorità su tutto. Se domandate, senza mancanza di rispetto o blasfemia, a cosa serve Cristo, la risposta è: a rendere testimonianza alla verità. Egli è stato mandato nella veste della Verità stessa. Parlando agli Apostoli, la Verità disse, "Come il Padre ha mandato me, anch'io mando voi" (Giovanni XX, 21). E questa è la missione centrale della Chiesa; tutto il resto (amministrare i Sacramenti, santificare gli uomini, diffondere il Vangelo e in generale tutti i compiti della Chiesa) deriva come conseguenza dal suo ruolo fondamentale di "colonna e sostegno della verità".

Con questo concetto in mente, passiamo a quei cinque meravigliosi versetti, dal Capitolo 17. Nostro Signore, come forse ricorderete, sta pregando il Padre per i Suoi discepoli:

17 *Consacrali nella verità. La Tua parola è verità.*

18 *Come Tu mi hai mandato nel mondo, anch'io li ho mandati nel mondo.*

19 *Per loro io consacro me stesso, perché siano anch'essi consacrati nella verità.*

20 *Non prego solo per questi, ma anche per quelli che per la loro parola crederanno in me.*

21 *Perché tutti siano una sola cosa. Come Tu, Padre, sei in me e io in Te, siano anch'essi in noi una cosa sola, perché il mondo creda che Tu mi hai mandato.*

Nostro Signore inizia con l'attribuire un'immensa importanza alla verità nel versetto 17; dai versetti 18 e 19 emerge che la vera funzione degli Apostoli è comunicare la verità; e nei versi 20 e 21, Egli prega per noi, che attraverso la parola degli Apostoli crediamo in Lui,

"Perché tutti siano una sola cosa. Come Tu, Padre, sei in me e io in Te, siano anch'essi in noi una cosa sola, perché il mondo creda che Tu mi hai mandato". In altre parole, Nostro Signore prega perché tutti i Suoi seguaci, non solo gli Apostoli, possano essere profondamente uniti quanto lo sono il Padre col Figlio e il Figlio col Padre, poiché non vi può essere unità più assoluta di questa. La conseguenza di questa unità che lega i Suoi seguaci è che "siano anch'essi in noi una cosa sola", il che significa che fare parte della Chiesa ci rende partecipi della vita divina di Dio. Altrove, San Giovanni dice: "A quanti però l'hanno accolto, ha dato potere di diventare figli di Dio"(Giovanni I, 12). L'unità che ci lega insieme è ciò che ci rende partecipi della vita divina; il versetto 21 contiene in sé un grande significato: "Perché il mondo creda che Tu mi hai mandato. La conseguenza del nostro essere così uniti nella verità da un legame profondo quanto quello tra Padre e Figlio, è che diventiamo partecipi della vita divina, e il fatto di essere partecipi, e così profondamente uniti, può fornire al mondo la prova della divinità di Cristo e della Sua missione.

Cosa consegue da tutto ciò? Ne consegue semplicemente che la verità che ci unisce deve essere visibile. Perché il mondo veda nella nostra unità la migliore prova della missione di Cristo, la nostra unità deve essere visibile al mondo. Esistono altre unità, e idealmente tutte queste unità sono coincidenti. Idealmente, l'unità di tutti i veri credenti, l'unità di coloro che si trovano in uno stato di grazia, l'unità di tutti coloro che saranno infine salvati, dovrebbero coincidere; queste, tuttavia, sono unità che il mondo non può vedere. Non sono visibili. La sola unità che il mondo possa vedere è quella di un corpo visibile e unificato sulla terra.

L'unità visibile è, ovviamente, proprio ciò che il mondo può vedere della Chiesa cattolica. Il mondo sa che questa straordinaria aggregazione, diffusa sulla gran parte del mondo conosciuto, benché in modo non uniforme, è assolutamente unanime su quello a cui l'uomo deve credere e ciò che deve fare per essere salvato. Chi non appartiene alla Chiesa cattolica si fa le idee più sbagliate sulla dottrina cattolica, ed è molto raro che ne abbia chiaro anche un solo aspetto. Questo particolare aspetto, tuttavia, è chiaro a tutti e, come dice Nostro Signore, è sufficiente a far domandare a tutti: "La missione di Cristo è divina?"

È questo che intendiamo per unità visibile della Chiesa, un'unità che non può essere rivendicata da nessun'altra aggregazione. Vedete dunque l'immenso valore che attribuiamo all'unità, in quanto l'unità è la garanzia e la prova della verità di cui Cristo è venuto a farci dono. Il versetto 21, "siano anch'essi in noi una cosa sola", viene costantemente citato da coloro che guardano con incredulità alle divisioni tra cristiani, ma a queste persone sfugge che l'unità promessa da Cristo esiste veramente. Alcune forme di ecumenismo sembrano presupporre l'assenza di ciò che per noi costituisce invece un'affermazione assolutamente centrale, vale a dire che questa unità esiste già e che tutti dovrebbero essere riuniti in essa. Senza dubbio il cristianesimo ha subito lacerazioni e divisioni; la Chiesa cattolica, invece, non è e non può essere divisa. Come accennato in precedenza, la chiesa può essere abbandonata da centinaia, migliaia, milioni di fedeli, senza che questo intacchi in alcun modo la sua unità. La sua unità, che Cristo promise sarebbe stata la prova della natura divina della Sua missione, perdura inalterata.

Vi renderete quindi conto dell'immensa importanza che attribuiamo all'unità visibile della Chiesa cattolica, che in un certo senso è la misura dell'ortodossia, la garanzia che siamo parte integrante di quella Chiesa fondata da Cristo sulla terra.

Solo la comprensione del concetto di unità visibile della Chiesa vi metterà nella condizione di poter cogliere l'importanza che attribuiamo all'infallibilità, o inerranza, per usare un termine che preferisco. Al giorno d'oggi, la parola "infallibilità" assume un gran numero di connotazioni.

Se decidiamo di far parte della Chiesa perché accogliamo la sua rivendicazione di essere la rivelazione di Cristo all'umanità e di essere colonna e sostegno della verità, essa non può assolutamente indurci in errore. In altre parole, la Chiesa deve essere infallibile, libera dall'errore. Comunque lo si voglia dire, quello che importa è capire che, se vi è un corpo visibile sulla terra, la

Chiesa, alla quale abbiamo deciso di appartenere in quanto siamo giunti a intenderla come essa intende sé stessa, allora la Chiesa non può chiederci di accettare la possibilità che sia in errore come condizione perché possiamo farne parte.

Siamo pronti ora ad affrontare quei punti del Catechismo che riguardano principalmente l'infallibilità. Non è possibile provare a riflettere sul concetto di infallibilità, né tanto meno cercare di spiegarlo ad altri, senza avere prima compreso appieno il concetto di unità visibile. Se estrapolata dal contesto dell'unità visibile, l'infallibilità non solo è una rivendicazione di eccezionale arroganza, quale viene spesso giudicata, ma non ha proprio alcun senso. Esistono numerose esposizioni diverse del cristianesimo, per cui se qualcuno dicesse, "Sono l'unico ad essere nel giusto", quel qualcuno darebbe prova di estrema arroganza. Ciò che sostiene la Chiesa cattolica è che può esistere un solo esponente autentico della rivelazione Divina, e che tutti gli altri sono nel giusto solo in virtù del fatto che la loro esposizione si avvicina a quella autentica.

Passiamo ora alle risposte successive partendo dalla formulazione emendata del punto 86:

> **La Chiesa visibile ha un Capo visibile sulla terra, il Vescovo di Roma, Vicario di Cristo.** P 86′
>
> **Il Vescovo di Roma è a capo della Chiesa in quanto successore di San Pietro, posto da Cristo a capo della Chiesa.** P 87
>
> **So che Cristo ha posto San Pietro a capo della Chiesa perché Cristo gli disse: "Tu sei Pietro e su questa pietra edificherò la mia chiesa e le porte degli inferi non prevarranno contro di essa. A te darò le chiavi del regno dei cieli".** P 88
>
> **Il Vescovo di Roma è chiamato "Papa", che significa Padre.** P 89
>
> **Il Papa è il padre spirituale di tutti i cristiani.** P 90
>
> **Il Papa è il Pastore e il Maestro di tutti i cristiani, perché Cristo fece San Pietro Pastore di tutto il gregge quando disse: "Pasci i miei agnelli, pasci le mie pecore". Pregò anche perché la sua "fede" non venisse mai meno e gli comandò di "confermare" i suoi fratelli.** P 91
>
> **Il Papa è infallibile.** P 92

P 93   Dire che il Papa è infallibile significa che il Papa non può sbagliare quando, come Pastore e Maestro di tutti i cristiani, definisce una dottrina sulla fede o la morale perché sia adottata da tutta la Chiesa.

Passiamo ora alla domanda 100; l'ordine seguito dal Catechismo a questo punto è parecchio curioso:

P 100   La Chiesa non può sbagliare in ciò che insegna sulla fede o la morale, in quanto essa è la guida infallibile in entrambe.

P 101   So che la Chiesa non può sbagliare in ciò che insegna perché Cristo promise che le porte degli inferi non avrebbero mai prevalso contro la Sua Chiesa; che lo Spirito Santo le avrebbe insegnato tutte le cose; e che Egli stesso sarebbe stato con lei sempre, fino alla fine del mondo.

Ancora una volta avrei scelto un ordine diverso, ponendo la domanda 100 prima delle altre, in quanto crediamo che la Chiesa sia infallibile e che i suoi vari organi di infallibilità (Papa, Concili, Vescovi e singoli) traggano la loro infallibilità da essa. La Chiesa è infallibile nell'accezione che abbiamo visto poc'anzi: la Chiesa non può chiederci di accettare il falso come condizione perché possiamo appartenervi.

Questo è un concetto negativo, come lo sono entrambe le definizioni del Catechismo: "La Chiesa *non* può sbagliare in ciò che insegna" e "Dire che il Papa è infallibile significa che il Papa *non* può sbagliare..."[14]

Credo possa essere utile guardare all'infallibilità come a una promessa negativa, in modo che, se giungiamo a intendere la Chiesa come essa intende sé stessa, sapremo che "non mi può essere chiesto di accettare il falso per poter diventare parte di essa".

Per avere un parametro che vi permetta di sapere quando questa garanzia è valida, ponetevi la seguente domanda: "Quando la Chiesa stabilisce delle dottrine alle quali devo credere per poter fare parte di essa?" Quando questo succede, le dottrine devono necessariamente essere vere.

Il metodo più formale per la definizione delle dottrine è attraverso un Concilio della Chiesa, durante il quale tutti i Vescovi si riuniscono e stabiliscono che cosa sia la Fede cattolica e che cosa non lo sia. Ogni qualvolta la Chiesa stabilisce qualcosa attraverso un Concilio, come fece a Nicea, a Calcedonia, a Trento o durante il Primo Concilio Vaticano, quel qualcosa deve necessariamente essere vero in quanto la Chiesa ne esige il rispetto.

In quali altre occasioni la Chiesa stabilisce delle dottrine alle quali dobbiamo credere come condizione per appartenervi? In modo meno formale, l'intero corpo dei Vescovi, in tutto il mondo, stabilisce costantemente condizioni per l'appartenenza alla Chiesa. Quando, alla fine di un corso di insegnamenti, qualcuno mi chiede di essere ammesso nella Chiesa, devo rimettermi alla decisione del Vescovo della diocesi per avere l'autorizzazione. Se il Vescovo mi risponde che posso ammettere questa persona nella Chiesa a condizione che questa persona accetti questa o quella dottrina, potrò sempre rivolgermi a un altro Vescovo. Tuttavia, se tutti i Vescovi stabiliscono le stesse condizioni, allora la garanzia negativa di infallibilità che io difendo è in mano all'intero corpo dei Vescovi *collegialiter sumpti* ("presi come Collegio"). Se tutti i vescovi pongono la stessa condizione, questa non può non essere vera.[15]

La Chiesa cattolica non è altro che una Chiesa per la docenza. Essa insegna continuamente: il Vescovo diocesano che scrive le sue lettere pastorali, il prete della parrocchia che pronuncia le sue prediche, docenti che insegnano filosofia e teologia nei seminari e via dicendo. Questo enorme e costante flusso di insegnamenti della Chiesa cattolica, quando si tratta del compito di testimoniare fedelmente la rivelazione divina, non può assolutamente essere erroneo. Qualsiasi singolo docente può dire qualcosa di sbagliato, perché nessun singolo docente può stabilire dottrine; le dottrine sono stabilite collettivamente da tutti i docenti, e tutti i docenti non possono collegialmente cadere in errore.[16]

Esiste un individuo che ha da solo il potere di definire le dottrine e le condizioni di appartenenza alla Chiesa? Sì, il Papa. In qualità di Capo della Chiesa visibile, il Papa ha il potere di definire una dottrina e di imporre la sua accettazione come condizione di appartenenza. Ciò non significa che l'infallibilità non risieda nella totalità collegiale della Chiesa perché, come abbiamo visto, è evidente che vi risieda. Solo il Papa, però, è individualmente esente dall'errore.

In generale si parla di infallibilità come di una rivendicazione possibile solo in presenza di qualcosa di definito. Al contrario, l'infallibilità è attiva 24 ore al giorno, 60 minuti all'ora; essa, per così dire, esercita costantemente una funzione di contenimento.

Lo Spirito Santo lavora costantemente affinché gli uomini fallibili non travisino la verità, non la interpretino erroneamente e non impongano condizioni false per far parte della Chiesa. Questa è l'infallibilità; l'unità visibile e l'infallibilità sono due facce della stessa medaglia, ed è per questo motivo che non è possibile comprendere l'infallibilità se non si comprende prima che esiste sulla terra un'istituzione organizzata, visibile agli occhi del mondo. Questa istituzione è la Chiesa cattolica, il cui compito è di trasmettere la rivelazione di Dio all'umanità. Una simile istituzione non può chiederci di accettare la possibilità che sia in errore come condizione perché possiamo farne parte.

Il Papa, come risulta evidente al punto 91, ha due compiti: egli è Pastore e Maestro di tutti i cristiani. Nella sua funzione di maestro, come individuo, egli è protetto dall'infallibilità. Tuttavia, dal momento che la Chiesa è un'istituzione visibile, egli ha innanzitutto il potere di comandare. Il Papa è l'autorità suprema della Chiesa, e ha pertanto potere decisionale su questioni come la creazione o divisione di diocesi, l'istituzione di ordini religiosi e via dicendo. Egli porta il massimo grado di responsabilità di fronte a Dio Onnipotente. Sul potere di governo del Papa, poiché esso non riguarda questioni di fede, non possiamo avere la garanzia di infallibilità.

Poiché la Chiesa è un'istituzione visibile e organizzata sulla terra, e poiché noi ne facciamo parte, abbiamo il dovere di obbedirle, di rispettarla e di esserle fedeli. Questo vale per qualsiasi altra istituzione di cui facciamo parte, sebbene la Chiesa sia ovviamente la più importante di tutte.

Nel momento in cui entrate a far parte di un organizzazione (un club, un reggimento, un'università, una nazione), questa organizzazione impone dei requisiti di ammissione, comanda con la sua autorità ed impone la sua autorità attraverso sanzioni.

Qualunque società visibile ha facoltà di definire le condizioni di appartenenza e le sue regole, di far rispettare le regole attraverso sanzioni e di espellere i suoi membri; questo vale per tutte le società che ho citato. Le società stabiliscono regole, alcune su questioni rilevanti, altre su questioni di poca importanza, e impongono il rispetto delle regole attraverso sanzioni di varia gravità. Tutte queste società hanno facoltà di espellere i propri membri. Potete giudicare le loro regole e le loro politiche errate o imperfette ma, a meno che non le consideriate immorali, dovrete sottostare ad esse se vorrete restare membri. Persino se le considerate immorali e vi opponete ad esse, come la vostra coscienza vi dovrebbe portare a fare, dovrete comunque subire le conseguenze delle sanzioni.

Poiché la Chiesa è una società visibile, nel senso che sono pochissimi i non cattolici che riconoscono in essa o rivendicano per essa la propria visione del cristianesimo, essa può legiferare e imporre le sue leggi attraverso sanzioni. Coloro che esprimono biasimo per questa facoltà della Chiesa, contestano in realtà la sua rivendicazione come società visibile. Queste persone ritengono che il cristianesimo, la religione in generale, debba essere qualcosa di puramente spirituale, di non istituzionale, privo di forma fisica e che non possa applicare sanzioni né tanto meno espellere membri. Riflettendoci, vi renderete conto che la disputa si basa proprio su ciò di cui abbiamo parlato all'inizio: la Chiesa è un'istituzione visibile e organizzata sulla terra, dotata di tutte le caratteristiche di cui abbiamo parato. Il cattolico obbedisce alle leggi della Chiesa, purché non le consideri immorali o peccaminose.

Pensate alle modifiche applicate alla liturgia; molti le hanno giudicate sgradite, altri necessarie, ma senza dubbio tutti devono rispettarle. Non si può agire come si vuole a dispetto dell'autorità della Chiesa. Prendete ad esempio una questione di rilevanza maggiore: la Chiesa impone il celibato ai membri del clero. Questa non è una questione di fede, è una legge positiva, e la legge può essere modificata in quanto non fa parte della legge divina, bensì della legge ecclesiastica. Possa Dio fare in modo che questo non avvenga mai, ma questa è nondimeno una legge che può essere cambiata. Se questo avvenisse, qualcuno potrebbe pensare, erroneamente, che la Chiesa abbia alterato un fondamento dei suoi insegnamenti e pertanto abbia cessato di essere sé stessa. La Chiesa rimarrebbe assolutamente la stessa, indipendentemente dalla facoltà dei suoi preti di sposarsi o meno. Le sue pratiche ecclesiastiche potrebbero mutare, ma le dottrine fondamentali, nonché la sua stessa natura, non possono cambiare.

CAPITOLO 9

La comunione dei Santi

Negli ultimi due capitoli abbiamo esaminato la sezione del Catechismo dedicata al nono articolo del Credo, "La Santa Chiesa cattolica, la Comunione dei Santi". Abbiamo cominciato nel Capitolo 7, con la definizione fornita dal Catechismo della Chiesa cattolica: "l'aggregazione di tutti i fedeli sotto un unico Capo" (p84) e l'affermazione che "il Capo della Chiesa cattolica è Nostro Signore Gesù Cristo" (p85). Abbiamo ragionato sul fatto che la Chiesa deve essere considerata come una persona, la persona di Gesù Cristo, e sul fatto che le sue note fondamentali (la Chiesa è Una, Santa, Cattolica e Apostolica) sono l'inevitabile conseguenza del fatto che essa è la continuazione dell'Incarnazione. Le note non sono ideali ai quali essa mira, bensì sono caratteristiche che non può mai perdere.

Ci siamo soffermati a lungo sul concetto di unità della Chiesa, che non è qualcosa di fortuito. Solo dopo avervi esposto questo concetto siamo ritornati su quelle sei o otto domande del Catechismo, che avevamo inizialmente saltato, concernenti il ruolo del Papa all'interno della Chiesa visibile. Capire che il ruolo della Chiesa cattolica è innanzitutto quello di trasmettere la rivelazione (e conseguentemente quello di insegnare la morale) è prerequisito essenziale per la comprensione dell'immensa importanza attribuita dai cattolici all'unità visibile della Chiesa. Passiamo ora al concetto, molto più esteso, della Chiesa cattolica nella sua interezza; un concetto che non si ferma a quella parte della Chiesa che è visibile sulla terra. Le ultime otto domande del Catechismo relative alla Chiesa cattolica sono dedicate alla Chiesa in Cielo, sulla terra e nel Purgatorio. Sarebbe un errore pensare che la presenza della Chiesa si limiti alla terra; la sua parte visibile sulla terra non è che una minuscola frazione del totale, la punta di un enorme iceberg. È per questo che il nono articolo del Credo riunisce la Santa Chiesa cattolica con la Comunione del Santi.

Comunione dei Santi significa che tutti i membri della Chiesa, in cielo, sulla terra e in purgatorio, sono in comunione tra di loro, in quanto formano un solo corpo in Gesù Cristo. P 102

P 103   I fedeli sulla terra sono in comunione fra di loro perché professano la stessa fede, obbediscono alla medesima autorità e si assistono vicendevolmente attraverso preghiere e buone azioni.

P 104   Siamo in comunione con i Santi in cielo perché li onoriamo in quanto membri glorificati della Chiesa, e perché rivolgiamo loro le nostre preghiere, e perché essi pregano per noi.

P 105   Siamo in comunione con le anime del purgatorio perché le aiutiamo con le nostre preghiere e con le nostre buone azioni: "È azione santa e devota pregare per i morti, affinché vengano liberati dal peccato".

P 106   Il Purgatorio è un luogo dove le anime soffrono per i loro peccati per un tempo dopo la morte.

P 107   In Purgatorio vanno le anime che lasciano questa vita nel peccato veniale; o quelle che non anno espiato completamente il debito di punizione temporale per i peccati per i quali sono stati perdonati.

P 108   La punizione temporale è una punizione che giungerà a una fine, in questo mondo o nel mondo che verrà.

P 109   So che esiste un Purgatorio dai costanti insegnamenti della Chiesa; dalla dottrina della Sacra Scrittura, che dichiara che Dio contraccambierà le azioni di ogni uomo; perché nulla di impuro entrerà in cielo; e perché alcuni saranno salvati, "però come attraverso il fuoco".

(1 Corinzi III, 15)

I punti dal 102 al 109 sono dedicati al concetto esteso della Chiesa intesa come *incorporazione di tutti i fedeli sotto un unico Capo, Nostro Signore Gesù Cristo* (pp84-85). In questo momento stiamo ampliando la nostra riflessione a tutte quelle anime che si sono unite a Cristo e che sono state incorporate nel Suo corpo mistico, non solo quella piccola parte di anime visibili sulla terra. Questo concetto è sottolineato da quelle idee su cui abbiamo ragionato dall'inizio di questo corso e, in particolare, dall'idea dell'unicità di ogni individuo. È necessario sottolineare ancora una volta che ciò che veramente è importante, in tutto l'universo visibile, sono tutte le singole anime. Quando tutto il resto sarà giunto a conclusione, ciò che veramente conterà per l'eternità sarà l'uso che ciascuna anima avrà fatto del tempo intercorso tra nascita e morte. Ciascuno di noi, essendo dotato di capacità infinita, può realizzare questa capacità unicamente in Dio Onnipotente, Colui che ci ha chiamati in essere. Ciò a cui ognuno di noi dovrebbe aspirare è conoscere e compiere la volontà di Dio Onnipotente in questa vita e di conseguenza ottenere di gioire di Lui per l'eternità in quella futura. "Comunione dei Santi" significa che esiste veramente una comunione tra coloro che sono *in via*, in pellegrinaggio in questo mondo, coloro che dopo la morte si preparano per il Paradiso e coloro che godono eternamente della beata visione.

Come per gli attributi della Chiesa, nell'esporvi i quali ho affermato che il Catechismo non distingueva adeguatamente tra cause ed effetti, così anche in questo punto l'esposizione è similmente inadeguata. Abbiamo riflettuto sul fatto che le note della Chiesa sono la conseguenza più profonda del fatto che essa è la continuazione di Cristo, e che non sono determinate dalle azioni dei singoli membri. La comunione di tutti i fedeli è la conseguenza del fatto che la Chiesa è una con Cristo, nel quale siamo tutti incorporati. Il fondamento della nostra comunione con i Santi in Cielo è il fatto che noi rivolgiamo loro le nostre preghiere e che essi pregano per noi. Questo ci è possibile proprio perché siamo incorporati in Cristo, condizione che ci permette di gettare un ponte tra il tempo e l'eternità, un ponte che non può essere interrotto dalla morte. L'unione nel corpo di Cristo continua e giunge alla sua realizzazione completa solo nella vita che verrà.

Questo concetto di vita nello stato di grazia, e della nostra comunione reciproca che non viene interrotta dalla morte, viene spesso oscurato dalla visione più diffusa della morte. Spesso si sente parlare della morte come di un evento che interrompe ogni rapporto che ci dà gioia in questa vita; conseguentemente, quella dell'unità con i defunti è una delle dottrine che più si sono affievolite nella visione popolare.

Il protestantesimo dei riformatori cinquecenteschi, che potremmo definire protestantesimo classico, dal momento che molti cristiani non cattolici l'hanno abbandonato, rifiuta l'invocazione dei Santi e la dottrina del Purgatorio. Questo rifiuto ha grandemente contribuito alla diffusione del concetto di separazione dai defunti. Tutti coloro che non accettarono questo concetto di separazione totale passarono sotto silenzio.

Lasciate che vi racconti un aneddoto personale; il parroco della nostra parrocchia era nostro vicino di casa e un caro amico della mia famiglia. Mia madre era una cattolica spagnola e credeva profondamente nel Purgatorio; ricordo bene il suo choc quando il parroco, dopo la morte di sua moglie, disse: "È una grande perdita". Sono certo che se gli fosse stato chiesto se veramente la considerasse una perdita, si sarebbe spiegato in modo diverso, in quanto era un cristiano convinto, ma quella fu la sua reazione istintiva di fronte alla morte.

Il Diario di Lord Shaftesbury, il grande evangelico ottocentesco, contiene un'espressione più ponderata della stessa visione. Nel giorno della morte di sua moglie scrisse: "Questa notte accadrà qualcosa di terribile. Per la prima volta da quando ci sposammo, dovrò omettere nelle mie preghiere il nome della mia amata Minnie".

Il culto dei defunti nel secolo scorso, rappresenta un'espressione popolare della natura definitiva della morte. Credo che se la Prima Guerra Mondiale ha portato qualcosa di positivo, questo sia stato un mutamento nella visione che le persone hanno della morte. L'atroce olocausto, nel quale molti si sono visti strappare via i propri cari e molte giovani vite sono state stroncate, ha reso le persone meno disposte ad accettare la morte come una separazione definitiva. Questo rifiuto si è manifestato in diverse, singolari forme, come la sepoltura del Milite Ignoto nell'Abbazia di Westminster. Il primo Milite Ignoto fu sepolto sotto l'Arco di Trionfo, e ricordo che quando questo uso fu importato in Inghilterra pensai, e non fui il solo, che questo, insieme alla pratica del piantare croci e papaveri intorno all'Abbazia, costituisse una grande inversione di tendenza nella visione popolare della morte. La forte rinascita dello Spiritualismo in quegli anni è un altro esempio di questa tendenza. Tutti questi erano tentativi di sopire quel desiderio dell'animo umano di credere che i vivi siano in costante comunione con i defunti.[17]

Il legame ininterrotto con i defunti ha un grande rilievo nella dottrina cattolica. I morti non perdono la propria identità di persone; di conseguenza essi continuano a pensare a noi e sono ancora uniti a noi dai legami affettivi, e noi lo siamo a loro.

Da questo concetto di legame ininterrotto con i morti nasce la pratica della Chiesa di invocare i santi e di rivolgersi privatamente ai propri cari che, come abbiamo ragione di credere, sono morti nella grazia di Dio Onnipotente e sono ora al Suo cospetto e pregano per noi. Naturalmente è prerogativa della Chiesa decidere in quali casi un fedele trapassato sia degno di essere venerato pubblicamente.

La pratica di pregare i Santi e l'idea che i Santi preghino per noi è in assoluta armonia con uno dei concetti portanti del cattolicesimo, ovvero che Dio Onnipotente interagisca incessantemente con noi attraverso l'operato degli uomini stessi. Sappiamo che Egli è il nostro Creatore, come sappiamo anche che Egli realizza la sua creazione attraverso i nostri genitori, che ci mettono al mondo. Ci dona la Sua grazia attraverso i Sacramenti, amministrati per mano di un sacerdote. Ci trasmette la Sua verità, sia naturale che rivelata, attraverso coloro che ci insegnano. Il nostro avvicinarci o allontanarci da Lui in questa vita dipende dal nostro rapportarci con il prossimo. Dobbiamo molto a chi prega per noi, e il sostegno datoci da queste persone non viene meno, anzi si intensifica, nel momento in cui essi sono al cospetto di Dio. Troviamo inaccettabile il concetto di una madre che prega per suo figlio quando è in vita ma che, dopo che la morte glielo porta via, non prega più per lui né rivolge a lui le sue preghiere.

L'invocazione dei Santi è una pratica molto radicata nella cultura popolare cattolica. Invochiamo vari santi per diversi scopi e attribuiamo ad essi il ruolo di patroni di paesi, di mestieri e di particolari condizioni. È fondamentale comprendere che questa pratica, spesso giudicata alla stregua di una superstizione, in realtà non è solo una devozione sentimentale, ma si inserisce nel contesto di una vera e propria filosofia di vita. Essa deriva dal concetto dal quale siamo partiti, ovvero l'unicità e l'individualità di ciascun essere umano e la permanenza della nostra identità di persone per l'eternità. Ogni persona è giudicata in base a quanto si è avvicinata a Dio Onnipotente e alla sua grazia in questa vita, e quanto sono cresciute la sua santità e conoscenza di Dio.[18]

Il Catechismo affronta il discorso della Comunione dei Santi su tre livelli. I fedeli in vita sono in comunione tra di loro in quanto incorporati in Cristo e, di conseguenza, professano la stessa fede. La professione della stessa fede non è ciò che ci rende uniti, ma solo una conseguenza della nostra unità. Anche il fatto di essere soggetti alla medesima autorità e di assisterci a vicenda per mezzo della preghiera e delle buone azioni è una conseguenza della nostra unità. Lo slancio della Chiesa sulla terra dipende dal tentativo di ciascun individuo di avvicinarsi alla santità, di contribuire alla santificazione del mondo attraverso la propria santificazione e di trasmettere al prossimo ciò a cui è giunto dentro di sé. Pregare per il prossimo è una pratica che, credo, accomuna tutte le tradizioni cristiane; per i cattolici essa assume un valore ancora maggiore, per cui chiediamo costantemente al prossimo di pregare per noi e per i nostri cari in difficoltà. Al termine della confessione, dopo aver dato l'assoluzione, spesso il sacerdote dice, "Dì una preghiera per me". Questa nostra responsabilità verso il prossimo e la nostra necessità di contribuire alla santificazione degli altri sono concetti molto radicati nella pratica della fede cristiana.

P 104 **Siamo in comunione con i Santi in cielo perché li onoriamo in quanto membri glorificati della Chiesa, e perché rivolgiamo loro le nostre preghiere, e perché essi pregano per noi.**

Di nuovo, siamo in comunione con i defunti non perché li onoriamo in quanto membri glorificati della Chiesa, ma perché sono membri del corpo mistico, e li onoriamo perché hanno raggiunto lo scopo per il quale tutti noi esistiamo. E chiediamo loro di pregare per noi. Ancora una volta, non è concepibile che i legami generati dall'amore o dai rapporti tra gli uomini possano venire meno. Come ho già detto, se una madre prega per il proprio figlio in questa vita, affinché possa crescere la sua conoscenza di Dio Onnipotente e possa fare la Sua volontà, dovrà pregare ancora più intensamente una volta che giungerà al cospetto di Dio Onnipotente; non solo più intensamente, ma anche con la piena consapevolezza di ciò di cui suo figlio ha bisogno per realizzare lo scopo della sua esistenza. Quando in questa vita preghiamo per il nostro prossimo o per noi stessi, spesso chiediamo cose che in realtà non porterebbero del bene a noi stessi o a coloro per i quali preghiamo. Se Dio vuole, queste preghiere vengono esaudite in modo più utile. Quando giungiamo al cospetto di Dio, le nostre preghiere possono essere indirizzate correttamente su ciò che sappiamo potrà portare del bene a coloro per cui preghiamo.

Infine, preghiamo per le anime in Purgatorio: siamo in comunione con esse in quanto il legame con il corpo mistico, come nel caso delle anime in Cielo, non si spezza, bensì si intensifica e diventa più evidente dopo la morte. Giunti alla vecchiaia, si tende spesso a ripensare al male fatto, alle impressioni sbagliate che si sono date o allo scarso affetto dimostrato. È di grande conforto il pensiero che quando i nostri cari giungono al cospetto di Dio, vedono noi per quello che siamo e le nostre intenzioni per quello che erano. Tra noi e coloro che amiamo non esistono più quei fraintendimenti e malintesi che così spesso esistono in questa vita. Ancora una volta, siamo in comunione con le anime in Purgatorio perché la morte non spezza il legame ma lo rafforza, mentre le nostre preghiere e le nostre buone azioni aiutano queste anime lungo il loro cammino. Tutto ciò ci porta alla dottrina del Purgatorio, una dottrina rifiutata dal protestantesimo classico.

Noi crediamo che esista una distinzione tra la colpa di un peccato e le conseguenze di tale peccato che dobbiamo espiare, e questa distinzione è alla base della dottrina del Purgatorio. Nella vita di tutti i giorni applichiamo costantemente questa distinzione, come quando una nostra azione arreca un danno materiale a qualcuno; questa persona potrà perdonarci completamente, come farebbe sicuramente un buon cristiano, ma potrà comunque chiederci un risarcimento per il danno subito, senza che questo sia in contraddizione con l'assoluto perdono. Il perdono di un torto è cosa assolutamente distinta e indipendente dall'idea di porre rimedio al male causato.

Noi crediamo che, quando ci pentiamo per i nostri peccati, Dio Onnipotente ci perdoni nel modo più assoluto: "Anche se i vostri peccati fossero come scarlatto, diventeranno bianchi come neve" (Isaia I, 18). I nostri peccati vengono lavati interamente dalla redenzione di Cristo, in modo così perfetto che non rimane alcuna difficoltà, tensione o imbarazzo tra Dio Onnipotente e noi, come invece spesso capita quando ci viene concesso il perdono umano. Il perdono di Dio ci mette in una condizione di perfetta armonia con Lui; Egli ci ama quanto ci amava prima, ma rimane la necessità che proviamo a ripagare il debito per i nostri errori.

Questo concetto è il principale fondamento della mortificazione volontaria nella vita terrena, dell'agire contro il proprio volere, del fare cose sgradevoli, del digiuno, dell'astinenza e simili, pratiche alle quali si dà troppo poco peso al giorno d'oggi. Queste pratiche sono un tentativo di riparare alle conseguenze del male fatto, non al male stesso, in quanto ci siamo pentiti del male fatto e siamo stati perdonati. L'esperienza ci insegna quanto perseverare nel male possa recare danni alla nostra anima e al nostro corpo, e possa avere conseguenze alle quali è necessario rimediare con l'autodisciplina.

Questo processo di espiazione, portato avanti nel corso di una vita priva di mortificazioni, potrebbe, al momento della morte, non essere ancora completato. Alla fine di una simile vita, come quella che purtroppo conduce la maggior parte di noi, è probabile che non avremo fatto abbastanza per compensare il male compiuto. Prima di giungere al cospetto di Dio avremo bisogno e soprattutto desidereremo di essere preparati alla Sua presenza e di esserne degni. Desidereremo quindi di aver riparato a tutti i nostri torti. Non vorremo mai apparire al cospetto di Dio Onnipotente con un simile sfregio dentro di noi; vorremo che le conseguenze dei nostri peccati siano state purificate. Noi crediamo che la funzione del Purgatorio sia proprio questa.

Vi sono individui che, conducendo una vita santa, sono giunti alla morte pronti ad essere ammessi al cospetto di Dio, e questo è ciò che ci insegna la Chiesa sui martiri. La Beata Vergine, che visse senza peccato, fu accolta immediatamente in Cielo; per la stragrande maggioranza degli esseri umani, tuttavia, il passaggio attraverso il Purgatorio è probabilmente necessario.

Pigmalione, una commedia di Shaw, è un ottimo esempio di Purgatorio. L'idea che Eliza Doolittle potesse essere disposta a presentarsi a un ballo nella scena finale, prima che fosse stata adeguatamente addestrata a recitare la sua parte, non è concepibile.

Lo stesso vale per noi: non vorremmo mai trovarci in presenza di Dio Onnipotente prima che le conseguenze dei nostri peccati siano state riparate. Non siamo in grado di sapere in che modo avvenga questa purificazione; è possibile che, una volta giunti al cospetto di Dio Onnipotente al momento del giudizio privato, ci renderemo conto di quanto siamo indegni di godere della Sua presenza. La sofferenza causata dalla separazione da Lui potrebbe quindi essere l'esperienza purificante che ci prepara a essere degni di Dio.

Riprendiamo il concetto originale di Comunione dei Santi. Il legame che ci unisce ai nostri cari non viene spezzato dalla morte; così come possiamo aiutare e fare del bene a coloro che sono in vita, allo stesso modo possiamo e dobbiamo cercare di accelerare il processo attraverso il quale coloro che abbiamo conosciuto e amato in questa vita si preparano alla visione eterna di Dio Onnipotente. È questo l'intento delle nostre preghiere per le anime in Purgatorio. Poiché la loro salvezza è garantita e si avvicina per loro la visione di Dio Onnipotente, invochiamo le loro preghiere e rivolgiamo ad essi le nostre. Questo forte legame per il quale preghiamo l'uno per l'altro prosegue quindi anche nella vita ultraterrena.

Il Catechismo conclude questa sezione con delle citazioni dalla Sacra Scrittura al fine di fornire una dimostrazione della dottrina del Purgatorio. Si tratta di un approccio tipico del Catechismo, che fu originariamente stilato allo scopo di sconfessare gli errori del protestantesimo attraverso un abbondante ricorso a citazioni dalla Sacra Scrittura. Credo che le citazioni facciano effettivamente riferimento all'esistenza del Purgatorio, ma lo credo in quanto la Chiesa me ne rivela il significato. Penso che avresti difficoltà a persuadere un protestante dell'esistenza del Purgatorio unicamente per mezzo di queste citazioni. Personalmente, tenderei a basare le mie argomentazioni sugli "insegnamenti costanti della Chiesa". Credo all'interpretazione della Bibbia fornita dalla Chiesa perché credo che la Chiesa sia, per volere divino, l'unica depositaria della rivelazione all'umanità.

CAPITOLO 10

La remissione dei peccati

Conclusa la nostra analisi della sezione del catechismo dedicata alla Chiesa, ci occuperemo ora del nono articolo del Credo,

> "la remissione dei peccati". P 110

> Per "remissione dei peccati" si intende che Cristo ha conferito ai Pastori della Sua Chiesa la potestà di *perdonare i peccati*. P 111

> I peccati vengono perdonati principalmente attraverso i Sacramenti del Battesimo e della Penitenza. P 112

Com'è intuibile, il Battesimo e la Penitenza verranno trattati nella sezione del Catechismo dedicata ai Sacramenti (vedi Capitoli 14 e 16). Ciò che ci interessa in questa fase non sono gli strumenti attraverso i quali i peccati vengono perdonati, ma il concetto stesso di peccato. La definizione di peccato fornita dal Catechismo è la seguente:

> Un peccato è un'offesa fatta a Dio, disobbedendo alla Sua legge con pensieri, parole, opere e omissioni. P 113

In ultima analisi, tutti i peccati sono sostanzialmente interiori e sono riconducibili all'omissione. Occorre ricordare sempre che il peccato è qualcosa di negativo; il fondamento della religione cristiana è la realizzazione dello scopo per il quale Dio Onnipotente ci ha chiamati al mondo, per raggiungere il quale dobbiamo aprire la nostra mente alla Sua e ricondurre le nostre volontà alla Sua. Così facendo, giungiamo alla nostra realizzazione completa ed eterna nella gioia della presenza di Dio Onnipotente.

Il peccato è il fallimento da parte nostra di ricondurre la nostra mente e la nostra volontà a Dio Onnipotente, la frustrazione di noi stessi e della nostra realizzazione. Prima ancora delle altre manifestazioni del peccato, descritte dal Catechismo come "pensieri, parole, opere e omissioni" (113), vi è il fallimento della nostra volontà. È dunque bene pensare al peccato principalmente come a un'omissione che può, ma non necessariamente, manifestarsi in parole o in opere. Il peccato può esistere anche solo nei pensieri e nella volontà, ed è qui che si commette veramente il peccato.

È importante ricordare questa distinzione perché viviamo in un mondo in cui per male si intendono parole o opere esteriori che oggi definiremmo "antisociali" e che recano un danno al prossimo. Per i cristiani, invece, il peccato è qualcosa che riguarda il nostro rapporto con Dio Onnipotente; l'esteriorizzazione o meno del peccato è secondaria. Noi pecchiamo nel momento in cui dirottiamo la nostra mente e la nostra volontà dalla mente e dalla volontà di Dio Onnipotente. Non ha importanza se il peccato viene manifestato esteriormente o meno, perché il nostro rapporto con Dio Onnipotente è stato già spezzato da quell'atto interiore della nostra mente e della nostra volontà.

Le parole di Nostro Signore chiariscono perfettamente questo concetto: "chiunque guarda una donna per desiderarla, ha gia commesso adulterio con lei nel suo cuore" (Matteo V, 28). Nel rapporto con Dio Onnipotente, commettiamo il peccato nel momento stesso in cui allontaniamo mente e volontà da Dio e lasciamo spazio al desiderio lussurioso. Che a questo segua o meno anche un atto pratico di lussuria non ha importanza, se non per la povera donna interessata; il nostro rapporto con Dio Onnipotente si è spezzato nel momento in cui abbiamo lasciato spazio alla lussuria.

San Giovanni esprime esattamente lo stesso concetto quando dice che chi odia il proprio fratello è omicida (1 Giovanni III, 15). Noterete che San Giovanni dice "è omicida", non "rischia di diventare omicida"; è già omicida nel momento stesso in cui odia suo fratello tanto da desiderare di togliergli la vita. È in quel momento che viene commesso il peccato. Ancora una volta, che l'omicidio avvenga o meno non ha rilevanza sotto questo aspetto, ne ha solo per il povero fratello e la sua famiglia.

Vi sia di conforto sapere che lo stesso vale anche per il contrario: volere veramente compiere un atto virtuoso, e non solamente desiderarlo passivamente, equivale ad averlo compiuto. Il bene sta nell'avere dato mente e volontà a Dio Onnipotente per la realizzazione del Suo fine.

Per fare un esempio, se un uomo sentisse la vocazione di dedicare la propria vita, diciamo, a lavorare in una colonia di lebbrosi per amore di Dio Onnipotente e salpasse alla volta di una simile colonia ma la sua nave naufragasse prima di giungere a destinazione, agli occhi di Dio è come se quell'uomo avesse effettivamente messo in atto la sua intenzione. Il fatto che non sia stato in grado di attuare tale intenzione non mina la totale armonia della sua menta e della sua volontà con la mente e la volontà di Dio Onnipotente.

A questo punto, il Catechismo enuncia i vari tipo di peccato:

Esistono due tipi di peccato: il peccato originale e il peccato attuale. P 114

I successivi quattro punti del Catechismo riguardano il peccato originale. Il peccato originale è una conseguenza della Caduta dell'Uomo, di cui abbiamo già parlato in quanto premessa necessaria al concetto di Incarnazione. Non possiamo comprendere lo scopo della Redenzione se non conosciamo la situazione per porre rimedio alla quale Nostro Signore Gesù Cristo si è incarnato. 'La Buona Novella della Redenzione', che siamo chiamati ad annunciare, ha ben poco significato se prima di tutto non crediamo a 'La Cattiva Novella della Caduta'.

Il peccato originale è la colpa e l'onta del peccato che ereditiamo per naturale discendenza da Adamo, origine e capo dell'umanità. P 115

Adamo commise il peccato di disobbedienza quando mangiò il frutto proibito. P 116

L'umanità intera contrae la colpa e l'onta del peccato originale, eccezion fatta per la Beata Vergine che, perché eletta Madre di Dio, fu concepita senza la minima colpa o onta del peccato originale. P 117

Questo privilegio della Beata Vergine si chiama Immacolata Concezione. P 118

Tutti gli uomini, dalla Caduta ad oggi, al momento della nascita sono alienati dall'amore e dall'amicizia di Dio Onnipotente, come conseguenza del peccato commesso dai nostri progenitori. Il peccato originale fu un atto deliberato attraverso il quale l'uomo si estraniò dall'amore e dall'amicizia di Dio Onnipotente, con la conseguente offesa alla natura umana e disorientamento del quale tutti noi soffriamo.

La Caduta dell'Uomo è un mistero profondo. D'altronde, non credo che esista anche solo un mistero, tra quelli in cui professiamo la nostra fede, che possa essere compreso attraverso la ragione e l'esperienza. Siamo tutti coscienti di questo nostro disordine interiore, del fatto che "non facciamo quello che vorremmo" (Galati 5, 17), e tutti sentiamo l'insoddisfazione del presente. Per citare Amleto, pensiamo che il tempo sia scardinato e guardiamo al passato luminoso o allo splendido mondo nuovo.

Tutti noi patiamo le conseguenze di questo atto di disobbedienza e di ribellione contro Dio Onnipotente che chiamiamo Caduta dell'Uomo. Esso infligge una ferita alla nostra natura, per cui le nostre capacità più basse possono difficilmente essere controllate dalle nostre capacità più alte e sono in constante ribellione con esse. Giungiamo in questo mondo fuori dalla grazia di Dio; essere in uno stato di grazia significa condividere la vita divina e godere dell'amicizia di Dio, di cui il peccato dei nostri progenitori ci ha privato. Se Cristo non avesse operato la redenzione di tutti noi, lo stato di grazia sarebbe per noi ancora e per sempre impossibile da raggiungere.

Noi crediamo che il peccato originale e la conseguente separazione da Dio siano destino comune a tutta l'umanità, con l'unica eccezione della Beata Vergine. Crediamo che neanche per un momento della sua vita essa sia stata estranea all'amore e all'amicizia di Dio Onnipotente. Sarebbe inconcepibile, per chiunque abbia un minimo senso dell'orrore del peccato, pensare che la Beata Vergine, destinata a dare all'umanità il nostro Salvatore acconsentendo di concepirlo e di metterlo al mondo, sia stata anche solo per un attimo sotto il potere di Satana ed estranea all'amore e all'amicizia di Dio Onnipotente.

Il rifiuto dell'idea che tutti noi veniamo al mondo in questa infelice condizione è così diffuso che, come abbiamo visto, al giorno d'oggi si tende non tanto a negare l'Immacolata Concezione quanto a considerarla universale.

Il dogma dell'Immacolata Concezione della Beata Vergine fu decretato solo nel 1854. Questo non significa che la Chiesa non vi credesse prima di allora; abbiamo visto come molte dottrine, implicite dal principio, siano state definite con sempre crescente precisione e chiarezza nel corso della storia della Chiesa.

Ciò che abbiamo finora detto ha riguardato il peccato originale, non ciò che normalmente intendiamo per peccato, vale a dire i nostri misfatti. Il fatto che tendiamo al peccato invece che alla virtù è una conseguenza diretta del terribile peso del peccato originale. La nostra vita è condizionata da questa deviazione.

La successiva serie di questioni del Catechismo, dalla 119 alla 121, trattano del peccato attuale, vale addire qualsiasi peccato che noi stessi commettiamo. Il Catechismo distingue, all'interno di questo concetto di peccato, tra peccato mortale e veniale, e definisce il peccato mortale come "una grave offesa a Dio".

> Si chiama peccato mortale perché è così grave da uccidere l'anima e condurla all'inferno.   P 122
>
> Il peccato mortale uccide l'anima privandola della grazia divina, che è la vita soprannaturale dell'anima.   P 123
>
> Cadere nel peccato mortale è il più grande di tutti i mali.   P 124
>
> Coloro che muoiono nel peccato mortale andranno all'inferno per l'eternità.   P 125
>
> Il peccato veniale è un'offesa che non uccide l'anima, ma che addolora Dio e spesso conduce al peccato mortale.   P 126

La successiva è una delle definizioni più infelici del Catechismo.

> Si chiama peccato veniale in quanto viene perdonato più facilmente del peccato mortale.   P 127

Commenterò questa definizione più avanti. Cominciamo innanzitutto dalla splendida distinzione tra peccato mortale e peccato veniale, una distinzione mal sopportata dal protestantesimo classico. Molti la considerano piuttosto una pignoleria, una casistica: se tutti i peccati sono peccati, perché suggerire che alcuni peccati siano meno odiosi di altri? Se incalzate queste persone, scoprirete però che nella maggior parte dei casi non credono veramente nell'Inferno. Se credete nell'Inferno e credete che sia possibile, attraverso un uso deliberatamente scorretto di pensieri e intenti, alienarsi eternamente la grazia di Dio Onnipotente, allora diventa estremamente importante dal punto di vista pratico sapere quali sono le condizioni che portano al risultato tanto spaventoso di essere eternamente separati da Lui. Se non credete nell'Inferno, la distinzione tra peccato mortale e peccato veniale è semplicemente irrilevante. Se tutti i peccati sono peccati, ma nessun peccato ci priva eternamente di Dio Onnipotente, allora non è veramente necessario fare una simile distinzione.

Noi crediamo, invece, che sia possibile alienarsi eternamente Dio. Non si pensi, però, che in virtù della distinzione tra peccato mortale e peccato veniale, i cattolici prendano con leggerezza il peccato veniale e credano che possa essere commesso impunemente. Il parallelo tra la salute fisica e quella spirituale è calzante e illuminante: un uomo che non si prende cura della sua salute fisica, nel momento in cui viene aggredito da una malattia grave, potrebbe scoprire di aver debilitato a tal punto il suo corpo da non avere la forza di resistere; allo stesso modo, un uomo che commette costantemente e con incuranza peccati veniali indebolisce la sua volontà al punto che, di fronte al peccato mortale, fallisce.

'No; neanche l'ultimo dei peccati veniali mai commessi' scriveva il Cardinale Manning, 'può essere assolto se non per mezzo del Preziosissimo Sangue versato sulla Croce. Piccoli peccati! Dio abbia misericordia di coloro che parlano in questo modo.' L'intera faccenda della nostra salvezza e santificazione ispira una certa soggezione. Abbiamo il potere di fare cattivo uso delle nostre qualità divine di mente e volontà al punto di non realizzarle mai. Non è giusto lasciare che un uomo sull'orlo di un precipizio creda di non doversi muovere con cautela.

Vorrei che il Catechismo fosse più preciso nel trattare il peccato mortale e che enunciasse le tre condizioni che i teologi reputano necessarie perché un peccato sia mortale. Queste condizioni sono estremamente importanti, per cui vi suggerisco di annotarle al margine del vostro Catechismo: gravità di materia, piena avvertenza e deliberato consenso. Primo, il peccato deve essere qualcosa di rilevante; secondo, deve essere commesso nella piena consapevolezza; terzo, deve essere commesso con piena deliberazione.

Innanzitutto, quindi, un peccato mortale deve riguardare qualcosa di molto importante; non è possibile commettere un peccato mortale per qualcosa di futile. Una parola sgarbata, una bugia di scarsa importanza per noi stessi o per gli altri, un momento di impazienza e così via non possono assolutamente essere peccati mortali.

Quando, nel Capitolo 1, abbiamo parlato di Dio Onnipotente, ho evidenziato il fatto che la nostra mente e la nostra volontà sono qualità divine; questo concetto ricorrerà spesso in questo corso. Quando abbiamo stabilito che l'uomo è a immagine e somiglianza di Dio proprio perché ha la facoltà di conoscere e di volere, ho anticipato che avremmo ritrovato questi concetti in più punti nel Catechismo. Questo è uno di quei punti.

L'odiosità del peccato mortale deriva proprio dal fatto che esso si compie utilizzando queste qualità, questi doni divini, per andare contro la volontà di Dio, ribellandosi a Colui che ce ne ha fatto dono. La stessa mente che fu creata per conoscere Dio e per pensare a Lui, viene invece utilizzata per offendere Dio; la volontà che ci è stata donata perché possiamo promuovere la

Sua volontà ed estendere il Suo regno sulla terra, viene invece utilizzata contro la Sua volontà; le qualità che ci rendono simili a Dio vengono quindi usate per offenderlo.

Perché un peccato sia mortale, è necessario che nel compierlo sappiamo esattamente ciò che stiamo facendo. Non si può commettere un peccato mortale in un momento di distrazione. Come ho già detto, viviamo in un mondo in cui si pensa al male, se vi si pensa affatto, in termini di ripercussioni sul prossimo. Tuttavia, uccidere accidentalmente qualcuno, dare accidentalmente fuoco a una casa, per quanto le conseguenze possano essere atroci, non può essere un peccato mortale. Può essere un peccato di negligenza, ma un peccato mortale implica la piena consapevolezza di ciò che facciamo.

Un peccato non può essere mortale neanche senza un esercizio del libero arbitrio; non può essere compiuto sotto coercizione o pressione dall'esterno. Sebbene solo noi possiamo avere il controllo della nostra volontà, ci sono momenti in cui la nostra debolezza fa sì che la volontà sia sopraffatta da pressioni esterne. Naturalmente crediamo che, maggiore è la pressione esterna esercitata, maggiore è la grazia concessa per l'avervi resistito. Si può tuttavia arrivare a un punto in cui la volontà non agisce più liberamente; quando questo avviene, il peccato commesso non è mortale.

Per fare un esempio di facile comprensione, qualora subiste un lavaggio del cervello, come attuato dai media, è possibile che la vostra mente e la vostra volontà ne siano sopraffatti e che diventiate incapaci di agire in modo normale e umano; in una simile condizione, la vostra responsabilità sarebbe molto limitata. Dio solo sa quante persone imparano, attraverso questi canali, che ciò che è male in realtà non è male. Il bombardamento di sesso nei media, ad esempio, induce indubbiamente un numero enorme di individui a credere che la pratica libera del sesso sia, di per sé, innocente; che sia un dono di Dio (se questo è il tipo di linguaggio che utilizzano) di cui dovremmo godere piuttosto che cercare di disciplinarlo e dominarlo. È pertanto perfettamente concepibile che la nostra mente e la nostra volontà siano talmente indebolite che, sebbene il peccato commesso abbia gravi ripercussioni su noi stessi e sul prossimo, esso non sia accompagnato da quelle due ulteriori condizioni che ne farebbero un peccato mortale, vale a dire la piena avvertenza e il deliberato consenso.

Soffermiamoci ora sull'immensa responsabilità che grava sulle nostre spalle. Abbiamo in potenza la facoltà di allontanare i nostri pensieri e in nostri intenti da quelli di Dio Onnipotente, con tutte le orribili conseguenze eterne che ne deriverebbero. Qualsiasi deviazione dalla volontà di Dio Onnipotente che non soddisfi queste tre condizioni (gravità di materia, piena avvertenza e deliberato consenso), si chiama peccato veniale. La parola "veniale" viene dal termine latino *venia*, che significa "grazia", "perdono". Trovo tuttavia fuorviante che il Catechismo affermi che il peccato veniale venga perdonato con più facilità rispetto al peccato mortale. Tutti i peccati vengono perdonati a una sola condizione: il pentimento.

Questo vale sia per i peccati mortali che per quelli veniali; non esiste un peccato più difficile da perdonare di un altro. La condizione per il perdono è sempre la stessa: il completo arretramento della nostra volontà dalla materia nella quale abbiamo offeso Dio Onnipotente e la rinnovata riconciliazione della stessa volontà con la Sua. Questo si chiama pentimento per i peccati e, quando affronteremo i Sacramenti e in particolare la Penitenza, vedremo che il pentimento per i peccati è ben altra cosa dal sentimento.

Il sentimento non ha alcun ruolo, o perlomeno gioca un ruolo accidentale e secondario, nella pratica della religione cristiana. Il pentimento è un atto della volontà ed è compatibile con la totale assenza di sentimento; si tratta di ricondurre la nostra volontà a quella di Dio Onnipotente, di prendere coscienza del fatto che abbiamo agito contro la volontà e l'intento del nostro Creatore e di decidere di non farlo mai più. Tutto questo è compatibile con la totale assenza di sentimento, sebbene sia indubbiamente un grande aiuto se, oltre a *pentirci* per il peccato commesso, ce ne *addoloriamo*. Esiste nel Messale una preghiera per chiedere il dono delle lacrime, con la quale si supplica di poter sentire quello che gli scrittori spirituali chiamano "rimorso", vale a dire di potersi addolorare. Non è però possibile controllare i sentimenti: se Dio ci concede un simile dono, tanto meglio; preghiamo perché ce lo conceda; ma se questo non avviene, dobbiamo comunque pentirci per i nostri peccati. Il fatto che non ci venga fatto dono del rimorso non ci solleva dalla necessità di pentirci.

CAPITOLO 11

La resurrezione della carne e la vita eterna

Vediamo ora gli ultimi due articoli del Credo, l'undicesimo e il dodicesimo articolo:

L'undicesimo articolo del Credo è "la resurrezione della carne".   P 128

"Resurrezione della carne" significa che il nostro corpo, per virtù di Dio, si ricomporrà e si riunirà all'anima nel giorno del giudizio.   P 129

Come potete vedere, il Catechismo liquida uno dei misteri più profondi con una sola domanda e una sola risposta. È bene ricordare sempre che ogni articolo del Credo è un mistero, "una verità al di sopra della ragione, ma rivelata da Dio" (28). Tenere a mente questo concetto è fondamentale perché, come sapete, vi è una tendenza da parte dei non credenti a seguire un approccio selettivo nei confronti del Credo, per cui alcuni articoli vengono liquidati con maggiore, sprezzante sufficienza di altri. Per il credente, invece, tutti gli articoli sono misteri e hanno tutti la medesima valenza di verità alle quali la nostra sola ragione non avrebbe potuto giungere. Sono tutte verità rivelate da Dio Onnipotente, che possono essere accettate unicamente per mezzo della fede in Gesù Cristo, il Rivelatore.

La comprensione dell'undicesimo articolo del Credo, "la resurrezione della carne", è particolarmente ardua. Noi crediamo che i corpi visibili, tangibili e materiali che ci appartengono in questa vita e che sono destinati a decadere, morire e tornare alla terra, dalla quale provengono, verranno chiamati nuovamente in essere da Cristo al momento della Seconda Venuta e della resurrezione generale. Questa è una verità alla quale la ragione umana da sola non può giungere, e che trova difficile da credere, se non impossibile, senza l'ausilio del dono della fede. Ricorderete forse che, quando San Giovanni predicò agli areopagiti, trovò un pubblico attento e ricettivo fino a che non menzionò la resurrezione dei morti. Una volta toccato questo argomento, gli areopagiti risero e dissero: "Ti sentiremo su questo un'altra volta" (Atti XVII, 32).

Nondimeno, la resurrezione della carne è un concetto fondamentale all'interno della religione cristiana, uno di quei misteri per prepararci ai quali la ragione ha potuto fare qualcosa. Abbiamo già dissertato sulla natura dell'uomo; l'uomo non è né uno spirito intrappolato nel corpo di un animale, né un animale innalzato a un livello superiore rispetto a quello delle bestie. L'uomo è un'entità singola, un animale raziocinante, anima e corpo, un singolo essere umano che agisce contemporaneamente sul piano materiale e su quello spirituale. Riflettete su ciò che ci accomuna alle bestie: l'esistenza materiale, i bisogni materiali e il potere di moltiplicarci. Ciononostante, siamo capaci di conoscenze, di giudizi e di esperienze astratti che, per quanto ne sappiamo, sono completamente negati alle bestie. Abbiamo osservato che, sebbene sia assolutamente accettabile parlare di "anima" e "corpo", questi termini rischiano di persuaderci che si tratti di due cose distinte, combinate per la durata di una vita, quindi separate alla morte. È importante comprendere che l'uomo non è due entità distinte bensì un'unica entità, e che la sua disgregazione alla morte è una conseguenza della Caduta dei nostri progenitori. Il destino dell'uomo, stabilito da Dio Onnipotente, è quello di muoversi sempre e contemporaneamente sul piano materiale e su quello spirituale. La violenta separazione tra anima e corpo, che ha luogo alla morte, non è parte del disegno di Dio Onnipotente, ma è una conseguenza del peccato. Il trionfo di Cristo sul peccato non sarà totale, e la Sua opera non sarà compiuta, se le conseguenze della Caduta non troveranno rimedio. Pertanto, siamo destinati a indossare i nostri corpi ancora una volta, in un modo che va completamente al di là della nostra capacità di comprensione. Se questo non accadesse, noi non saremmo completi, e il trionfo di Cristo non sarebbe completo.

I materialisti dileggiano l'idea della resurrezione e domandano come sia possibile che la materia presente nel mondo, che esiste in quantità limitata e viene continuamente riutilizzata, sia sufficiente a formare corpi per milioni di persone. Alla nostra morte, la materia che compone i nostri corpi si disgregherà, verrà riassorbita dalla totalità della materia e andrà a formare i corpi di altre persone. I materialisti, ovviamente, vedono in questo ragionamento una smentita della dottrina della resurrezione.

Non sappiamo in che modo potrà verificarsi la resurrezione dei nostri corpi; quello che sappiamo è che, anche in questa vita, i nostri corpi si ricostituiscono costantemente e che, sebbene le particelle che li compongono non siano sempre le stesse, essi vengono considerati sempre gli stessi identici corpi per tutta la vita. La nostra visione della natura dell'uomo ci aiuta ad accettare il profondo mistero della resurrezione della carne.

L'unico caso di resurrezione della carne di cui siamo a conoscenza è quello dello stesso Gesù Cristo. Come abbiamo osservato quando abbiamo affrontato l'Incarnazione, la resurrezione di Cristo, nello stesso corpo in cui aveva sofferto ed era morto, è un punto nodale della fede cristiana: crediamo nella Resurrezione materiale dello stesso corpo che si formò nel grembo della Beata Vergine e che da lei nacque, che soffrì, fu crocifisso e morì sulla Croce. Quando, nel giorno della Pasqua, Maria Maddalena e le donne devote andarono al sepolcro di Cristo, il corpo che era risorto era lo stesso che vi aveva giaciuto per tre giorni. Quello stesso corpo ascese in Cielo. È questa la garanzia della resurrezione dei nostri corpi. Fa tutto parte del trionfo sul peccato e sulla morte, senza il quale la redenzione di Nostro Signore sarebbe, quantomeno in parte, inefficace. La morte è la conseguenza del peccato, e il peccato non è sconfitto se i nostri corpi non risorgono.

Vediamo ora il dodicesimo articolo del Credo, che è strettamente connesso con l'articolo precedente:

Il dodicesimo articolo del Credo è "la vita eterna". P 130

"Vita eterna" significa che i giusti vivranno per sempre nella gloria e nella felicità del cielo. P 131

Essere ammesso a contemplare e amare Dio per sempre sarà la tua gloria e felicità in cielo. P 132

La Scrittura dice a proposito della felicità del cielo: "Quelle cose che occhio non vide, né orecchio udì, né mai entrarono in cuore di uomo, queste ha preparato Dio per coloro che lo amano". P 133

Anche i malvagi vivranno e verranno puniti per sempre nelle fiamme dell'inferno. P 134

Queste domande ci portano all'epilogo della storia dell'uomo. Non dimenticate che, come abbiamo già detto, la visione che i cristiani hanno del tempo non è quella di una vaga progressione senza un inizio e una fine. Il cristiano vede la storia nella cornice di tre eventi cruciali: la Caduta dell'Uomo, la Redenzione e la Seconda Venuta di Cristo. La visione del tempo dei cristiani è infinitamente più ampia e infinitamente più personale della visione più comune. Ciò che conta veramente è quello che accade tra la nascita di ciascun essere umano e la morte di ciascun essere umano. Tutto accade in questo lasso di tempo, brevissimo se paragonato alla storia dell'uomo dalla Caduta alla Seconda Venuta. La storia dell'uomo procede dal suo principio verso la Seconda Venuta, quando crediamo verrà pronunciato il Giudizio Finale. Si compierà allora la divisione della razza umana tra salvati e dannati, tra coloro che hanno assolto al proprio compito all'interno del disegno di Dio, per quanto in modo parziale e imperfetto, e coloro che hanno invece rifiutato coscientemente e deliberatamente di agire secondo il volere divino e che non si sono pentiti. Lasciate che vi ricordi, ancora una volta, che il processo di santificazione e salvezza si realizza tra Dio Onnipotente e le singole anime. Non siamo né pedine di Dio Onnipotente, né creature in grado di innalzarsi unicamente con le proprie forze. L'intero processo della nostra santificazione e salvezza richiede la cooperazione di due volontà, quella divina e quella umana. Affronteremo questo concetto in modo più esaustivo quando tratteremo della Grazia.

Nella Seconda Venuta, la divisione della razza umana tra salvati e dannati dipenderà interamente da quanto ciascuno di noi avrà cercato di cooperare con Dio Onnipotente, e quanto avrà deliberatamente, attraverso un atto di mente e volontà, rifiutato di farlo. Noi crediamo che la ricompensa per la nostra cooperazione sarà l'ammissione all'eterna visione beatifica di Dio Onnipotente. *'Vita eterna' significa che i giusti vivranno per sempre nella gloria e nella felicità del cielo* (p131); non siamo in grado di farci un'idea precisa di questo concetto. È importante osservare che l'esperienza conferma questo approccio (nulla di diverso da Dio Onnipotente soddisfa il desiderio di perfezione dell'animo umano) e che, nonostante ciò, la ragione umana rimane inevitabilmente incapace di immaginare il Paradiso. Sono grato al Catechismo per l'aver fatto ricorso, in questo frangente, alla citazione: "Quelle cose che occhio non vide, né orecchio udì, né mai entrarono in cuore di uomo, queste ha preparato Dio per coloro che lo amano" (1 Corinzi II, 9).

Giudico assolutamente inutile qualsiasi speculazione da parte nostra sulla natura del Paradiso e dell'Inferno; non siamo semplicemente in grado di immaginare come possano essere. Ovviamente la natura umana ci porta a creare simboli o rappresentazioni, o entrambi, di cui troverete numerosi esempi nell'Antico e nel Nuovo Testamento: simboli del Paradiso, come palme, arpe e via dicendo, e simboli dell'Inferno, rappresentato da una prigione, un luogo di tortura. L'unica certezza, al di là dei simboli, che hanno scarso valore e anzi rischiano di essere ingannevoli, è che non esiste gioia più grande di quella del Paradiso, né disperazione più straziante di quella dell'Inferno; questo è tutto ciò che sappiamo. In Paradiso giungeremo alla più completa realizzazione di noi stessi, saremo assorbiti da Dio Onnipotente, condivideremo i Suoi pensieri e i Suoi intenti; sarà il totale coronamento del bene. All'Inferno patiremo l'assoluta frustrazione di noi stessi e ci sarà eternamente impossibile sanare questa frustrazione.

Tenete quindi a mente questo concetto, che è sì una rivelazione, ma che può nondimeno essere compresa dalla ragione. Per citare Sant'Agostino, "Colui che ti ha creato senza di te, non ti salverà senza di te". Pertanto, se al momento della morte la nostra volontà sarà lontana dalla Sua, nulla ci potrà ricongiungere a Lui. Se, invece, cerchiamo costantemente di avvicinare la nostra volontà alla Sua, giungeremo inevitabilmente a Lui. Tenete tutto questo a mente e cercate di vincere la tentazione di immaginare il Paradiso e l'Inferno.

Siamo giunti alla fine della sezione del Catechismo dedicata alla Fede. Prima di passare alla sezione successiva, quella dedicata alla Speranza, ritengo opportuno ripercorrere brevemente tutti i concetti basilari, tutte le premesse fondamentali formulate all'inizio.

In sintesi, abbiamo cominciato col gettare le basi della fede nella ragione naturale, che abbiamo riassunto in cinque punti: l'esistenza di Dio Onnipotente, la Sua natura, la nostra immortalità, il libero arbitrio e la nostra conseguente responsabilità. Questi cinque punti vengono accennati, piuttosto che spiegati, nelle prime otto domande del Catechismo.

Sulla base di queste premesse, abbiamo ragionato sulla rivelazione e sull'atto di fede attraverso il quale accettiamo la rivelazione. Abbiamo proseguito con l'osservare che la religione cristiana è interamente una rivelazione, un ciclo di conoscenza al quale la nostra mente non può giungere senza l'ausilio di Nostro Signore e Salvatore, Gesù Cristo. Questo ciclo di conoscenza viene sintetizzato dal Credo degli Apostoli, che abbiamo esaminato articolo per articolo. Arrivati a questo punto del corso, sarete forse giunti a comprendere che l'intero Credo è imperniato sul mistero più profondo in assoluto, l'Incarnazione. Tutti gli altri articoli del Credo appaiono più chiari se letti dalla prospettiva di questo articolo fondamentale. Se si accetta l'Incarnazione, si accettano, non foss'altro che per implicazione, anche tutti gli altri.

Nell'ordine che seguiamo nel Catechismo iniziamo con la riflessione sulla Trinità e sulla Caduta dell'Uomo, che ci è di grande aiuto in vista della riflessione sull'Incarnazione. Il concetto di Trinità ci spiega Chi è diventato incarnato (la Seconda Persona della Santissima Trinità), e il concetto di Caduta ci spiega perché Egli è diventato incarnato (per rimediare agli effetti della Caduta). Il mistero fondamentale nella nostra fede è che la Seconda Persona della Santissima Trinità diventa uomo e come uomo pone rimedio agli effetti della Caduta, operando una redenzione alla quale attribuisce valore infinito in quanto Egli è Dio. Nondimeno, Egli opera tale redenzione attraverso la razza umana e a vantaggio di essa, in quanto Egli stesso è uomo, come lo siamo io e voi. Alla natura umana, che di per sé non avrebbe la facoltà di rimediare alla Caduta, viene quindi concesso il potere di farlo grazie alla sua unione con la natura divina.

Tutti gli altri misteri della fede cristiana orbitano dunque intorno al mistero centrale dell'Incarnazione, a cominciare dal ruolo della Beata Vergine, attraverso la quale Cristo trae la sua umanità. L'essere realmente concepito e generato dalla Beata Vergine conferisce a Nostro Signore la sua natura umana, e ne fa a tutti gli effetti un membro della razza umana. Cristo non è un'illusione, una maschera o un manto creato da Dio.

La Chiesa, abbiamo visto, è la continuazione dell'Incarnazione. Così come Dio si fa uomo, non in una vaga e amorfa manifestazione di umanità, ma in un corpo reale, identificabile e materiale, esistito in un determinato momento della storia, così la Sua redenzione dell'uomo, i Suoi insegnamenti e i Suoi Sacramenti ci vengono offerti da un corpo non meno identificabile e distinto: la Chiesa. È proprio questo concetto che fa della Chiesa un elemento così fondamentale della nostra visione del cristianesimo. La Chiesa è la continuazione di Gesù Cristo in forma collettiva. La nostra devozione alla Chiesa, spesso giudicata dai non cattolici sproporzionata o alla stregua di fanatismo, per noi non è altro che devozione alla Persona di Gesù Cristo.

# PARTE II

SPERANZA

CAPITOLO 12

La Grazia e la Preghiera

Il Catechismo è interamente dedicato alle tre virtù teologali: Fede, Speranza e Carità. Abbiamo appena concluso l'esposizione riguardante la Fede; veniamo quindi alla seconda delle virtù teologali, la Speranza.

La prima asserzione relativa alla Speranza risale, curiosamente, ad antiche diatribe:

La fede non può salvarci senza le buone azioni. Dobbiamo anche avere speranza ed essere caritatevoli. P 135

Con questa affermazione il Catechismo mira in realtà a controbattere l'eresia protestante. Credo che il primo catechismo sia stato stilato da Lutero con l'intento di spiegare la sua fede, in modo che ogni padre di famiglia in Germania potesse accedere a un compendio della sua teologia. Solo successivamente la Chiesa ha deciso di adottare la forma catechetica; fu San Pietro Canisio, il grande gesuita del sedicesimo secolo, istruito per divina Provvidenza al fine di contrastare il movimento protestante nell'Europa centrale, a comporre il primo catechismo, dal quale derivarono poi quasi tutti gli altri catechismi cattolici. Dobbiamo quindi a questo gesuita molti aspetti tipici del nostro Catechismo, tra i quali il frequente ricorso alle citazioni dalla Sacra Scrittura. Il punto 135 è inteso come risposta all'idea errata, propria del protestantesimo classico, che l'uomo possa salvarsi attraverso la sola fede. Come quasi tutte le eresie, questa idea non è che una verità fuori prospettiva.

Come probabilmente avrete già constatato, la religione cristiana è piena di antinomie. Come abbiamo già visto, la dottrina della Trinità (tre in uno), ne è un esempio. Un solo Dio, certo, ma Tre Persone. L'Incarnazione è un altro esempio; Dio nel modo più assoluto, certo, generato e non creato, ma contemporaneamente uomo, come voi e me. Queste antinomie permeano la rivelazione cristiana; ciò che ci è stato rivelato da Dio Onnipotente è verità al di là della comprensione dell'uomo.

Sia la fede che le opere sono essenziali nella vita cristiana; è necessario accettare la verità rivelata da Nostro Signore Gesù Cristo, ma anche mettere in pratica la fede attraverso l'agire nel bene. Né la fede da sola, né le opere da sole, sono sufficienti alla vita del buon cristiano; sono entrambe fondamentali.

Innanzitutto è necessario che accettiamo le verità rivelate da Nostro Signore, di cui abbiamo finora trattato. Esse vanno al di là della nostra comprensione, ma le accettiamo in quanto rivelate da Lui. Agire nel bene per ragioni puramente terrene può portare, forse, a una gratifica sulla terra. Il filantropo che compie azioni caritatevoli per pura bontà d'animo o perché spera di guadagnare le lodi altrui potrà avere la sua gratifica solo in questa vita. In secondo luogo, la fede senza le azioni è morta. La mera fede nelle verità rivelate, senza conseguenze nella nostra vita, non ha alcun valore ai fini della salvezza eterna; sono necessarie sia la fede che le azioni. Prima di tutto dobbiamo credere nella redenzione dell'umanità operata da Cristo; una volta accettata la Sua redenzione, veniamo elevati alla vita spirituale e abbiamo quindi il dovere di manifestare nella pratica la nostra fede, approfondendo e rafforzando in questo modo la vita spirituale.

Oggigiorno, sembra che la visione diffusa tra i non cattolici su fede e opere si sia invertita rispetto al passato. La credenza attuale sembra essere: "Non importa quello in cui crede un uomo, purché agisca nel bene"; in altre parole, l'uomo può essere salvato anche grazie alle sue sole azioni. Lutero reagì di fronte a ciò che considerava un'enfasi eccessiva sulle buone azioni; era persuaso che buona parte della pratica della religione cristiana si concentrasse unicamente sulle manifestazioni pratiche e che fosse ben poco supportata da una vera fede, profondamente vissuta, nel valore di Nostro Signore Gesù Cristo. Nel tentativo di correggere questo squilibrio, Lutero si spinse fino all'estremo opposto e fece della fede l'unico elemento essenziale, per cui accettare il sacrificio di Cristo attraverso un singolo atto della volontà era l'unica condizione necessaria per essere salvati. Il valore delle azioni fu pertanto sminuito, e l'Epistola di San Giacomo, nella quale le buoni azioni vengono consigliate, fu liquidata come "l'Epistola di paglia".

Il pensiero di Lutero, poiché meno radicale di quello di Calvino, francese erudito e dalla mente logica, non giunse alla logica conclusione di questo concetto: se l'uomo viene salvato unicamente in base alla fede, se le azioni sono insignificanti e se, infine, la fede è veramente un dono di Dio Onnipotente, allora ne consegue naturalmente la dottrina della predestinazione di Calvino. Se è Dio Onnipotente a concedere il dono che determinerà la salvezza o la dannazione, allora l'uomo è predestinato, dal momento della sua nascita, alla salvezza o alla dannazione; e la nostra armonia con la grazia e la rivelazione di Dio è irrilevante.

Se è possibile sintetizzare una disputa teologica così profonda e vasta in un semplice concetto, si può affermare che l'enfasi posta sulla fede senza azioni sia la vera origine della rivolta di Lutero prima, e di Calvino poi, contro gli insegnamenti della Chiesa cattolica. Un concetto opposto era, invece, alla base dell'eresia pelagiana, molto antecedente a quella luterana, che insegnava che l'uomo può salvarsi con le sue stesse forze.

La verità, secondo gli insegnamenti cattolici, sta nel mezzo dei due estremi. La salvezza o santificazione avviene per mezzo dell'interazione tra due volontà, libere e indipendenti: quella di Dio Onnipotente e la nostra. Dio ci offre gli strumenti per la nostra salvezza, noi cooperiamo. Dio Onnipotente non ci salva o danna senza considerare i nostri atti della volontà, né, come vedremo al punto 138, i nostri atti di volontà hanno da soli il potere di salvarci senza l'intervento iniziale di Dio Onnipotente. Come abbiamo visto all'inizio, crediamo che l'uomo, a causa della Caduta, venga al mondo nell'alienazione della grazia e dell'amicizia di Dio Onnipotente e non abbia la facoltà di modificare la sua condizione. È Dio Onnipotente che ci offre la possibilità di farlo. Il processo di santificazione e salvezza deve essere visto come un'attività svolta sia da Dio Onnipotente che da noi stessi.

Vediamo un'analogia di questo concetto nel miracolo della natura che si ripete ogni anno. Non è il contadino che fa nascere la pianta dal seme e la fa maturare; il processo di crescita va al di là del controllo del contadino. Tuttavia, la sua abilità nel preparare il terreno, nell'arare, nel seminare, nel ripulire il campo dalle pietre, nel sarchiare, nell'irrigare e via dicendo, consentono a questo miracolo di ripetersi ogni anno. Il contadino non opera il miracolo, ma crea le premesse perché il miracolo possa avvenire nel modo migliore.

Questa analogia della vita di grazia è molto efficace e viene utilizzata da Cristo stesso nella parabola del seminatore. Dio Onnipotente ci dà la grazia iniziale, e il nostro avvicinarci alla Sua grazia equivale a ciò che fa il contadino, vale a dire ripulire il terreno dalle erbacce e sradicare dalla nostra vita ciò che dispiace a Dio Onnipotente, e mette il miracolo della grazia nella condizione di potersi attuare. È proprio il dono della grazia che ci dona la Speranza, la virtù di cui tratteremo ora.

Dopo l'introduzione del punto 135, la sezione del Catechismo dedicata alla Speranza inizia, come tutte le altre sezioni, con una definizione. Come la maggior parte delle definizioni contenute in questo testo, anche questa è splendida:

P 136 **La speranza è quel dono soprannaturale di Dio, attraverso il quale possiamo avere fiducia nel fatto che Dio ci concederà la vita eterna e ci concederà tutti gli strumenti per ottenerla, se faremo ciò che Egli ci chiede.**

Questa definizione è molto simile a quella della Fede, che abbiamo già visto nel Capitolo 2. Le definizioni delle tre virtù teologali cominciano tutte nello stesso modo: Fede, Speranza e Carità sono descritte come doni sovrumani di Dio. Voglio sottolineare ancora una volta la parola "dono". Come la Fede, così anche la Speranza e, come vedremo nel capitolo 18, la Carità, implicano un'interazione tra Dio Onnipotente che ci offre un dono, e noi che lo accettiamo. Nel caso della Speranza, sulla quale stiamo ora riflettendo, Egli ci offre la garanzia che, se concorreremo con Lui nella vita di grazia, porterà a compimento lo scopo per il quale ci ha chiamati in essere. La parola chiave di questa definizione è "fiducia".

Le parole "fede", "speranza" e "carità" sono entrate nel linguaggio comune, perdendo così buona parte della loro esattezza e del loro significato. La Fede teologale non è una vaga convinzione, ma una garanzia della veridicità della rivelazione. Analogamente, la Speranza di cui si parla nel Catechismo non assume il significato, assai attenuato, più comune e colloquiale della parola. Quando diciamo: "Spero che tu stia bene" o "Spero che sarà una bella giornata", esprimiamo poco più di un desiderio; "Mi farebbe piacere sapere che stai bene" o "Mi piacerebbe se domani fosse una bella giornata".

La Speranza teologale ha un significato che si avvicina molto di più a quello di "fiducia". Vorrei pertanto che sottolineaste la parola "fiducia" sul vostro Catechismo. La nostra fiducia è una speranza certa e sicura; non una speranza vaga o un desiderio, ma una garanzia assoluta che lo scopo per il quale Dio Onnipotente ci ha chiamati in essere sarà realizzato se agiremo in armonia con Lui.

Ricordate che tutte le virtù teologali, Fede, Speranza e Carità, devono essere esercitate. Come ho già detto quando ho parlato del dono della Fede, e come ripeterò quando tratteremo dell'atto di Carità, poiché viviamo in una società così lontana dalla natura, tendiamo a pensare a un dono come al passaggio di un oggetto inanimato da una persona a un'altra. Se io ti do un libro o se tu mi dai un quadro, il passaggio dell'oggetto non richiede alcuna cooperazione. Certo, il libro deve essere letto e il quadro osservato, ma si tratta nondimeno di oggetti in sé inanimati. Ciò che si intende per dono di Dio può essere compreso molto meglio se si pensa al dono di cose animate: un bambino che riceva in dono un pony o un cucciolo, ad esempio, riceverà dall'animale tanto quanto egli darà all'animale. Il libro può essere riposto su uno scaffale, il quadro appeso al muro, e non essere più oggetto di alcuna attenzione. La transazione ha avuto luogo nel momento in cui il dono è passato da una persona a un'altra; non si può, invece, chiudere il pony nella stalla o il cane nella sua cuccia e semplicemente non pensarci più. Se offrirete all'animale del fieno, un osso, delle attenzioni, riceverete una ricompensa pari alla vostra cooperazione. La ragazzina che riceve in regalo un pony vi pensa 24 ore al giorno, ma tutto ciò che dà lo riceve indietro più e più volte.

Questo vale anche per i tre doni di Dio Onnipotente. La Fede non si ottiene in un momento; per farla crescere e rafforzarla è necessario riflettere, leggere sull'argomento, amarla, studiarla e viverla. Sappiamo che la fede diventa qualcosa di inanimato e si sgretola se si smette di pensarvi, se la nostra conoscenza di essa non cresce di pari passo con la nostra conoscenza di altri argomenti. Quando si viene a creare una simile disparità, siamo tentati di trattare le verità di fede come se non avessero alcuna importanza nella conoscenza naturale, o semplicemente di disfarcene.

Lo stesso vale anche per la Speranza o fiducia; se non la esercitiamo con una vita di preghiera e di dialogo con Dio Onnipotente (che è la sostanza della preghiera), finirà anch'essa per appassire e morire. Se non viene esercitata, la Speranza, la fiducia, può venir meno in due modi: per eccesso o per difetto. L'eccesso di fiducia è quell'atteggiamento basato sull'idea che, poiché Dio Onnipotente vuole avvicinarci a Lui, provvederà Egli stesso a perseguire tale fine senza bisogno del nostro contributo attivo. Questo si chiama peccato di presunzione. L'atteggiamento opposto è quello dell'uomo che dice, "Sono una creatura disgraziata, debole, lordata dall'egoismo e da peccati di ogni sorta. Non ci posso fare nulla". Questo si chiama peccato di disperazione.

Ricordate sempre che l'essenza della vita cristiana è non smettere mai e poi mai di provare. Per quanto scarsi vi sembrino i vostri risultati, per quanto scarsa sia la vostra autostima, non smettete mai di provare. Fermarsi significa mettere Dio Onnipotente nell'impossibilità di aiutarvi perché, come vedete, il processo richiede la collaborazione di due volontà. Finché proverete, ci sarà speranza per voi

La domanda successiva del Catechismo è: "Perché dobbiamo sperare in Dio?" Sia nella domanda che nella relativa risposta, sostituirei la parola "sperare" con "avere fiducia":

P 137 **Dobbiamo sperare in Dio perché Egli è infinitamente buono e infinitamente potente e perché mantiene le Sue promesse.**

Come abbiamo visto all'inizio di questo corso, Dio deve avere uno scopo per il quale chiamare in essere tutte le cose. Tutta la creazione inanimata adempie al Suo scopo senza merito né demerito; solo l'uomo, in tutto l'universo visibile, possiede la sublime facoltà di cooperare volontariamente con la volontà di Dio Onnipotente e porta pertanto un'enorme responsabilità se vi si oppone. Tuttavia, poiché Dio Onnipotente vuole che il Suo disegno giunga a compimento, ci aiuterà nel nostro tentativo di adempiere al nostro ruolo.

La prossima risposta del Catechismo, o perlomeno le sue implicazioni, ci riportano a un concetto che abbiamo affrontato poco addietro:

P 138 **Non possiamo operare da soli per la nostra salvezza; abbiamo bisogno dell'aiuto della grazia di Dio.**

Come abbiamo già visto, ciò che facciamo sul piano naturale porterà una ricompensa sul piano materiale. Ciò su cui stiamo ora riflettendo è l'intenzione di Dio di elevare l'uomo dal piano naturale a quello soprannaturale, la vita di grazia:

P 139 **La grazia è quel dono soprannaturale di Dio, liberamente concessoci per la nostra santificazione e per la nostra salvezza.**

Trovo questa definizione di grazia, per quanto assolutamente corretta, estremamente inadeguata. Far comprendere il concetto di grazia è sempre un compito difficile, perché, tra tutti i concetti che trattiamo, questo è quello più distante dalla nostra esperienza quotidiana. Gesù Cristo è sceso in terra per rimediare agli effetti della Caduta e, soprattutto, per elevarci alla vita divina. Il Verbo si è fatto uomo. Dio Onnipotente, la Seconda Persona della Santissima Trinità, è sceso al nostro livello, alla condizione di creatura; è sceso per condividere la nostra vita in modo da poterci comunicare la Sua vita. Nel meraviglioso incipit del suo Vangelo, San Giovanni scrive:

> *il Verbo era presso Dio e il Verbo era Dio*

e prosegue con la presentazione dell'Incarnazione. Alla fine di questo passaggio dice:

> *Venne tra la sua gente, ma i suoi non lo hanno accolto. A quanti però l'hanno accolto, ha dato potere di diventare figli di Dio.* (Giovanni I, 12)

È venuto a infonderci la vita divina. Questo è ciò che intendiamo per grazia; la grazia è la vita divina che Dio Onnipotente infonde nell'uomo.

Possiamo concepire la divinità sul piano umano, naturale, ma l'idea di ricevere la vita di Dio Onnipotente è così distante dalla nostra esperienza che non possiamo concepirla. Ne abbiamo visto, per così dire, un barlume quando abbiamo ragionato sull'Ascensione; Gesù Cristo ritorna in Paradiso non solo come Verbo disincarnato, disceso in terra 33 anni prima, ma anche come essere incarnato. In quanto tale, Egli porta con sé in Cielo la sua umanità, e come uomo siede alla destra del Padre.

La vita di grazia esiste qui, adesso, sebbene non sia visibile ai nostri occhi e noi non ne siamo consci. Al momento della morte, ciò che in questo mondo è grazia si traduce in una misura eguale di gloria:

> *Alla Tua luce vediamo la luce.*
>
> (Salmi XXXV, 10; Salmi XXXVI, 9 VA)

Diamo per scontato che possiamo amare ed essere amati da Dio. Certo, l'artista o il creatore deve amare ciò che crea in quanto parte di lui, ma le sue creazioni non sono al suo stesso livello. Non vi può essere un vero rapporto di eguaglianza tra un autore e il suo libro, tra un pittore e il suo quadro; è evidente che queste creazioni sono oggetti inanimati che non possono ricambiare l'amore che ricevono dal loro creatore. Attraverso la grazia, invece, ci viene dato il potere di instaurare un rapporto di quasi parità con Dio Onnipotente per cui possiamo sia amarlo che essere amati da

Lui. Egli vede in noi la divinità instillataci da Suo Figlio, grazie alla quale ci è possibile parlare di amore reciproco tra noi e Dio Onnipotente.

Il nostro innalzamento alla vita divina è il più grande dei doni di Dio Onnipotente; tutti gli altri doni (Fede, Speranza e Carità) ci preparano al dono della vita divina. Tutti gli altri doni, il dono naturale della vita e i doni soprannaturale della Fede, della Speranza e della Carità, convergono nel dono supremo della vita divina, che ci permette di amare Dio Onnipotente ed essere amati da Lui; non una simulazione o una mimica dell'amore, ma amore vero. L'amore implica una qualche sorta di parità tra colui che ama e l'oggetto del suo amore, senza la quale l'amore non potrebbe esistere. Il valore della grazia è così inestimabile che un uomo rinuncerebbe a tutto ciò che possiede per ottenerla; non esiste sacrificio troppo grande se attraverso di esso otteniamo l'amore e l'amicizia di Dio Onnipotente.

Il Catechismo, seguendo il suo inesauribile senso pratico, prosegue con la domanda, "Come si ottiene la grazia di Dio?" La risposta è altrettanto pratica e semplice:

P 140 **Otteniamo la grazia di Dio principalmente attraverso la preghiera e i Sacramenti.**

Dedicheremo il resto di questo capitolo alla riflessione sulla preghiera, per poi passare direttamente ai Sacramenti invertendo l'ordine del Catechismo, che tratta dei Sacramenti dopo la Carità. Dobbiamo tenere sempre a mente il concetto che *Deus non alligatur Sacramentis* ("Dio non è vincolato ai Sacramenti") e che Egli opera in effetti anche al di fuori di essi. I Sacramenti sono, nondimeno, gli strumenti pattuiti attraverso i quali Egli infonde in noi la Sua vita. Partiamo dalla definizione di preghiera che, a mio parere, è la migliore in assoluto di tutte le definizioni del Catechismo; una definizione meravigliosamente chiara e semplice, ma anche sintetica:

P 141 **La preghiera è una pia elevazione della mente e del cuore a Dio.**

"Cuore" è inteso qui come sinonimo di "volontà".

Ancora una volta, ritorniamo su un concetto che abbiamo affrontato all'inizio di questo corso. Mi auguro che siate ormai giunti a comprendere che l'intera rivelazione cristiana è effettivamente incentrata su una verità, che dobbiamo assimilare un po' alla volta per via dei nostri limiti. Uno dei primi argomenti che abbiamo affrontato è stata la nostra grande somiglianza con Dio Onnipotente, determinata dal fatto che, come Lui, anche noi siamo dotati di una mente che può conoscere e una volontà che può agire. Pregare è, per l'appunto, utilizzare le nostre due facoltà più divine, mente e volontà, e volgerle in direzione di Dio. Pregare significa elevare la nostra mente a quella di Dio Onnipotente e avvicinare la nostra volontà alla Sua.[19]

Questo concetto implica azioni ben precise; pregare non significa rivolgere il nostro vago pensiero a Dio Onnipotente e sperare di fare la Sua volontà, ma compiere un preciso esercizio mentale, cercare di avvicinare la nostra mente alla Sua, riflettere su cosa Egli voglia che facciamo e su cosa non siamo riusciti a fare e ripromettersi di fare del nostro meglio in futuro per compiere la Sua volontà.

Eleviamo il nostro cuore e la nostra mente a Dio pensando a Dio;   P 142

Non scordate mai che il primo passo è quello di volgere il proprio pensiero a Dio Onnipotente; è per questa ragione che è molto importante avere un'idea ben precisa della verità rivelata per avere qualcosa su cui riflettere: la saggezza, potenza, giustizia e misericordia di Dio Onnipotente. Dovremmo cercare di conservare incessantemente il pensiero di Dio Onnipotente, dal mattino fino a sera. L'idea che Dio Onnipotente permei l'intero creato, che abbiamo esaminato all'inizio di questo corso, è di grande aiuto nella cosiddetta pratica della presenza di Dio, che è il migliore fondamento della preghiera.

Di conseguenza con le nostre preghiere noi adoriamo, lodiamo e ringraziamo Dio;   P 142

Il punto di partenza della preghiera è, pertanto, Dio stesso: prendere coscienza della sua immensità e della nostra limitatezza, adorare e lodare Dio semplicemente per ciò che Egli è. Forse conoscerete quella meravigliosa preghiera che pronunciamo così spesso, il Gloria in excelsis Deo, con il quale lodiamo Dio per la Sua gloria immensa. Non vi è alcun pensiero rivolto a sé. Il punto di partenza della preghiera è adorare, lodare e ringraziare Dio Onnipotente. Solo in seguito possiamo rivolgere il pensiero a noi stessi.

Invochiamo la Sua benedizione per l'anima e per il corpo.   P 142

Anche le preghiere per noi stessi hanno come oggetto Dio, e ci riguardano solo di riflesso. La nostra riflessione sulla natura di Dio Onnipotente dovrebbe averci fatto prendere coscienza che Egli è tutto, e che tutto il creato scaturisce da Lui. Di conseguenza vogliamo che tutto il creato soddisfi il Suo disegno, soprattutto quella microscopica porzione di creato affidata a noi: la nostra mente e la nostra volontà, quei doni di Dio che ci permettono di accogliere la Sua volontà nel nostro cuore e di fondarvi il Suo regno. Tutte le preghiere, anche quelle di supplica, sono pertanto incentrate su Dio: preghiamo perché possa essere fatta la Sua volontà.

Le parole Fede, Speranza e Carità hanno perso i loro significati originari: Fede significa ormai credere a qualcosa senza una ragione particolare; Speranza significa augurarsi qualcosa senza fondamento; Carità significa fare opere concrete di carità. Anche la preghiera ha perso il suo significato originario e ormai indica solamente una richiesta, una supplica per sé stessi. Anche quando rivolgiamo una supplica a Dio preghiamo che sia fatta la Sua volontà. Pregare non significa chiedere che un nostro effimero capriccio venga soddisfatto.

Naturalmente, questa attività si svolge interamente in quella parte di noi che non è visibile, vale a dire nella mente e nella volontà. Poiché la preghiera risiede nella mente e nella volontà, il punto successivo del Catechismo è:

P 143 **Coloro che, nelle loro preghiere, non pensano né a Dio né a ciò che dicono, non pregano bene; ma se le loro distrazioni sono volute offendono Dio.**

Come ogni altro aspetto del nostro rapporto con Dio Onnipotente, anche la preghiera è assolutamente interiore; abbiamo già riflettuto su questo argomento quando abbiamo analizzato il peccato. Il peccato è l'opposizione della nostra mente e volontà alla mente e alla volontà di Dio Onnipotente. Non è rilevante se l'opposizione della nostra volontà a Dio Onnipotente si manifesta o meno in azioni. Se i nostri pensieri sono ingiusti, lussuriosi o egoisti, è probabile che tali saranno anche le nostre azioni; le azioni sono solo la conseguenza dei peccati che abbiamo già commesso.

Lo stesso discorso si applica alla preghiera; in quanto uomini, siamo per natura inclini a esternare le nostre preghiere traducendole in parole e azioni e scegliendo per esse momenti precisi della giornata, luoghi e cerimonie. Queste esternazioni sono solo il mezzo di espressione della preghiera, non la preghiera stessa.

È opportuno effettuare una distinzione netta tra *preghiera* e *preghiere*: *la preghiera* è l'innalzamento della mente e della volontà a Dio Onnipotente; è possibile pregare, raggiungere l'apice della preghiera, senza bisogno di alcuna esternazione. *Le preghiere*, invece, sono manifestazioni, sotto forma di parole, nelle quali proiettiamo l'innalzamento della mente a Dio Onnipotente; sono l'espressione esteriore della realtà, non l'essenza della realtà.

Pregare incessantemente, come siamo invitati a fare, è dunque non solo possibile, ma anche auspicabile. La preghiera deve essere un'attività costante e continua nell'intero corso della nostra vita, non limitata a quei momenti dedicati alla recita delle preghiere. Questi momenti sono, nondimeno, estremamente importanti, in quanto porsi la regola e adottare la consuetudine di pregare in momenti precisi aiuta a non trascurare questa attività. I momenti dedicati alla preghiera, le manifestazioni pratiche della preghiera e il culto pubblico hanno pertanto un'immensa importanza, purché siano genuinamente espressione di una realtà interiore.

Immaginate una fila di pali telegrafici, ciascuno posizionato a intervalli perfettamente regolari, che si distenda fino all'orizzonte. L'elemento centrale dell'immagine sono i cavi che vanno da un palo a quello successivo, in quanto essi trasmettono il messaggio; non sarebbero tuttavia in grado di farlo se non fossero sostenuti dai pali. Si tratta di un parallelo piuttosto prosaico, ma nondimeno preciso. È molto difficile che riusciamo a condurre una vita di preghiera e rivolgere le nostre menti a Dio Onnipotente in ogni momento, a meno di avere dei momenti, a intervalli regolari, nei quali cerchiamo di fare un po' di spazio nella nostra vita per pensare a nient'altro che a Lui. Se ci riusciamo, allora sarà un po' più probabile che nel corso della giornata riusciremo a volgere le nostre menti nuovamente alla realizzazione della presenza di Dio, all'immediatezza della nostra comunicazione con Lui e alla necessità del Suo aiuto e della Sua guida. Saremo così in grado di svolgere il compito fondamentale di pregare costantemente, tra un momento preciso dedicato alla preghiera al successivo.

Come abbiamo detto, la Speranza è una virtù soprannaturale come la Fede e, vedremo, come la Carità. Sono tutti doni di Dio Onnipotente che implicano, come abbiamo sottolineato ogni volta, l'atto libero di donare e l'atto libero di accettare; accettare è dunque, in ultima analisi, un atto della volontà. Le tre virtù teologali sono l'atto di accettare i doni che Dio Onnipotente fa all'uomo. Il dono della Fede è la verità della rivelazione. Il dono della Speranza è l'assicurazione che Dio Onnipotente farà la sua parte, se noi faremo la nostra, nella nostra salvezza e santificazione. Quando arriveremo a discutere della Carità, vedremo che anch'essa è un dono, l'atto libero di donare e di accettare l'amore.

Abbiamo visto come le tre parole che definiscono le virtù teologali abbiano perso, nel linguaggio comune, il loro reale significato teologico, che spesso risulta molto distorto. Questo è vero in particolar modo per quanto riguarda la Speranza. Il suo significato si è così indebolito che nel linguaggio colloquiale si riferisce ormai a qualcosa di simile al "desiderio", laddove il suo significato teologico è molto più vicino a quello di "fiducia", la certezza assoluta che Dio Onnipotente farà la sua parte. Le esequie anglicane esprimono in modo perfettamente adeguato il concetto: "nella speranza sicura e certa della resurrezione". Questa è la Speranza teologica: sicura e certa, non un vago desiderio che possa accadere veramente.

La Speranza in Dio si fonda sulla convinzione che Egli desideri che la Sua creazione adempia allo scopo per la quale è stata chiamata in essere. Il pilastro di tale certezza in ciascuno di noi è la grazia infusa: *Non possiamo operare da soli per la nostra salvezza; abbiamo bisogno dell'aiuto della Grazia di Dio* (p138).

La grazia è il dono di tutti i doni, come dice la parola stessa; se la Fede, la Speranza e la Carità sono doni, la Grazia lo è forse ancora di più. La parola stessa indica qualcosa che è stato donato liberamente. All'inizio ci siamo soffermati sulla parabola di Nostro Signore sul seminatore, che ci mostra come tutti questi doni non possano essere solo accettati passivamente, ma richiedano anche una collaborazione attiva da parte nostra. Fede, Speranza e Carità sono dunque doni i cui frutti, come nel caso della Grazia, aumentano solo se siamo ricettivi e se le esercitiamo.

Il libero dono della grazia da parte di Dio Onnipotente ci innalza al piano divino al punto che diventa possibile un rapporto scambievole tra noi e Dio Onnipotente. Il possesso della grazia, che ci innalza a un livello divino, è in realtà il vero scopo dell'Incarnazione: "Venne fra la sua gente, ma i suoi non l'hanno accolto. A quanti però l'hanno accolto, ha dato potere di diventare figli di Dio"(Giovanni I, 11-12). Questa è la grazia. Il possesso della grazia è l'elemento veramente fondamentale in tutto il corso della nostra vita perché proprio la misura della grazia al momento della nostra morte si traduce in una misura equivalente di gloria, che ci consente di vedere e di essere con Dio Onnipotente. La gloria non è un premio elargito arbitrariamente per una buona vita, è la conseguenza dello stato di grazia convertito dall'eternità.

Il Catechismo, nella sua immensa praticità, chiede a questo punto come si ottenga la grazia. La risposta è: "Principalmente attraverso la preghiera e i santi Sacramenti". Abbiamo quindi discusso della preghiera, di cui il catechismo offre la splendida definizione di "innalzamento della mente e del cuore a Dio". Abbiamo detto che "cuore" è qui sinonimo di "volontà", e che il possesso di mente e volontà è ciò che più ci rende simili a Dio Onnipotente, ciò che ci rende a Sua immagine e somiglianza. Nella preghiera innalziamo la nostra mente e la nostra volontà a Lui. Nella preghiera pensiamo a Lui, cerchiamo di sprofondare nella Sua mente, di fare in modo che la nostra volontà si fonda con la Sua.

Abbiamo riflettuto sul fatto che, in quanto l'uomo agisce contemporaneamente sia sul piano spirituale che su quello materiale, è facile che tendiamo a trasformare la preghiera nella forma esteriore di parole, azioni o luoghi. Ma l'essenza della preghiera, attraverso tutte le sue espressioni rituali, è l'elevamento della mente e della volontà. Le azioni esteriori hanno un valore solo se sono l'espressione di una realtà interiore. Così come l'amore, la forma più elevata di attività umana, risiede sostanzialmente nella mente e nella volontà, sebbene venga generalmente espresso attraverso parole e azioni, così anche il valore di tutte i sentimenti della nostra mente e della nostra volontà risiede dentro di noi. Se le espressioni esteriori non hanno il loro fondamento nella realtà interiore, allora diventano pura ipocrisia. Allo stesso modo, le forme di preghiera senza la vera preghiera sono, come spiega il Catechismo, non solo prive di valore, ma "offensive per Dio Onnipotente" (p143).

Ho cercato di sottolineare che, sebbene il valore fondamentale della preghiera sia un'azione interiore della mente e della volontà, è improbabile che questa abbia luogo senza un'azione di preghiera esteriore. Ecco dunque un altro parallelo con l'amore. L'amore che non viene espresso può facilmente inaridirsi ed è improbabile che susciti una reazione di qualunque natura. L'atto esteriore della preghiera dovrebbe avvenire con regolarità; il fatto che sia una conseguenza dell'abitudine non porta che conseguenze positive. Per questo motivo è importante essere costanti nelle preghiere mattutine e serali; senza questo sostegno è molto difficile riuscire a volgere la nostra mente alla preghiera e farne un elemento costante della nostra vita.

Il Catechismo ci dà a questo punto l'impressione illusoria di procedere piuttosto speditamente, in quanto la sezione sulla preghiera inizia con un'analisi del Padre Nostro, una preghiera di una semplicità meravigliosa che non ha bisogno di grandi spiegazioni, sebbene offra infiniti spunti di riflessione.

P 144   **La più eccellente di tutte le preghiere è il "Pater noster", o Padre Nostro.**

Come potrebbe non essere la più eccellente, dal momento che

P 145   **Lo stesso Gesù Cristo insegnò e raccomandò il Padre Nostro.**

La formulazione dei cattolici del Padre Nostro è quasi identica alla formulazione degli altri cristiani:

P 146   **Padre Nostro, che sei nei cieli, sia santificato il Tuo nome; venga il Tuo regno; sia fatta la Tua volontà, come in cielo, così in terra; dacci oggi il nostro pane quotidiano; e rimetti a noi i nostri debiti, come noi li rimettiamo ai nostri debitori; e non ci indurre in tentazione, ma liberaci dal male. Amen..**

Il Catechismo offre quindi una parafrasi di ciò che ho riportato:

P 147   **Nel Pater noster, Dio è chiamato Padre Nostro.**

P 148   **Dio è chiamato Padre Nostro perché Egli è il Padre di tutti i cristiani, che ha reso Suoi figli attraverso il Santo Battesimo.**

P 149   **Dio è anche Padre di tutta l'umanità perché Egli li ha creati tutti e li ama e li protegge tutti.**

Come ho spiegato nel Capitolo 2, la fratellanza degli uomini non ha alcun significato senza la paternità di Dio Onnipotente. La fratellanza dipende completamente dal fatto di condividere lo stesso Padre, senza il quale la frase diventa completamente vacua.

P 150   **Diciamo Padre "Nostro" e non Padre "mio" perché, poiché siamo tutti fratelli, non dobbiamo pregare solo per noi stessi ma anche per tutti gli altri.**

Quando diciamo "Sia santificato il Tuo nome" preghiamo perché Dio sia conosciuto, amato e servito da tutte le Sue creature. P 151

Quando diciamo "Venga il Tuo regno" preghiamo perché Dio possa venire e regnare nei cuori di tutti con la Sua grazia in questo mondo e ci porti tutti nel Suo regno celeste. P 152

Quando diciamo "Sia fatta la Tua volontà, come in cielo, così in terra" preghiamo che Dio ci permetta, per Sua grazia, di fare la Sua volontà in tutte le cose come i beati fanno in cielo. P 153

Quando diciamo "Dacci oggi il nostro pane quotidiano" preghiamo perché Dio ci dia oggi tutto quello di cui la nostra anima e il nostro corpo hanno bisogno. P 154

Quando diciamo "Rimetti a noi i nostri debiti, come noi li rimettiamo ai nostri debitori" preghiamo perché Dio perdoni i nostri peccati come noi perdoniamo al prossimo le offese fatte a noi. P 155

Quando diciamo "Non ci indurre in tentazione" preghiamo che Dio ci conceda la grazia di non cedere alla tentazione. P 156

Quando diciamo "Liberaci dal male" preghiamo perché Dio liberi sia la nostra anima che il nostro corpo da qualsiasi male. P 157

Torniamo indietro un momento per sottolineare come il Padre Nostro evidenzi in modo chiarissimo il fatto che il primo scopo della preghiera è la lode a Dio Onnipotente. Dobbiamo liberare la mente dal concetto di preghiera come richiesta. La prima metà del Padre Nostro è una lode diretta a Dio Onnipotente: "Padre Nostro, che sei nei cieli, sia santificato il Tuo nome; venga il Tuo regno; sia fatta la Tua volontà, come in cielo, così in terra". La lode viene sempre prima di tutto il resto nella preghiera; solo dopo vengono le suppliche, e anch'esse sono legate alla prima parte. Quando supplichiamo, chiediamo il perfetto compimento della volontà di Dio e, in particolare, che la Sua volontà sia fatta in quella minuscola porzione del creato che solo noi possiamo controllare, vale a dire la nostra anima. La parte del Padre Nostro dedicata alle suppliche inizia con la richiesta che vengano soddisfatti i nostri bisogni materiali, non perché sono i più importanti ma perché, come afferma il principio teologico, "il soprannaturale si fonda sul naturale". La vita di grazia si fonda sulla vita naturale, quindi chiediamo di avere abbastanza sul piano materiale in modo che gli stenti non ci distraggano dal reale scopo della nostra esistenza. Quindi, proseguiamo col chiedere il perdono dei nostri peccati, chiediamo di non essere indotti in tentazione e di essere liberati dal male.

Voglio sottolineare ancora una volta che il primo passo della preghiera è la lode e il secondo è la richiesta, che è sempre legata alla volontà di Dio Onnipotente. Si sente spesso dire, con molta leggerezza, che le preghiere non vengono esaudite, perdendo di vista il fatto che tutte le preghiere devono essere armonizzate con la volontà divina di Dio Onnipotente. Non possiamo aspettarci che Egli ci conceda qualcosa che sia avverso alla nostra santificazione e salvezza; né possiamo, nel profondo del cuore, desiderare qualcosa che costituisca un ostacolo al perfetto compimento della volontà di Dio Onnipotente e di conseguenza alla perfetta realizzazione di noi stessi.

Il Catechismo prosegue quindi con un concetto che abbiamo già affrontato quando abbiamo trattato della Comunione dei Santi. Abbiamo sottolineato che siamo tutti parte l'uno dell'altro perché siamo tutti incorporati nel corpo mistico che è Cristo stesso. Per questo, come è giusto e opportuno,

P 158 **Dovremmo chiedere agli Angeli e ai Santi di pregare per noi perché essi sono nostri amici e fratelli e perché le loro preghiere hanno un grande potere presso Dio.**

Nel Capitolo 9 ho spiegato che, nella tradizione popolare non cattolica, la morte rappresenta un'interruzione dei rapporti umani; pertanto, coloro che appartengono a quella tradizione non pregano più per i defunti né pregano gli angeli e i santi, ma pregano direttamente Dio Onnipotente, dimenticando che Dio Onnipotente è sempre presente e agisce attraverso il nostro prossimo. Egli usa costantemente le persone come tramite della sua grazia e del suo amore per noi, dal momento della nostra concezione e nascita fino ai Sacramenti offertici dalle mani di altri uomini, attraverso l'amore che riceviamo e che doniamo. Tutto questo amore non è altro che l'emanazione dell'amore di Dio Onnipotente per ciascuno di noi. Quando qualcuno dimostra il suo amore e affetto per qualcun altro, in realtà Dio sta usando quella persona come un tramite.

Poiché sopravviviamo alla morte come singoli esseri umani

e non diventiamo parte di un'anonima moltitudine di persone, coloro che ci conoscevano e che ci amavano in questa vita, e per i quali noi stessi provavamo affetto, rivolgono i propri pensieri a noi personalmente. È per questo che la Chiesa cattolica ha sempre portato avanti la pratica dell'invocazione dei santi per scopi specifici, in quanto patroni di paesi, istituzioni e collegi. Questo è giusto e opportuno, perché coloro con i quali stringiamo legami profondi in questa vita si preoccuperanno, nella prossima, di promuovere la nostra santificazione e la nostra salvezza e saranno maggiormente in grado di farlo.

Possiamo dimostrare che gli Angeli e i Santi sanno cosa accade in terra con le parole di Cristo: "Vi è gioia davanti agli angeli di Dio per un solo peccatore che si converte". P 159

CAPITOLO 13

La Beata Vergine

Tra tutti gli angeli e tutti santi, la Beata Vergine occupa un posto unico da tutti i punti di vista: dal punto di vista della dottrina, da quello storico e da quello della vita di devozione di ciascuno di noi. Il consenso dato dalla Madonna all'Annunciazione di diventare la madre di Dio, che celebriamo con la Festa dell'Annunciazione, è il punto di svolta della storia dell'umanità. Il ruolo della Beata Vergine nello schema delle cose è di importanza assolutamente critica, ed è per questa ragione che invochiamo il suo aiuto più di quello di qualsiasi altra creatura.[20] Il Catechismo dice:

> **La principale preghiera alla Beata Vergine utilizzata dalla Chiesa è l'Ave Maria.** P 160
>
> **Ave, Maria, piena di grazia; il Signore è con te; tu sei benedetta tra le donne, e benedetto è il frutto del ventre tuo, Gesù. Santa Maria, Madre di Dio, prega per noi peccatori, adesso e nell'ora della nostra morte.** P 161
>
> **L'Angelo Gabriele e S. Elisabetta, ispirati dallo Spirito Santo, ci hanno dato la prima parte dell'Ave Maria.** P 162
>
> **La Chiesa di Dio, guidata dallo Spirito Santo, ci ha dato la seconda parte dell'Ave Maria.** P 163

Tutta la prima parte dell'Ave Maria è tratta direttamente dalla Sacra Scrittura. "Ave, o piena di grazia, il Signore è con te" (Luca I, 28) sono le parole dell'Angelo Gabriele quando venne ad annunciarle che sarebbe stata la Madre di Dio. E "Tu sei benedetta tra le donne, e benedetto è il frutto del ventre tuo" (Luca I, 42) è il saluto porto alla Vergine Maria da S. Elisabetta quando la Madonna attraversò le montagne per dirle che aspettava un bambino. La Chiesa di Dio ha preso questi due brani e li ha uniti, inserendo quindi i nomi di Maria e di Gesù, e ha infine aggiunto l'invocazione: "Santa Maria, Madre di Dio, prega per noi peccatori, adesso e nell'ora della nostra morte".

Mi auguro che vorrete fare dell'Ave Maria parte integrante delle vostre preghiere. Si tratta di una preghiera assolutamente meravigliosa e, come tutti gli atti di devozione rivolti alla Beata Vergine, è incentrata sull'Incarnazione. La ragione per cui onoriamo la Madonna in questo modo è che, per volere unico di Dio, ha concepito e generato Nostro Signore, che da lei ha tratto la Sua esistenza corporea.

La seconda metà dell'Ave Maria sottolinea un punto importante: ci sono due momenti di un'importanza unica per ciascuno di noi. I due momenti sono: il presente, l'unico sul quale abbiamo il controllo, e l'ora della nostra morte, il momento in cui suggelleremo il nostro destino per sempre.

Dedichiamo troppo del nostro tempo all'evadere il momento presente, distratti come siamo dai rimpianti per il passato e dai timori e dalle preoccupazioni per il futuro, sui quali non possiamo agire nel presente. *Le Lettere di Berlicche*, di C.S. Lewis, contengono un passo molto interessante su questo concetto. Come forse sapete, il racconto raccoglie le lettere scritte da un vecchio diavolo che insegna a un giovane diavolo come tentare l'umanità. Vi propongo un brano dalla Lettera XV:

> *Vogliamo pungolare le ansie della nostra vittima o farla preoccupare? La paura tormentata e la sciocca fiducia sono entrambi stati d'animo utili. La nostra scelta tra i due solleva quesiti importanti.*
>
> *Gli uomini vivono nel tempo, ma il Nemico* [Dio Onnipotente] *li destina all'eternità. Pertanto, io credo, il Nemico vuole che si preoccupino principalmente di due cose: l'eternità stessa e quel punto nel tempo che chiamano Presente. Il Presente è quel punto in cui il tempo incontra l'eternità. Gli umani fanno un esperienza del Presente, e solo del Presente, analoga a quella che il Nemico ha della realtà nel suo complesso; solo nel Presente vengono offerte loro libertà e realtà. Egli vuole pertanto che si preoccupino costantemente dell'eternità (ovvero di Lui) o del Presente, meditando sulla propria eterna unione, o separazione, con Lui, o obbedendo alla voce della coscienza presente, portando la croce presente, ricevendo la grazia presente, rendendo grazie per il piacere presente.*
>
> *Il nostro lavoro è di allontanarli dall'eterno e dal Presente. A questo scopo, a volte cerchiamo di tentare un umano (ad esempio una vedova o uno studioso) e di farlo vivere nel Passato. Questo, però, ha un valore limitato, in quanto essi hanno una conoscenza reale del passato e il passato ha una determinata natura e in questo senso assomiglia all'eternità. È di gran lunga meglio farli vivere nel Futuro. I loro bisogni biologici*

li portano già a indirizzare le proprie passioni in quella direzione, per cui il pensiero del Futuro accende la speranza e la paura. Inoltre, il futuro è loro ignoto, per cui portarli a pensare al futuro vuol dire portarli a fantasticare. In poche parole, il Futuro, tra tutte le cose è quello che assomiglia di meno all'eternità. È il punto del tempo più totalmente temporale, perché il Passato è immobile e non scorre più, e il Presente è illuminato dai raggi di eternità. È per questo che abbiamo incoraggiato in questo modo tutti quegli schemi di pensiero quali l'Evoluzione Creativa, l'Umanesimo Scientifico o il Comunismo, che attirano l'attenzione dell'uomo verso il Futuro, verso il fulcro della temporalità. Quasi tutti i vizi, quindi, affondano le proprie radici nel Futuro. La gratitudine guarda al passato e l'amore al presente; paura, avarizia, lussuria e ambizione guardano al futuro. Non pensare che la lussuria sia un'eccezione. Una volta ottenuto il piacere presente, il peccato (che è la sola cosa che ci interessa) è già finito. Il piacere è solo quella parte del processo che non ci aggrada e di cui faremmo volentieri a meno se potessimo sbarazzarcene senza perdere il peccato; è quella parte alla quale ha contribuito il Nemico, e pertanto ha luogo nel Presente. Il peccato, che è invece il nostro contributo, guardava al futuro.

Il punto che voglio sottolineare della seconda metà dell'Ave Maria è che chiediamo alla Madonna di pregare per noi in quei due momenti eternamente importanti: quel momento preciso, qui e adesso, sul quale abbiamo il controllo e nel quale possiamo fare la volontà di Dio e estendere il Suo regno sulla terra; e quel momento in cui passiamo dal tempo all'eternità, un momento che suggellerà il nostro destino per sempre.

Il Catechismo passa ora al ruolo della Beata Vergine nell'Incarnazione; un ruolo, come ho già detto, cruciale:

Dovremmo dire spesso l'Ave Maria per rammentarci P 164
dell'Incarnazione del Figlio di Dio; e per onorare la
Beata Vergine, la Madre di Dio.

Come ho già sottolineato, il culto della Madonna ruota interamente intorno all'Incarnazione. L'Ave Maria ci ricorda questo evento perché le parole sono le stesse utilizzate dall'Angelo Gabriele per annunciarle che era stata scelta per essere la Madre di Dio. Diciamo spesso l'Ave Maria, quindi, per rammentarci dell'Incarnazione, il mistero centrale di tutta la nostra religione.

P 165 Vi è anche un altro motivo per dire spesso l'Ave Maria: per chiedere alla Beata Vergine di pregare per noi peccatori in ogni momento, ma in modo particolare nell'ora della nostra morte.

P 166 La Chiesa cattolica mostra una grande devozione per la Vergine Maria perché ella è l'Immacolata Madre di Dio.

La risposta successiva fornisce la ragione per cui riteniamo che la Beata Vergine sia la Madre di Dio:

P 167 La Vergine Maria è la Madre di Dio perché Gesù Cristo, suo Figlio, che da lei nacque uomo, non è solo uomo ma è anche veramente Dio.

Vi voglio ricordare qualcosa di cui abbiamo discusso molto in precedenza, quando abbiamo trattato dell'Incarnazione: ci sono state eresie di vario tipo. Alcune davano più importanza alla divinità di Gesù Cristo a scapito della sua umanità, affermando che Egli fosse solo Dio e che la Sua umanità non fosse che una maschera con la quale Egli appariva tra gli uomini. Altre affermavano che Gesù Cristo fosse solo un uomo e che la Sua divinità fosse meramente l'essersi avvicinato a Dio più di chiunque altro. Ma essere Dio è un Assoluto; non possono esistere gradi diversi di divinità. La nostra devozione per la Beata Vergine è proprio la garanzia di ortodossia dell'Incarnazione. Come qualunque madre, non è solo madre di una natura umana; è madre di quella Persona nata in quella natura: ed Egli non è altri che il Verbo che era "presso Dio e Dio stesso" fin dal principio. Per questo motivo chiamiamo la Beata Vergine Madre di Dio. La Persona che ha concepito e generato era sia completamente, o per usare i termini di Calcedonia, perfettamente Dio, sia perfettamente Uomo. Egli ha tratto da lei la Sua umanità, non la Sua divinità, ma lei era nondimeno la madre di quella singola Persona, e quando la adoriamo in quanto Madre di Dio, professiamo con assoluta ortodossia la nostra profonda convinzione che Gesù Cristo fosse sia perfettamente Dio che perfettamente Uomo, che riunisse le due nature in un'unica Persona.

P 168 La Beata Vergine è anche nostra Madre perché, essendo fratelli di Gesù, siamo anche figli di Maria.

Questa risposta individua il legame che esiste tra la Beata Vergine e il corpo di Cristo, la Chiesa. Maria è madre non solo del Suo corpo materiale ma anche del Suo corpo mistico. I cattolici interpretano le parole che Nostro Signore rivolse dalla Croce a San Giovanni come se fossero rivolte a tutti noi: "Figlio, ecco tua madre".

Siamo arrivati all'Assunzione della Beata Vergine in Paradiso:

> **Per Assunzione della Beata Vergine si intende che, per la potenza di Dio, Maria, al termine della sua vita, fu assunta anima e corpo nella gloria eterna per regnare come Regina del Cielo e della terra.**   P 168*a*

> **L'Assunzione della Beata Vergine è un articolo di Fede perché è stata solennemente definita dall'infallibile autorità della Chiesa.**   P 168*b*

Come sapere, noi crediamo che le dottrine non vengano definite dal nulla, inventate dalle autorità ecclesiastiche e imposte ai fedeli. Una definizione è una dichiarazione della Chiesa di ciò in cui credono i cattolici, che è implicito in quella fede che fu trasmessa ai credenti e che è diventato sempre più esplicito con il passare del tempo. La dottrina dell'Assunzione della Madonna in Paradiso fu proclamata da Papa Pio XII molto di recente, nel 1950. Il concetto di Assunzione si è sviluppato con la crescente convinzione del fatto che Maria fosse assolutamente libera dal peccato e dalle conseguenze del peccato; questa credenza è stata custodita nella liturgia per molti secoli prima della sua definizione; *Lex orandi, lex credendi.*

Per tutti i Santi e le figure importanti del Nuovo Testamento esistono dei luoghi che si dice siano la loro tomba e che sono diventati luoghi di culto. È significativo che non esista un luogo del genere per Nostro Signore, che risuscitò dai morti e ascese al Cielo per Suo potere, né per la Madonna, che crediamo sia stata assunta in Cielo corpo e anima per il potere di Dio Onnipotente. Questa, come tutte le dottrine della Beata Vergine, è il riflesso e la conseguenza del fatto che essa fosse libera dal peccato. Noi crediamo che fosse completamente libera dal peccato; per citare una bellissima frase di Wordsworth, la Madonna è "l'unico vanto della nostra natura corrotta". Maria è l'unica eccezione alla Caduta dell'Uomo, perché di tutta la razza umana, lei sola fu concepita e nacque nell'amore e nell'amicizia di Dio Onnipotente. Non fu mai aliena alla Sua Grazia e di conseguenza non subì mai la decomposizione e la corruzione che derivano dal peccato.

Come ho già detto, il culto dei cattolici per la Madonna nasce dalla sua funzione centrale nell'Incarnazione, e di conseguenza dal fatto che Maria rappresenti la garanzia dell'ortodossia di ciò che crediamo per quanto riguarda la natura divina e quella umana, unite nella sola Persona di Gesù Cristo. Esprimiamo la nostra devozione in molti modi: santuari della Madonna come Walsingham nel Norfolk o Lourdes nella Francia meridionale, statue che la raffigurano in ogni Chiesa cattolica, processioni in suo onore, preghiere come l'Ave Maria, di cui abbiamo parlato, e l'Uffizio della Madonna. L'atto di devozione più diffuso in assoluto è il Rosario. Personalmente, lo recito quotidianamente e vi consiglio caldamente di fare altrettanto. È una preghiera meravigliosa, con la quale meditiamo sulla vita di Nostro Signore e chiediamo alla Beata Vergine, Sua e nostra madre, di intercedere per noi.[21]

Alla fine del Catechismo trovate quella meravigliosa preghiera di supplica, il "Salve, o Regina", che viene pronunciata alla fine del Rosario e utilizzata come canto alla fine della Messa letta:

> *Salve, o Regina, madre di misericordia; vita, dolcezza e speranza nostra, salve. A Te ricorriamo, esuli figli di Eva. A Te sospiriamo, gementi e piangenti in questa valle di lacrime. Orsù dunque, avvocata nostra, rivolgi a noi quegli occhi tuoi misericordiosi. E mostraci, dopo questo esilio, Gesù, il frutto benedetto del Tuo seno. O clemente, o pia, o dolce Vergine Maria.*

CAPITOLO 14

I Sacramenti: Battesimo e Cresima

Il Catechismo dice: *Otteniamo la grazia di Dio principalmente attraverso la preghiera* – che abbiamo già esaminato – *e i Sacramenti* (p140). Come abbiamo visto, il Catechismo tratta l'argomento dei Sacramenti in una sezione a parte alla fine dell'opera. Dopo la riflessione sulla preghiera, il Catechismo prosegue con l'esposizione della virtù della Carità. Penso che per i nostri fini sia meglio affrontare gli argomenti nel loro ordine logico e passare direttamente dalla preghiera ai Sacramenti, a partire dalla domanda 249.

Otteniamo la grazia principalmente con la preghiera e i Sacramenti. La preghiera è, come abbiamo visto, l'elevazione della mente e del cuore verso Dio. È un contributo, per così dire, che apportiamo al *nostro* rapporto con Dio; è il nostro aspirare a Dio Onnipotente. I Sacramenti hanno origine da *Dio*; ognuno di essi è stato istituito da Lui. Essi sono il Suo contributo alla nostra salvezza così come la preghiera è il nostro. Ne consegue che i Sacramenti sono incommensurabilmente più importanti e più efficaci della preghiera.[22]

La sezione del Catechismo che riguarda i Sacramenti, come anche altre sezioni, inizia con una definizione. Come quasi tutte queste definizioni, anche questa è molto bella:

Un Sacramento è un segno esteriore della grazia interiore, istituito da Gesù Cristo, attraverso il quale la nostra anima riceve la grazia. P 249

Un Sacramento è un segno esteriore della grazia interiore: vale a dire, un Sacramento deve essere qualcosa di materiale, che invade i nostri sensi, e anche un veicolo di grazia interiore e spirituale. Pertanto dev'essere necessariamente istituito da Gesù Cristo, poiché solo Colui che è Dio può rendere una cosa materiale il tramite della Sua grazia.

In questo, vi è il riflesso delle due profonde verità che abbiamo già discusso: la natura dell'uomo e l'Incarnazione. La natura dell'uomo, come abbiamo detto all'inizio, è duplice; nel linguaggio comune si dice che l'uomo possiede un corpo e un'anima. Questi sono termini assolutamente precisi, ma c'è il rischio di pensare al corpo e all'anima come a due entità separate, messe insieme per la durata della vita umana. È forse più illuminante vedere l'essere umano come un essere uno, unico e indivisibile che opera contemporaneamente su due piani distinti. In breve, l'uomo è essenzialmente un essere spirituale che, attraverso il possesso di un'anima che abita il suo corpo materiale, ha il potere di conoscere e di agire. Corpo e anima sono inestricabilmente congiunti, e interagiscono incessantemente. Le nostre menti possono essere raggiunte solo attraverso i sensi, e solo attraverso i sensi possiamo esprimere ciò che formuliamo nelle nostre menti.

I Sacramenti sono un riconoscimento di questo fatto; sono forme esteriori, visibili e materiali che canalizzano una grazia interiore e invisibile. L'altra verità che i Sacramenti riflettono è l'Incarnazione. Gesù Cristo è un'unica Persona che possiede due nature, quella divina e quella umana. Di conseguenza, ogni sua azione è sia divina che umana. L'Incarnazione è Dio Onnipotente stesso, nella Seconda Persona della Santissima Trinità, che assume la nostra natura umana e, in essa, opera una redenzione che tale natura da sola non può operare.

Pertanto, così come un Sacramento è l'uso da parte di Dio Onnipotente di qualcosa di materiale per uno scopo spirituale e immateriale, così anche l'Incarnazione, poiché in essa Dio Onnipotente attua un suo disegno attraverso la nostra natura umana che va oltre il potere della natura umana stessa, può essere considerata come il Sacramento di tutti i Sacramenti.

Tutti i Sacramenti hanno la stessa caratteristica; sono cose materiali (acqua, imposizione di mani, o pane e vino) alle quali Dio Onnipotente ha conferito il potere di adempiere a uno scopo spirituale al quale da sole non potrebbero adempiere. Ogni frase nella definizione catechistica di un Sacramento è, pertanto, essenziale. Il segno esteriore della grazia interiore, che pervade i nostri sensi e che Dio Onnipotente vuole infonderci, è istituito da Gesù Cristo, poiché nessuno all'infuori di Dio stesso può avere il potere di utilizzare cose materiali in modo tale che, per loro tramite, le nostre anime ricevano la grazia.

Il Catechismo continua la sua analisi dei Sacramenti:

P 250 **I Sacramenti comunicano la grazia a coloro che li ricevono degnamente.**

I Sacramenti sono l'abbondanza dell'amore di Dio Onnipotente che si riversa su di noi. Essi sono enormemente più efficaci dei nostri deboli sforzi per giungere a Dio Onnipotente. I nostri sforzi sono necessari e validi e la nostra cooperazione nei Sacramenti è essenziale, ma i Sacramenti non derivano la loro efficacia da noi, ma da Dio Onnipotente. I nostri tentativi di avvicinarci a Dio Onnipotente, come la preghiera, sono sempre corrotti dalle nostre imperfezioni, dalle nostre distrazioni e dai nostri propositi confusi. I Sacramenti, invece, funzionano inevitabilmente attraverso il potere di Dio Onnipotente. La nostra imperfetta collaborazione è tutto ciò che impedisce ai Sacramenti di renderci Santi. La limitatezza del nostro potere di ricevere ciò che Dio Onnipotente ci offre costituisce l'unico limite. Naturalmente, una totale mancanza di collaborazione può rendere i Sacramenti del tutto inefficaci, ma non c'è inefficacia da parte di Dio Onnipotente.

Ecco perché i Sacramenti sono così determinanti nella pratica della vita cristiana. Essi sono lo strumento supremo per accrescere la conoscenza e l'amore di Dio Onnipotente e per crescere in santità. Essi sono efficaci per la ragione che il Catechismo ci fornisce:

> **I Sacramenti hanno il potere di dare la grazia per i**   P 251
> **meriti del Preziosissimo Sangue di Cristo che vengono**
> **infusi nelle nostre anime.**

e dunque,

> **Dovremmo avere un enorme desiderio di ricevere i**   P 252
> **Sacramenti, poiché essi sono gli strumenti principali**
> **per la nostra salvezza.**

Nelle tre successive domande, il Catechismo inverte quello che si potrebbe pensare sia l'ordine logico: il Catechismo spiega che tre Sacramenti imprimono nell'anima un segno distintivo o "carattere", prima di chiarire quali siano questi Sacramenti. Passiamo, quindi, direttamente alla domanda 255:

> **I Sacramenti sono sette: Battesimo, Confermazione,**   P 255
> **Eucaristia, Penitenza, Estrema Unzione, Ordine e Matrimonio.**

L'ordine nel quale sono disposti può sembrare un po' strano. Ovviamente, questo non è l'ordine in cui essi sono ricevuti; è improbabile che si possano ricevere l'Ordine e il Matrimonio dopo l'Estrema Unzione. La ragione di questa disposizione è che l'Ordine e il Matrimonio sono i Sacramenti di situazioni di vita speciali; essi non sono destinati ad essere ricevuti da chiunque, e raramente possono essere ricevuti dalla stessa persona. Per questo motivo vengono posti in fondo alla lista. I primi cinque sono i Sacramenti che, nell'intenzione di Dio Onnipotente, sono di universale applicazione. È intenzione e disegno di Dio Onnipotente che tutti siano battezzati, tutti siano cresimati, tutti ricevano Nostro Signore nella Comunione, tutti abbiano l'assoluzione dei peccati nella Penitenza e ricevano l'Estrema Unzione (o Sacramento dell'Unzione degli Infermi, come viene spesso chiamato oggi) in caso di malattia grave o di pericolo di morte.

P 253 **Sacramenti del Battesimo, Cresima e Ordine imprimono nell'anima un carattere.**

P 254 **Il carattere è un segno distintivo o sigillo dell'anima che non può essere cancellato; pertanto il Sacramento che lo conferisce non può essere ripetuto.**

Questi tre Sacramenti, Battesimo, Cresima e Ordine, operano un completo cambiamento nell'anima che non può essere cancellato e imprimono un segno o sigillo; con questo, il Catechismo intende che essi durano per sempre, fino alla somma gloria del ricevente in Paradiso, o alla sua più grande confusione nell'Inferno. Il Battesimo prende un uomo che fino a quel momento non era un cristiano, e lo incorpora in quel corpo mistico di Cristo che è la Chiesa. La Cresima è la presenza dello Spirito Santo che conferma e rafforza il processo iniziato dal Battesimo. L'Ordine è un Sacramento per mezzo del quale gli uomini acquisiscono la potestà di offrire il Sacrificio eucaristico. Questi tre Sacramenti non possono essere annullati e nessuno può essere privato dei loro effetti. Per questa ragione non possono essere ripetuti.

Esaminiamo uno per uno tutti i Sacramenti, a cominciare dal Battesimo:

P 256 **Il Battesimo è un Sacramento che ci purifica dal peccato originale, ci rende cristiani, figli di Dio e membri della Chiesa.**

Il Battesimo è il primo dei Sacramenti, il primo ad essere ricevuto e la premessa necessaria a tutti gli altri. È il processo iniziale per mezzo del quale un uomo viene incorporato in quella vite che è Cristo, in quel corpo mistico di cui Egli è il capo, attraverso il quale il divino Figlio comunica con lui e attraverso il quale, di conseguenza, gli effetti soprannaturali della Caduta sono spazzati via. Tutti i Sacramenti simbolizzano ciò che realmente compiono; il simbolo del Battesimo è, naturalmente, il versare l'acqua, il lavar via il peccato originale. La conseguenza dell'eliminazione di tutto ciò che ci impedisce di vivere nell'amore e nell'amicizia di

Dio Onnipotente è che, nell'istante stesso in cui siamo battezzati, diventiamo partecipi della vita di Dio attraverso Nostro Signore Gesù Cristo. La vita divina ci viene comunicata attraverso il Suo sacrificio di redenzione. In quel momento iniziamo a vivere la vita di Dio e le virtù di Fede, Speranza e Carità sono infuse nelle nostre anime. Ciò che ci viene infuso non è che un embrione, una cosa che vive e cresce, che ha bisogno di cure e cooperazione da parte nostra per tutta la vita perché possa continuare a vivere e giungere alla sua piena realizzazione; la realtà, tuttavia, è già presente.[23]

Il Catechismo prosegue:

> **Il Battesimo perdona anche i peccati attuali, insieme a tutte le pene ad essi legate, quando è ricevuto nella giusta disposizione da parte di coloro che sono colpevoli di peccati attuali.** P 257

Se un neonato battezzato muore, pensiamo che sia stato ammesso immediatamente alla Presenza Divina. Il bimbo è, in questo caso, in uno stato di grazia e, non avendo peccati da espiare, gode immediatamente della visione beatifica.

Solo l'ultima delle seguenti risposte richiede un commento:

> **Ministro del Battesimo è il sacerdote; ma chiunque può battezzare in caso di necessità, qualora un sacerdote non fosse disponibile.** P 258

> **Il Battesimo viene amministrato versando l'acqua sul capo del battezzando, pronunciando al tempo stesso queste parole: "Io ti battezzo nel nome del Padre, del Figlio, e dello Spirito Santo".** P 259

> **Nel ricevere il Battesimo si rinunzia al demonio, alle sue opere e alle sue pompe.** P 260

> **Il Battesimo è necessario per la salvezza, perché Cristo ha detto: "Se un uomo non rinasce da acqua e Spirito Santo, non entrerà nel Regno di Dio".** P 261

Credo sia importante, a questo punto, riflettere sull'assoluta necessità del Battesimo e sulla natura esclusiva delle rivendicazioni di Cristo. Dico questo perché è largamente diffusa l'idea, persino tra i cristiani, che tutto ciò che si richiede sia condurre una vita virtuosa e tutto andrà bene. Questo punto di vista ignora completamente il fatto che Cristo è il solo e unico Redentore e che ci ha lasciato la Chiesa quale mezzo per beneficiare di tale redenzione.

Abbiamo discusso dell'affermazione di Cristo di essere il solo Redentore quando abbiamo parlato della rivendicazione della Chiesa di essere il solo strumento di salvezza. Abbiamo visto che la rivendicazione della Chiesa ha significato solo se identifichiamo Cristo con essa. Così come Egli è il solo e unico Redentore, così la Chiesa rivendica di essere l'unico vero strumento per infondere in noi la redenzione. Grazie alla redenzione di Cristo, ciascuno di noi si salva se agisce secondo la propria coscienza, anche se non sa cosa dà valore alla sua vita virtuosa. Una vita virtuosa, a meno che non sia accompagnata dalla Redenzione di Cristo, sarà inefficace per raggiungere il nostro fine soprannaturale. La redenzione operata da Cristo è essenziale; nessuno si può salvare senza di essa. Questa è la prima cosa da chiarire: gli uomini si salvano per mezzo di ciò che Cristo ha fatto, anche quando non sanno cosa conferisce alle loro vite quel valore soprannaturale.

Inoltre, Cristo ci ha lasciato la Chiesa e i Sacramenti come strumenti per infondere in noi la sua Redenzione. Tuttavia, proprio come molti sono salvati nonostante non siano coscienti di ciò che li ha salvati, allo stesso modo Dio Stesso non è vincolato al Suo strumento di salvezza, i Sacramenti. Ho già citato il concetto teologico, Deus non alligatur Sacramentis, "Dio non è vincolato ai Sacramenti". Egli può operare al di fuori del Suo divino progetto di salvezza. Ma per quanto riguarda noi uomini, solo l'ignoranza può scusarci per il fatto di non usare gli strumenti divini per la salvezza. La Chiesa, sebbene abbia sempre creduto all'insegnamento di Nostro Signore in base al quale il Battesimo è essenziale per la salvezza, ha sempre riconosciuto forme equivalenti.

Ad esempio, agli albori della Chiesa, i catecumeni venivano sottoposti a lunghi periodi di preparazione, persino in tempo di persecuzioni. Quei catecumeni che, come a volte accadeva, cadevano sotto il martirio durante la preparazione e non avevano quindi ancora ricevuto il Sacramento del Battesimo per il quale si preparavano, venivano considerati battezzati da quello che si chiama Battesimo di Sangue. Era come se fossero stati effettivamente battezzati dal loro martirio. Allo stesso modo, chi moriva da catecumeno riceveva ciò che tecnicamente viene chiamato Battesimo di Desiderio.

Normalmente, lo stesso vale anche per coloro che vogliono fare la volontà di Dio, per quanto possano comprenderla. Tuttavia, in tempi come questi, in cui si sottovaluta l'enorme importanza della Redenzione, è molto importante sottolineare che Nostro Signore insisteva molto sul fatto di essere l'unico strumento possibile per giungere a Dio Onnipotente, il nostro Divino Padre. Ci può essere perdonato il fatto di non utilizzare gli strumenti di salvezza dal Lui istituiti per ignoranza di essi, e Dio può operare al di fuori di essi; ciò che non possiamo fare è essere a conoscenza di tali strumenti, e tuttavia rifiutarci di utilizzarli.

Passiamo ora al Sacramento della Confermazione. Alla luce dell'attuale usanza di amministrare il Sacramento della Confermazione diversi anni dopo il Sacramento del Battesimo, può stupire che il Catechismo ne parli come del sacramento immediatamente successivo. Il motivo è che, come vedrete, la Cresima non fa che confermare e consolidare quella vita di grazia iniziata con il Battesimo. Per questa ragione, la Cresima dev'essere esaminata in stretto legame con il Battesimo.

> **La Confermazione è il Sacramento attraverso il quale ricevamo lo Spirito Santo per diventare perfetti cristiani e soldati di Gesù Cristo.** P 262
>
> **Ministro della Confermazione è il Vescovo.** P 263
>
> **Il Vescovo amministra il Sacramento della Confermazione pregando affinché lo Spirito Santo possa discendere sui cresimandi; poi con il sacro crisma unge in forma di croce la fronte di ciascuno, pronunciando le parole della forma.** P 264
>
> **Le parole della forma della Confermazione sono: "La pace sia con te".** P 265

La Confermazione è il Sacramento attraverso il quale riceviamo lo Spirito Santo per diventare perfetti cristiani. Riceviamo lo Spirito Santo già con il Battesimo; tutti i Sacramenti, in realtà, infondono lo Spirito Santo, la Terza Persona della Santissima Trinità, nelle nostre anime. Essere in uno stato di grazia significa, per usare le splendide parole di San Paolo, che siamo già tempio dello Spirito Santo (1 Corinzi VI, 19). Dio, la Terza Persona della Santissima Trinità, è nella nostra anima finché siamo in uno stato di grazia. I Sacramenti non fanno che rafforzare questa vita di grazia, e la Confermazione lo fa in modo particolare.

Innanzitutto, la Confermazione conferma e rinsalda lo Spirito Santo che è giunto nella nostra anima attraverso il Battesimo. Questa iniziazione, il Sacramento del Battesimo, ci rende cristiani. Siamo cristiani a partire da quel momento in cui le tre virtù teologali, Fede, Speranza e Carità, vengono infuse nella nostra anima. La Confermazione aggiunge al Battesimo e ci rende forti e perfetti nella fede. Attraverso la Confermazione, quindi, siamo rafforzati.

Il significato dell'ultima parte della risposta 262, "soldati di Gesù Cristo", è che la Confermazione viene considerata il Sacramento attraverso il quale riceviamo la grazia di professare Cristo davanti agli uomini. È come se il Battesimo fosse, in un certo senso, una faccenda privata, con cui riceviamo lo Spirito Santo nella nostra anima. La Confermazione, invece, è ciò che ci dà la forza necessaria per professare pubblicamente la nostra fede, in tutte le circostanze nelle quali questo è difficile, come nei casi di persecuzione o di pressione sociale. Ci rende capaci di adempiere a tutti i doveri di un cristiano che deve testimoniare il messaggio di Cristo.

Lo Spirito Santo conserva quel potere manifestato alla Pentecoste. Il braccio di Dio Onnipotente non si è fatto più corto e la Sua potenza non si è affievolita con il passare del tempo. Lo Spirito Santo discende su di noi nella Confermazione per compiere una missione nella nostra anima simile a quella della prima Pentecoste, conferendoci la forza di professare Cristo davanti a tutti gli uomini.

Poiché la Confermazione è principalmente un Sacramento di rafforzamento, viene amministrata attraverso l'unzione con olio, che è simbolo di forza in quanto, nell'antichità, veniva usato dagli atleti.

CAPITOLO 15

Il sacramento centrale: la Santa Eucaristia

Veniamo ora al Sacramento centrale: la Santa Eucaristia.

L'Eucaristia è il sacramento che, sotto le sembianza del pane e del vino, contiene realmente il Corpo, il Sangue, l'Anima e la Divinità di Nostro Signore Gesù Cristo per il nutrimento delle anime. P 266

Il pane ed il vino sono trasformati nel Corpo e nel Sangue di Cristo per la potenza di Dio, al quale nulla è impossibile o difficile. P 267

Il pane ed il vino sono trasformati nel Corpo e nel Sangue di Cristo quando le parole della consacrazione, stabilite da Gesù Cristo, vengono pronunciate dal sacerdote nella Santa Messa. P 268

Cristo fa dono di Sé Stesso a noi nell'Eucaristia per essere la vita e il nutrimento delle nostre anime. "Così colui che mangia di me vivrà per me;" (Giovanni VI, 57) **"Se uno mangia di questo pane vivrà in eterno."** P 269
(Giovanni VI, 51)

Cristo viene ricevuto interamente anche sotto una sola specie. P 270

Per ricevere meritatamente il Santissimo Sacramento si deve essere in stato di grazia e rispettare il digiuno prescritto; l'acqua non spezza il digiuno. P 271

Essere in stato di grazia significa essere liberi dal peccato mortale e soddisfare Dio. P 272

È peccato grave ricevere la Santissima Comunione in peccato mortale; "perché chi mangia e beve senza riconoscere il corpo del Signore, mangia e beve la propria condanna." (1 Corinzi XI 29) P 273

Infine, per quanto concerne la nostra riflessione:

Il Santissimo Sacramento non è solo un Sacramento; esso è anche un sacrificio. P 274

Prima di tutto, l'Eucaristia è completamente diversa da tutti gli altri Sacramenti per due aspetti estremamente importanti. Per prima cosa, ciò che in tutti gli altri Sacramenti infonde in noi la grazia è qualcosa che di per sé non avrebbe il potere di farlo;

l'acqua non ha il potere di lavare via i nostri peccati; l'olio e l'imposizione delle mani non hanno potere di infondere lo Spirito Santo, e così via. La sola forma esteriore dei Sacramenti è inefficace. I Sacramenti derivano la loro virtù unicamente dal fatto che Nostro Signore Gesù Cristo, che è Dio stesso, ha assunto queste cose materiali e le ha rese strumenti di grazia per noi. L'Eucaristia è diversa da tutti gli altri Sacramenti, perché solo in essa ciò che comunica la grazia nelle nostre anime non è in sé privo di valore. La grazia ci viene comunicata dalla reale e corporea Presenza di Gesù Cristo, Dio e Uomo, interamente Corpo, Sangue, Anima e Divinità. È questo che rende unica l'Eucaristia. In secondo luogo, l'Eucaristia non è solo un Sacramento; è anche un sacrificio. Approfondiremo questo punto più avanti.

Gesù Cristo stesso ci comunica la grazia nel Santissimo Sacramento. L'Eucaristia dovrebbe essere vista come la continuazione dell'Incarnazione. L'Incarnazione, che è il mistero centrale della dottrina cattolica, prosegue in due modi molto importanti, ciascuno dei quali è un mistero quanto l'Incarnazione stessa. Il primo è la sua continuazione nella Chiesa, di cui abbiamo già parlato. La Chiesa è nel vero senso della parola la continuazione dell'Incarnazione: i milioni e milioni di persone che appartengono alla Chiesa cattolica qui sulla terra formano un corpo con Dio Onnipotente. L'Incarnazione continua in questo corpo, il corpo mistico di Cristo stesso. Analogamente, crediamo che l'Incarnazione prosegua anche nell'Eucaristia.

Voglio mettere in evidenza questi concetti; noi cattolici troviamo alquanto singolare come i cristiani non cattolici, che credono nell'Incarnazione, possano pensare che un evento così straordinario possa verificarsi senza dare luogo a conseguenze o ripercussioni altrettanto straordinarie. Pensare all'Incarnazione come a qualcosa fatta una volta per tutte e ormai conclusa significa, in un certo senso, negare completamente lo scopo stesso di Dio.

Ricordo di aver visto alcuni anni fa nella vetrina di una libreria uno dei diversi libri che non ho mai letto solo per via del titolo. Il titolo era *Quando Dio era Uomo*; un simile titolo suggerisce che l'Incarnazione, ad un certo punto, sia terminata. Poiché non ho mai letto il libro, non so se l'autore pensasse che Cristo avesse perso la propria natura umana sul Calvario o alla Resurrezione o all'Ascensione. In ogni caso, l'idea di "quando Dio *era* uomo" è, in partenza, incompatibile con il concetto di Incarnazione come realtà ancora esistente.

L'Incarnazione continua nel corpo resuscitato e asceso al Cielo di Nostro Signore: l'uomo siede alla destra del Padre. L'Incarnazione continua ancora, in forma collettiva, nella Chiesa. Inoltre, Dio Incarnato è sempre con noi nel tabernacolo di ogni Chiesa cattolica. Dio è entrato nella Sua stessa creazione e il Dio-Uomo, Gesù Cristo, è presente sull'altare. Questo è ciò che intendiamo con Presenza Reale di Cristo nell'Eucaristia.

Ho già sottolineato, quando abbiamo esaminato il Credo, che tutti gli articoli vengono meglio compresi se intesi come introduzione o conseguenza dell'Incarnazione; in un certo senso, sono la cornice di questo mistero centrale. Ora, proprio come l'Incarnazione è il centro del sistema della Fede, così l'Eucaristia è il centro del sistema sacramentale.

L'Eucaristia è il centro di tutti i Sacramenti, il Sacramento grazie al quale, in un certo senso, esistono tutti gli altri Sacramenti. Si potrebbe dire che le persone vengano battezzate e cresimate e che i loro peccati vengano perdonati attraverso i Sacramenti del Battesimo, Confermazione e Penitenza, allo scopo di poter ricevere il Sacramento dei Sacramenti, l'Eucaristia. I sacerdoti vengono ordinati in modo che l'Eucaristia venga perpetuata fino alla Seconda Venuta di Cristo. Si potrebbe persino dire che le persone si sposano per generare figli in modo che ci siano persone per ricevere l'Eucaristia. L'Eucaristia è il vero fulcro della vita cristiana.

La centralità dell'Eucaristia è stata spesso rappresentata nell'arte. Probabilmente avrete visto il famoso dipinto fiammingo del quindicesimo secolo, opera di Roger van der Weyden, che mostra l'interno di una Chiesa gotica in cui viene celebrata la Messa dall'Altare Maggiore, e gli altri Sacramenti amministrati tutto intorno. Ricordo di aver visto al Prado un dipinto fiammingo pressappoco dello stesso periodo, una grande rosa a sei petali con l'Eucaristia offerta al centro, e ognuno dei sei petali conteneva rappresentazioni dell'amministrazione degli altri Sacramenti.[24]

Il fatto che l'unico vero strumento di adorazione di Dio Onnipotente possa continuare fino alla fine dei tempi è l'ispirazione cardine di tutta la vita cristiana; è la ragione per la quale esiste la Chiesa. È proprio per questo che considereremo subito l'Eucaristia come un sacrificio, il culto di Dio da Dio, il sacrificio che Cristo ha offerto al Padre per la redenzione dell'umanità.

Vediamo ora il primo aspetto dell'Eucaristia, la Presenza Reale. Noi crediamo che con le parole della consacrazione, il pane ed il vino diventino la reale, vivente Presenza di Gesù Cristo, Dio e Uomo.

Non bisogna dimenticare che la dottrina cattolica fondamentale è quella della Presenza Reale. La transustanziazione, che molti credono erroneamente sia la dottrina cattolica, non è che un modo per *spiegare* la Presenza Reale. Queste persone fondano le loro critiche su questo malinteso, dicendo che transustanziazione è una parola che non si ritrova nei primi secoli della storia della Chiesa, il che è perfettamente vero, e che essa dipende da una filosofia che non fa parte della rivelazione divina.

Nessun sistema filosofico fa parte della rivelazione divina. La divina rivelazione riguarda quelle verità soprannaturali rivelateci da Nostro Signore Gesù Cristo. La Chiesa studia queste verità e usa i concetti propri di altre scienze e filosofie per spiegarle. Ciò che la Chiesa effettivamente intende quando usa un termine come "transustanziazione" è: "Ecco un modo meraviglioso di spiegare ciò in cui abbiamo sempre creduto: vale a dire che Gesù Cristo, Dio e Uomo, è realmente presente sotto forma di pane e vino. L'aspetto, la consistenza e il sapore rimangono gli stessi, ma la sostanza è tramutata nel Corpo, nel Sangue, nell'Anima e nella Divinità di nostro Signore e Salvatore Gesù Cristo".

Il pane e il vino non sono simboli vacui. Quando, nell'Ultima Cena, Cristo prese il pane, Egli disse: "Questo è il Mio corpo" (Marco XIV, 22). Attraverso queste parole Nostro Signore trasformava il pane nel Suo corpo. Le parole: "Questo è il Mio sangue" (Marco XIV, 24), non erano una metafora. Nostro Signore voleva dire esattamente ciò che aveva detto: stava facendo del vino il Suo sangue. Le citazioni delle Scritture usate dalla Chiesa a sostegno dei suoi insegnamenti su ciò che Nostro Signore intendeva con le parole "Questo è il Mio corpo, questo è il Mio sangue", trovano il loro manifesto significato nel sesto capitolo del Vangelo di San Giovanni, che inizia con un resoconto del miracolo della moltiplicazione dei pani e dei pesci, quindi riporta il discorso di Nostro Signore sul miracolo che aveva appena compiuto. Le Sue parole erano profetiche e puntavano all'Eucaristia, che Egli intendeva istituire nell'Ultima Cena per lasciare la Sua costante Presenza in questo mondo dopo la Sua Ascensione al Paradiso.

Questo è tipico dell'insegnamento di Nostro Signore: Egli

usa sovente le cose che lo circondano come esempi per condurci ad una profonda e misteriosa verità, proprio come quando, dopo la cena, passando tra i vigneti verso il Giardino del Getsemani, fu ispirato ad usare il vino come simbolo del Suo rapporto con i Suoi seguaci. Analogamente, la moltiplicazione dei pani e dei pesci è un simbolo dell'Eucaristia che intende istituire. Come fa sovente nei suoi insegnamenti, Egli si ricollega all'Antico Testamento, in questo caso, all'episodio in cui sfamò gli Israeliti con la manna nel deserto.

Vorrei ora rivolgere la vostra attenzione sul Vangelo di Giovanni, versetti VI, 27-67. Questo lungo brano, che preannuncia l'Eucaristia, è molto importante e voglio che lo leggiate attentamente più volte. Ci sono molte cose sulle quali riflettere:

> *In verità, in verità vi dico, voi mi cercate non perché avete visto dei segni, ma perché avete mangiato di quei pani e vi siete saziati. Procuratevi non il cibo che perisce, ma quello che dura per la vita eterna, e che il Figlio dell'uomo vi darà. Perché su di lui il Padre, Dio, ha messo il suo sigillo. Gli dissero allora: "Che cosa dobbiamo fare per compiere le opere di Dio?". Gesù rispose: "Questa è l'opera di Dio: credere in colui che egli ha mandato".*
>
> *Allora gli dissero: "Quale segno dunque tu fai perché vediamo e possiamo crederti? Quale opera compi? I nostri padri hanno mangiato la manna nel deserto, come sta scritto:* Diede loro da mangiare un pane dal cielo. *Rispose loro Gesù: "In verità, in verità vi dico: non Mosè vi ha dato il pane dal cielo, ma il Padre mio vi dà il pane dal cielo, quello vero; il pane di Dio è colui che discende dal cielo e dà la vita al mondo". Allora gli dissero: "Signore, dacci sempre questo pane". Gesù rispose: "Io sono il pane della vita; chi viene a me non avrà più fame e chi crede in me non avrà più sete. Vi ho detto però che voi mi avete visto e non credete. Tutto ciò che il Padre mi dà, verrà a me; colui che viene a me, non lo respingerò, perché sono disceso dal cielo non per fare la mia volontà, ma la volontà di colui che mi ha mandato. E questa è la volontà di colui che mi ha mandato, che io non perda nulla di quanto egli mi ha dato, ma lo risusciti nell'ultimo giorno. Questa infatti è la volontà del Padre mio, che chiunque vede il Figlio e crede in lui abbia la vita eterna; io lo risusciterò nell'ultimo giorno".*
>
> *Intanto i Giudei mormoravano di lui perché aveva detto:*

"Io sono il pane disceso dal cielo". E dicevano: "Costui non è forse Gesù, il figlio di Giuseppe? Di lui conosciamo il padre e la madre. Come può dunque dire: Sono disceso dal cielo?".

Gesù rispose: "Non mormorate tra di voi. Nessuno può venire a me, se non lo attira il Padre che mi ha mandato; e io lo risusciterò nell'ultimo giorno. Sta scritto nei profeti: **E tutti saranno ammaestrati da Dio.** *Chiunque ha udito il Padre e ha imparato da lui, viene a me. Non che alcuno abbia visto il Padre, ma solo colui che viene da Dio ha visto il Padre. In verità, in verità vi dico: chi crede ha la vita eterna.*

Io sono il pane della vita. I vostri padri hanno mangiato la manna nel deserto e sono morti; questo è il pane che discende dal cielo, perché chi ne mangia non muoia. Io sono il pane vivo, disceso dal cielo. Se uno mangia di questo pane vivrà in eterno e il pane che io darò è la mia carne per la vita del mondo".

Allora i Giudei si misero a discutere tra di loro: "Come può costui darci la sua carne da mangiare?". Gesù disse: "In verità, in verità vi dico: se non mangiate la carne del Figlio dell'uomo e non bevete il suo sangue, non avrete in voi la vita. Chi mangia la mia carne e beve il mio sangue ha la vita eterna e io lo risusciterò nell'ultimo giorno. Perché la mia carne è vero cibo e il mio sangue vera bevanda. Chi mangia la mia carne e beve il mio sangue dimora in me e io in lui. Come il Padre, che ha la vita, ha mandato me e io vivo per il Padre, così anche colui che mangia di me vivrà per me. Questo è il pane disceso dal cielo, non come quello che mangiarono i padri vostri e morirono. Chi mangia questo pane vivrà in eterno". Queste cose disse Gesù, insegnando nella sinagoga a Cafarnao. Molti dei suoi discepoli, dopo aver ascoltato, dissero: "Questo linguaggio è duro; chi può intenderlo?". Gesù, conoscendo dentro di sé che i suoi discepoli proprio di questo mormoravano, disse loro: "Questo vi scandalizza? E se vedeste il Figlio dell'uomo salire là dov'era prima? E' lo Spirito che dà la vita, la carne non giova a nulla; le parole che vi ho dette sono spirito e vita. Ma vi sono alcuni tra voi che non credono". Gesù infatti sapeva fin da principio chi erano quelli che non credevano e chi era colui che lo avrebbe tradito. E continuò: "Per questo vi ho detto che nessuno può venire a me, se non gli è concesso dal Padre mio". Da allora molti dei suoi discepoli si tirarono indietro e non andavano più con lui. (Giovanni VI, 27-67)

In questo capitolo di San Giovanni, Nostro Signore istituisce un parallelismo tra l'Incarnazione e la Presenza Reale, due concetti che coloro che ascoltano fanno fatica a comprendere e accettare. Quando Gesù dice: "Io sono il pane disceso dal cielo" (Giovanni VI, 41), gli rispondono, "Costui non è forse Gesù, il figlio di Giuseppe? Di lui conosciamo il padre e la madre. Come può dunque dire: Sono disceso dal cielo?" (Giovanni VI, 42); il loro primo dubbio riguarda quindi la divinità di Nostro Signore Gesù Cristo. Dieci versetti più avanti, le stesse persone discutono tra di loro: "Come può costui darci la sua carne da mangiare?" (Giovanni VI, 52); in questo caso, il dubbio riguarda la Presenza Reale. I due misteri, la divinità di Cristo, il Dio-Uomo, e la Sua Presenza Reale sotto l'aspetto di pane e vino nell'Eucaristia, in realtà sono un unico mistero. L'uno è la continuazione dell'altro, e coloro che rifiutano l'uno rifiutano anche l'altro.

In particolare, voglio che consideriate attentamente la reazione di Nostro Signore nei confronti di coloro che dicono: "Questo linguaggio è duro; chi può intenderlo?" (Giovanni VI, 60). Gesù, conoscendo dentro di sé che i suoi discepoli proprio di questo mormoravano, disse loro: "Questo vi scandalizza? E se vedeste il Figlio dell'uomo salire là dov'era prima?" (Giovanni VI, 61-62). Tradotto nel linguaggio comune, queste parole di Nostro Signore significano: "Se rifiutate questo, cosa direte quando mi vedrete ascendere al Paradiso?" Coloro che ascoltavano avevano difficoltà a credere all'idea della Presenza Reale; in effetti, è impossibile credervi senza il dono della fede. Ma Egli non prosegue dicendo "Mi state prendendo alla lettera, ma io parlo in senso figurato". Al contrario, non solo ribadisce il concetto, ma lo collega anche alla Sua rivendicazione di divinità.

Voglio proporvi un confronto tra questo brano del Vangelo di Giovanni e un passo precedente, l'inizio del terzo capitolo:

> C'era tra i farisei un uomo chiamato Nicodèmo, un capo dei Giudei. Egli andò da Gesù, di notte, e gli disse: "Rabbì, sappiamo che sei un maestro venuto da Dio; nessuno infatti può fare i segni che tu fai, se Dio non è con lui". Gli rispose Gesù: "In verità, in verità ti dico, se uno non rinasce dall'alto, non può vedere il regno di Dio". Gli disse Nicodèmo: "Come può un uomo nascere quando è vecchio? Può forse entrare una seconda volta nel grembo di sua madre e rinascere?". Gli rispose Gesù: "In verità, in verità ti dico, se uno non nasce da

acqua e da Spirito, non può entrare nel regno di Dio" (Giovanni III, 1-5)

Vi è un contrasto tra i due brani; in quest'ultimo, le parole di Nostro Signore sono state fraintese e interpretate letteralmente, quando avrebbero dovuto essere intese in senso metaforico. In questo caso, Gesù illumina subito il Suo interlocutore. Nel passo citato sopra, invece, le Sue parole vengono prese alla lettera, ed Egli sa che i discepoli lo stanno abbandonando perché non riescono ad accettare i Suoi insegnamenti. Tuttavia, Egli non li ferma dicendo: "Mi avete frainteso, dicevo in senso metaforico, non letterale". Perché non lo fa? Perché, in effetti, parlava in senso letterale; voleva dire che l'Eucaristia, che avrebbe istituito all'Ultima Cena, avrebbe contenuto la reale e vivente Presenza di Gesù Cristo, vero Dio e vero Uomo.

Per la grazia di Dio, crediamo nell'effettiva Presenza di Gesù Cristo, Dio e Uomo, Corpo e Sangue, Anima e Divinità, sotto le specie del pane e del vino. Per spiegare questo profondo mistero, la Chiesa utilizza (non dimenticate che tutte le dottrine nelle quali professiamo la nostra fede sono misteri, "verità al di sopra della ragione, ma rivelate da Dio" (p28)) le categorie di Aristotele di sostanza e accidenti.

La filosofia della sostanza e degli accidenti si può sintetizzare così: tutte le cose materiali che conosciamo influiscono su di noi solo attraverso i loro "accidenti" esteriori, quali colore, sapore, peso, forma e via dicendo. Nessuno di questi accidenti, percepibili dai nostri sensi, si identifica con la cosa stessa; essi sono manifestazioni dell'essenza della cosa, alla quale non possiamo giungere direttamente. Conosciamo tutte le cose solo attraverso le sue qualità accidentali, molte delle quali possono cambiare, lasciando inalterata l'essenza dell'oggetto in questione. Il colore, il peso, il sapore e così via possono cambiare, ma l'oggetto in sé non cambia, la sua sostanza non cambia. Gli accidenti sono caratteristiche fisiche attraverso le quali noi conosciamo l'oggetto.

Partendo dalla filosofia della sostanza e degli accidenti, la Presenza Reale deve essere intesa in questo modo: gli accidenti del pane e del vino (il loro aspetto, sapore, consistenza) non cambiano, ma la sostanza del pane e del vino cede il posto alla sostanza di Gesù Cristo stesso.

A questo concetto spesso viene mossa la seguente obiezione: "Come può una filosofia puramente umana essere una parte essenziale della rivelazione divina?" Abbiamo già affrontato questo punto. La risposta, come abbiamo visto, è che questa filosofia puramente umana non fa parte della rivelazione divina. Nondimeno, la Chiesa, che come una persona sviluppa e accresce la sua comprensione di sé e dei suoi insegnamenti, può via via ritenere che nuovi concetti di morale o di filosofia naturale possano fornire la terminologia con la quale spiegare, in modo sempre più chiaro e accurato, ciò in cui ha sempre creduto.

La filosofia di Aristotele di sostanza e accidenti è un approccio puramente naturale a un fenomeno naturale, che non si fonda su alcuna autorità naturale. La Chiesa non fa altro che prendere questo concetto filosofico e dire: "Questo concetto è di grande aiuto. Gli accidenti del pane e del vino non cambiano. Il loro aspetto, sapore, peso, consistenza ecc. rimangono assolutamente inalterati anche dopo le parole di consacrazione. Gli accidenti appaiono immutati, ma il misterioso cambiamento che avviene è questo: la sostanza di ciò che era pane e vino ha ceduto il posto alla reale e vivente Presenza di Gesù Cristo, Dio e Uomo. I nostri sensi percepiscono gli accidenti di pane e vino, ma ciò che riceviamo è Gesù Cristo, Corpo, Sangue, Anima e Divinità, il Dio vivente stesso".

È questo che intendiamo per transustanziazione: è un modo per spiegare la dottrina della Presenza Reale, non la dottrina stessa. La Chiesa, che attraverso la forza delle parole di Nostro Signore stesso consacra il pane come la Sua carne e il vino come il Suo sangue, ha sempre creduto nella Presenza Reale. Il modo in cui oggi la Chiesa spiega la Presenza Reale, attraverso i concetti di sostanza e accidenti, è stato formulato in modo completo nel tredicesimo secolo da Tommaso D'Aquino, il grande teologo domenicano. Il suo grande canto eucaristico *Lauda, Sion*, scritto per la festa del Corpus Domini, contiene una formulazione perfetta di questa dottrina.

La festa del Corpus Domini, che commemora l'istituzione dell'Eucaristia, fu istituita all'inizio del tredicesimo secolo. Nostro Signore ha istituito l'Eucaristia il Giovedì Santo; poiché tale giorno ricorre nella Settimana Santa, l'Eucaristia passa in secondo piano rispetto alla Passione e Morte di Nostro Signore. Per questo motivo, la Chiesa ha deciso di istituire la festa speciale dell'Eucaristia, separata dalle tristi vicende della Settimana Santa, in modo da essere in grado di celebrare, senza traccia di tristezza, l'istituzione del Sacramento ad opera di Nostro Signore. Si dice che quando la festa fu istituita, il Papa commissionò a Tommaso D'Aquino e a S. Bonaventura, il grande teologo francescano del tempo, la composizione di un uffizio per la nuova festa. Quando S. Bonaventura vide ciò che S. Tommaso aveva composto, che è la versione che utilizziamo oggi, distrusse la propria composizione in quanto nulla, a suo avviso, poteva reggere il confronto con quella del suo amico domenicano.

Il canto *Lauda, Sion,* tratto dall'uffizio composto da San Tommaso, merita uno studio approfondito. Permettetemi di analizzare i versi dal 6 al 10, che sono strettamente filosofici e teologici. Il Latino è molto chiaro e, se riuscite a capirlo, troverete affermazioni perfettamente lucide della dottrina che vi ho spiegato in modo così maldestro:

> *Dogma datur Christiánis,*
> *Quod in carnem transit panis,*
> *Et vinum in sánguinem.*

Dogma datur Christiánis, È certezza a noi cristiani, *quod in carnem transit panis,* si trasforma il pane in carne, *et vinum in sánguinem,* si fa sangue il vino.

> *Quod non capis, quod non vides,*
> *Animósa firmat fides,*
> *Præter rerum ordinem.*

Il soggetto di questa frase è *animósa fides*, una fervente fede, *firmat,* conferma, *quod non capis, quod non vides,* ciò che tu non comprendi e non vedi, *præter rerum ordinem,* oltre la natura delle cose.

> *Sub divérsis speciébus,*
> *Signis tantum, et non rebus,*
> *Latent res exímiæ.*

Il soggetto è *res exímiæ*, realtà sublimi, *latent*, si nascondono, *sub divérsis speciébus,* in diverse specie, ovvero le specie di pane e vino, e si nascondono, *signis tantum,* attraverso i soli segni o accidenti di pane e vino, *et non rebus,* non attraverso il pane e il vino stessi.

> *Caro cibus, sanguis potus:*
> *Manet tamen Christus totus,*
> *Sub utráque spécie.*

Caro cibus, il cibo è carne, *sanguis potus:* il sangue è bevanda, *manet tamen Christus totus,* ma rimane Cristo intero, *sub utráque spécie,* in ciascuna specie.

> A suménte non concísus,
> Non confráctus, non divísus:
> Integer accípitur.

A suménte non concísus, Chi lo mangia non lo spezza, *non confráctus, non divísus:* né separa, né divide, *Integer accípitur,* intatto lo riceve.

> Sumit unus, sumunt mille:
> Quantum isti, tantum ille:
> Nec sumptus consúmitur.

Sumit unus, sumunt mille, che lo riceva uno o lo ricevano mille, *quantum isti, tantum ille,* lo ricevono tutti in egual misura, *nec sumptus consúmitur,* né Egli si consuma.

> Sumunt boni, sumunt mali:
> Sorte tamen inæquáli,
> Vitæ vel intéritus.

Sumunt boni, sumunt mali, ricevono i buoni e ricevono gli empi, *sorte tamen inæquáli,* ma la loro sorte è diversa, *vitæ vel intéritus,* vita per i buoni e morte per gli empi.

> Mors est malis, vita bonis:
> Vide paris sumptiónis
> Quam sit dispar éxitus.

Mors est malis, vita bonis, morte agli empi e vita ai buoni, *paris sumptiónis,* nella stessa comunione, *vide quam sit dispar éxitus,* vedete quanto è diverso l'esito.

> Fracto demum Sacraménto,
> Ne vacílles, sed memento,
> Tantum esse sub fragménto,
> Quantum toto tégitur

Fracto demum Sacraménto, quando il sacramento viene finalmente spezzato (l'Ostia viene spezzata dal sacerdote nella Messa), *ne vacílles, sed memento,* non temere, ma ricorda, *tantum esse sub fragménto, quantum toto tégitur,* Cristo è tanto in ogni parte, quanto nell'intero.

Le successive quattro righe sono il culmine della composizione. San Tommaso insiste molto sul concetto che la Presenza

Reale non può essere spezzata o divisa, e lo spiega in modo perfetto con questi versi:

> Nulla rei fit scissúra:
> Signi tantum fit fractúra:
> Qua nec status nec statúra
> Signáti minúitur.

Nulla rei fit scissúra, non si divide la cosa in sé, *signi tantum fit fractúra*, è diviso solo il segno, *qua nec status nec statúra*, né la condizione ne la dimensione, *signáti minúitur*, della realtà sono diminuite.

Entrambi gli elementi consacrati, il solo pane o il solo vino, custodiscono la Presenza Reale di Nostro Signore, indipendentemente dalla quantità del pane consacrato o del vino consacrato. Cristo è presente tanto nella più piccola briciola dell'Ostia consacrata quanto nell'intero pisside.

Questo spiega perché non crediamo di disubbidire a ciò che ordina Cristo quando diamo la comunione sotto una sola specie. Cristo ordina di dare al comunicando la Presenza Reale. La consuetudine, diffusa nei paesi occidentali (sebbene vi siano state di recente delle importanti modifiche), di dare la Comunione solo sotto la specie del pane è una scelta puramente pratica dettata dall'esigenza di evitare che si rovesci il vino e di evitare contagi. Quando questa pratica viene criticata, come dagli eretici che dicono: "Se date solo una specie non fate ciò che vi ordina Nostro Signore", la Chiesa risponde con la giustificazione dogmatica di questa consuetudine nata come misura di natura puramente pratica; nel ricevere anche solo una delle specie consacrate si ricevono Corpo, Sangue, Anima e Divinità di Gesù Cristo nella loro interezza.

Forse ricorderete che, all'inizio della nostra riflessione sui Sacramenti, ho spiegato che il Santissimo Sacramento è unico sotto due aspetti. Il primo è che solo in esso vi è la Presenza Reale di Nostro Signore e Salvatore Gesù Cristo; il secondo, che esaminiamo ora, è che di tutti i Sacramenti, solo l'Eucaristia è anche un Sacrificio. Come sempre, partiamo da una definizione; come tante prima di essa, anche questa definizione è splendida:

P 275 **Il Sacrificio è la pubblica offerta a Dio di una vittima, per professare che Egli è il Creatore e Signore supremo.**

Questo è un altro esempio di quanto sia coerente e omogenea la rivelazione cristiana; ancora una volta, riprendiamo un concetto che abbiamo già affrontato. L'idea del sacrificio si ricollega a una delle nostre primissime riflessioni, sulla quale siamo ritornati più volte: Dio è l'unico Essere necessario. Tutte le altre cose esistono solo perché Lui le ha chiamate in essere e le mantiene in essere, e solo perché Egli esercita la Sua potenza creatrice e conservatrice su di esse. Solo Lui esiste in sé.

Il Sacrificio è l'espressione rituale di questo fatto. L'idea di sacrificio è comune a tutta la razza umana; è presente nell'Antico Testamento e nelle antiche religioni greche e romane, per fare solo degli esempi. L'idea che lo ispira è prendere una cosa materiale, la cosa più preziosa che si possiede, la pecora migliore del gregge, i migliori frutti della terra, offrirla a Dio Onnipotente in onore del Suo assoluto dominio su ogni cosa, e distruggerla come per restituirne l'esistenza a Colui dal quale tale esistenza emanava. Restituire a Dio Onnipotente quanto di meglio abbiamo, per riconoscere la nostra totale dipendenza da Lui, sembra essere qualcosa di istintivo che accomuna tutta la razza umana.

Il Sacrificio della Nuova Legge è la Santa Messa. P 276

La Santa Messa è il Sacrificio del Corpo e del Sangue di Gesù Cristo, realmente presente sotto le specie del pane e del vino, che è offerta a Dio dal sacerdote sull'altare, per i morti e per i vivi. P 277

Il Sacrificio della Messa è il Sacrificio stesso della Croce, in quanto Cristo, che offrì Sé stesso sulla Croce al Padre, continua a offrire Sé stesso sull'altare, attraverso i suoi sacerdoti. P 278

Il Sacrificio della Messa si offre per quattro ragioni: per onorare e glorificare in modo sommo Dio; per ringraziarlo per la Sua bontà; per soddisfare Dio per i nostri peccati; per ottenere tutte le altre grazie e benedizioni attraverso Gesù Cristo. P 279

Il cristianesimo, che crediamo sia la rivelazione completa e definitiva di Dio all'umanità, esprime qui in modo così completo ciò che tante altre religioni fanno fatica a raggiungere. Al centro del nostro culto è il Sacrificio della Messa, nel quale il pane e il vino vengono offerti a Dio Onnipotente e, attraverso le parole di consacrazione, trasformati in Dio stesso. In questo modo offriamo all'Essere supremo l'unica cosa degna di Lui, il culto di Dio con Dio.

Noi crediamo che la Messa non sia altro che la continuazione del Sacrificio del Calvario, il culto del Padre con il Figlio, che compie fino in fondo il volere del Padre ottenendo così la soddisfazione per tutti i peccati del mondo, lavandoli via. Nonostante l'enorme differenza tra la visione terrificante di Gesù Cristo, Dio e Uomo, che viene torturato a morte sulla Croce, e quella incruenta della celebrazione della Messa in una Chiesa cattolica, crediamo che il sacrificio della Messa sia identico al sacrificio del Calvario, in quanto in entrambi il sacerdote e la vittima si identificano.[25]

Il fatto che Cristo sia la Vittima nella Messa è una conseguenza del fatto che crediamo nella Presenza Reale. Cristo è il sacerdote perché il sacerdote umano che vedete all'altare non è altro che lo strumento attraverso il quale opera Nostro Signore. Noi crediamo che sia Lui ad offrire tutti i Sacrifici della Messa anche se, poiché Egli è asceso il Cielo, non possiede più un corpo in terra per offrire il Sacrificio della Messa. Egli utilizza le mani e la bocca di una delle Sue creature e perpetua il sacrificio attraverso il sacerdote. Nostro Signore è il solo Sacerdote, così come è la sola Vittima. Il sacerdote umano non fa che prestare il suo corpo a Gesù Cristo, attraverso il quale Egli opera.

Allo stesso modo, il sacerdote presta il suo corpo al corpo mistico di Cristo, la Chiesa. Come sapete, crediamo che nella Chiesa vi sia un sacerdozio comune, che unisce i fedeli con il Re del Cielo; "voi siete il sacerdozio regale" (1 Pietro II, 9 VA). Coloro che rinascono nel Battesimo si uniscono nell'offerta dell'Eucaristia in virtù di questo sacerdozio regale, reso efficace dal celebrante.

La Chiesa, però, ha bisogno di una partecipazione essenzialmente diversa al sacerdozio di Cristo per poter agire nella persona di Cristo come Egli fece all'Ultima Cena, quando consacrò il pane e il vino nel Suo stesso Corpo e Sangue. Senza questo sacerdozio pastorale, coloro che dal Battesimo possiedono il sacerdozio regale non avrebbero la Vittima del Calvario da offrire a Messa. Per questa partecipazione assolutamente unica al sacerdozio, Nostro Signore ha dato alla Sua Chiesa il Sacramento dell'Ordine, di cui discuteremo nel Capitolo 17.

La premessa di Adrian Fortescue alla sua edizione del Messale, pubblicata per la prima volta nel 1912, espone meravigliosamente questa identità tra il Sacrificio del Calvario e il Sacrificio della Messa:

> La Chiesa di Cristo conosce un solo sacrificio, quello del Corpo e Sangue di Cristo, offerto per noi una sola volta sulla Croce. Gli Ebrei avevano molti sacrifici e molti sommi sacerdoti. Noi abbiamo un solo Sommo Sacerdote, Cristo, e un tabernacolo migliore, non costruito da mano di uomo. Non con sangue di capri e di vitelli, ma con il proprio sangue entrò una volta per sempre nel santuario, procurandoci così una redenzione eterna (Ebrei IX, 11). La Croce è l'unico sacrificio conosciuto dai cristiani.
>
> Tuttavia, ci viene detto che nel regno del Messia "in ogni luogo è offerto incenso al mio nome e una oblazione pura, perché grande è il mio nome fra le genti, dice il Signore degli eserciti" (Malachia I, 11). Noi abbiamo un altare, un luogo di sacrificio, sul quale possiamo mangiare (Ebrei XIII, 10). In che senso si può dire che mangiamo del sacrificio della Croce? Lo facciamo quando riceviamo l'Eucaristia, perché nell'Eucaristia Nostro Signore ci dà non solo il Suo Corpo e il Suo Sangue, ma il Corpo spezzato per noi, il Sangue versato per noi (1 Corinzi XI, 24); (Matteo XXVI, 28), ovvero il sacrificio del Suo Corpo e del Suo Sangue.
>
> L'Eucaristia, perciò, è un vero sacrificio, lo stesso sacrificio della Croce. La stessa Vittima, offerta dallo stesso Sommo Sacerdote; la stessa offerta. Non aggiunge nulla all'unico sacrificio offerto una volta per sempre; essa è quel sacrificio. Cristo, il nostro Sommo Sacerdote, sempre vivo per intercedere a nostro favore (Ebrei VII, 25) , continua nell'Eucaristia l'atto di oblazione iniziato il primo Venerdì Santo.
>
> Ogni sacrificio è composto da due elementi, l'uccisione della vittima e l'atto attraverso il quale la vittima è offerta a Dio. L'uccisione della vittima non si ripete in nessun modo; se si ripetesse, si potrebbe considerare la Messa quanto meno come una ripetizione del sacrificio. Invece, la vittima, Nostro Signore, fu ucciso una sola volta sulla Croce e non si può ripetere: "Cristo risuscitato dai morti non muore più; la morte non ha più potere su di lui" (Romani VI, 9). Ciò che continua è l'offerta della vittima, uccisa una sola volta fuori città sotto il regno di Tiberio. Né l'Eucaristia è una ripetizione: è la continuazione dello stesso atto di oblazione. Nostro Signore offrì Sé stesso sulla Croce per noi; Egli non cessò l'offerta quando

il soldato infilzò il Suo fianco; sempre vivo come Sacerdote per intercedere a nostro favore, Egli continua a offrire a Suo Padre, attraverso il sacerdozio del Suo prete, il corpo spezzato, il sangue versato allora una volta per sempre.

Dietro l'altare dal quale si offre il sacrificio della messa c'è sempre un crocifisso, per ricordarci che l'uccisione è avvenuta una volta per sempre sul Calvario, sebbene l'offerta di quel sacrificio continui. La Messa ha, per così dire, un piede nella chiesa nella quale viene celebrata, e l'altro sul colle del Calvario.

P 280 **La Messa è anche commemorazione della Passione e Morte di Nostro Signore, perché Cristo disse all'Ultima Cena: "Fate questo in memoria di Me".**

Questo è un ulteriore esempio del fatto che il Catechismo fu scritto prevalentemente per correggere gli errori protestanti. Nella grande rivolta del sedicesimo secolo, il concetto di Messa come sacrificio veniva abbandonato, e la Messa veniva considerata come mera commemorazione della Passione e Morte di Nostro Signore.

È inevitabile che la Messa sia una commemorazione e obbedisca all'ordine di Nostro Signore, "Fate questo in memoria di Me" (Luca XXII, 19). Tuttavia, il concetto che il Catechismo sottolinea è che la Messa è molto più che una commemorazione. Una commemorazione è qualcosa di inerte, inefficace, laddove il sacrificio della Messa è un'offerta efficace del Sacrificio del Calvario. È per questa ragione che la Chiesa insiste tanto sulla centralità dell'Eucaristia come atto di culto e sull'importanza di cercare di ascoltare la Messa almeno ogni domenica.

Questo spiega la tendenza da parte dei cattolici a collegare al Sacrificio della Messa tutti gli atti più importanti della nostra vita, per cui la consacrazione dei Vescovi e l'ordinazione dei preti avvengono durante la Messa, così come accadeva in passato per l'incoronazione dei re. Tali importanti eventi vengono in questo modo inclusi nell'atto sommamente importante del culto di Dio con Dio. Per fare un esempio ancora più comune, la celebrazione di un matrimonio cattolico avviene idealmente all'interno della celebrazione della Messa nuziale. Quanto di più importante accade nel mondo dovrebbe essere incluso e reso una cosa sola con il supremo atto del culto di Dio con Dio.

Terminiamo qui la nostra riflessione sull'Eucaristia. Per riepilogare, abbiamo iniziato esaminando i due aspetti nei quali l'Eucaristia è unica rispetto agli altri Sacramenti: prima di tutto, il fatto che essa contiene la Presenza vivente di Cristo stesso, l'autore della grazia e, in secondo luogo, il fatto che l'Eucaristia non è solo un Sacramento, ma anche un sacrificio. Abbiamo iniziato esaminando la natura oggettiva della Presenza Reale, in particolare come anticipato nel sesto capitolo del Vangelo di S. Giovanni. Quindi, abbiamo proseguito con una riflessione su come il concetto di oggettiva realtà della Presenza di Cristo venga spiegato dalla Chiesa in termini di transustanziazione; vi ho consigliato il *Lauda, Sion* di S. Tommaso in quanto questo canto sintetizza in modo molto lucido la spiegazione dell'Eucaristia e le sue conseguenze.

Siamo quindi passati a considerare l'unicità dell'Eucaristia anche in un altro senso, vale a dire che essa è anche un sacrificio. Abbiamo riflettuto sul fatto che il sacrificio è un gesto istintivo che accomuna tutto il genere umano, che cerca in questo modo di esprimere in forma liturgica o rituale la consapevolezza del fatto che tutte le cose derivano la propria esistenza unicamente da Dio Onnipotente. Nel corso della storia, gli uomini hanno scelto quanto di meglio possedevano per offrirlo in sacrificio a Dio Onnipotente, come simbolo del Suo totale dominio, e l'hanno distrutto, come simbolo del ritorno della cosa creata al suo Creatore. Noi crediamo che questo concetto, che molte religioni cercano di esprimere, sia invece perfettamente espresso nella sua interezza nel Sacrificio del Calvario, l'unico adeguato atto di culto di Dio Onnipotente. Il Calvario, infatti, è il culto di Dio con Dio, la totale sottomissione del Figlio al Padre per il compimento del volere del Padre.

CAPITOLO 16

La Penitenza

Proseguiamo ora con il Sacramento della Penitenza, comunemente chiamato Confessione. Ancora una volta partiamo da una definizione:

La Penitenza è il Sacramento con il quale ci vengono perdonati i peccati, sia mortali che veniali, che abbiamo commesso dopo il Battesimo. P 281

Il perdono di Dio, naturalmente, è supremo; non sorprende, dunque, che la Chiesa si riferisca oggi a questo sacramento come al "Sacramento di Riconciliazione".

Ancora una volta vediamo la concordanza e la coerenza dell'intera rivelazione Cristiana come è stata proposta dalla Chiesa Cattolica. La necessità del Sacramento della Penitenza o Riconciliazione dipende dall'eventualità che si possano commettere peccati dopo il Battesimo. Il Battesimo è la nostra incorporazione in Cristo, ma ci lascia liberi. Persino dopo la nostra unione in Cristo col Sacramento del Battesimo, rimaniamo liberi e possiamo allontanarci dal volere di Cristo, separandoci in tal modo da Lui.

La tradizione protestante del sedicesimo secolo respinge completamente il concetto di Confessione e con esso il Sacramento della Penitenza, in parte perché vedeva il sacerdote come una barriera tra il Creatore e le sue creature (i cattolici, ovviamente, vedono il sacerdote come un mezzo per arrivare alla grazia di Dio, non un ostacolo al suo raggiungimento) e in parte per una ragione fondamentalmente filosofica più che teologica. La controversia deriva da un diverso concetto di libero arbitrio. La Chiesa cattolica insegna che la nostra volontà è libera e rimane libera, per quanto sottoposta ad alcune condizioni, per tutta la vita. Fino al giorno della nostra morte possiamo condurre la nostra volontà alla volontà di Dio Onnipotente o possiamo allontanarci da essa. Questa deviazione è il peccato, l'allontanarsi della nostra volontà e della nostra mente dalla volontà e dalla mente del Creatore. Nella visione estremistica calvinista, invece, colui che accetta di essere salvato da Cristo non solo non peccherà più, ma non sarà proprio in grado di farlo. Se dovesse peccare ancora, significherebbe che la sua conversione non è stata sincera. Pertanto, se seguite la dottrina della giustificazione attraverso la sola fede, prima sostenuta da Lutero e poi sviluppata da Calvino, e se credete che a partire dal momento stesso della conversione la vostra volontà combaci inalterabilmente con quella di Cristo, non vedrete alcuna necessità di un Sacramento riparatore che ci riconduca alla grazia di Dio.

L'obiettivo principale del Sacramento della Penitenza è quello di ottenere nuovamente la grazia di Dio quando, attraverso un peccato volontario, l'abbiamo perduta. La Penitenza è lo strumento attraverso il quale la nostra mente e la nostra volontà sono riconciliate con la mente e la volontà di Dio Onnipotente, in modo da essere restituiti alla vita di grazia e reintegrati nel corpo mistico di Cristo. Tuttavia, l'istituzione cristiana del Sacramento della Penitenza ha un altro scopo oltre a quello primario appena descritto: lo scopo di accrescere la grazia di Dio nell'anima.

Il Catechismo continua:

P 282 **Oltre a perdonare i peccati, il Sacramento della Penitenza accresce la grazia di Dio nell'anima; dovremmo, perciò, confessarci spesso.**

Si può dire che tutti i Sacramenti abbiano una duplice finalità. Ognuno di essi ha uno scopo principale; lo scopo ovvio e immediato del Battesimo è quello di unirci a Cristo, quello dell'Eucaristia è di nutrirci di Cristo, quello dell'Unzione degli Infermi è di fortificarci quando siamo malati e prepararci per il passaggio dal tempo all'eternità. Tutti, però, hanno anche un'altra finalità: accrescere la grazia di Dio nelle nostre anime. I due Sacramenti che possiamo ricevere regolarmente sono l'Eucaristia e il Sacramento della Penitenza. Vi sarà forse capitato di sentire pronunciare dai Cattolici la frase: "andare a ricevere i Sacramenti", intendendo, naturalmente, questi due Sacramenti. La nostra vita in Cristo dipende principalmente dal ricevere i Sacramenti e dalla frequenza e dal fervore con i quali li riceviamo. Il Catechismo, nella risposta alla domanda 282, mette giustamente in evidenza il fatto che "*Oltre* a perdonare i peccati, il Sacramento della Penitenza accresce la grazia di Dio nell'anima; dovremmo, perciò, confessarci spesso".

Si sente dire, talvolta anche da cattolici, che mentre in epoche passate le persone si confessavano solo se avevano peccati gravi da farsi perdonare, oggi c'è la tendenza a confessarsi troppo spesso in modo quasi meccanico. Mi fa sempre sorridere vedere come chi sostiene ciò rivendichi per sé quella che chiama "analisi in profondità", non ammettendo mai analisi simili sui primi periodi di diffusione della Chiesa. Senza dubbio, il Sacramento della Penitenza veniva ricevuto con minor frequenza in passato di quanto sia poi accaduto per molti secoli. Ma la Chiesa elabora sempre più profondamente le verità in cui ha sempre creduto, e ne fa crescente uso. Nel corso dei secoli, essa è giunta a considerare l'enorme valore del Sacramento della Penitenza per il suo obiettivo secondario, vale a dire accrescere la grazia di Dio nell'anima. La pratica di confessarsi una volta alla settimana, quindi, deve essere incoraggiata tra i cattolici ferventi, anche se conducono vite esemplari.

Io esorto sempre le persone che cominciano la loro vita cattolica a non lasciar passare mai un mese senza confessarsi. I cattolici che vivono lo slancio dei primi tempi spesso credono che la pratica che suggerisco loro non sia molto impegnativa. Credo fermamente nel valore, all'inizio della vita cattolica, di stabilire un ideale di stretta osservanza di una pratica moderata che si possa seguire per tutta la vita. Arricchite questa pratica con tutto il fervore possibile, ma non allontanatevene mai. In ogni occasione, fate tutto il possibile per accrescere la vostra vita spirituale, mantenendo sempre la certezza di un impegno saldo ma non troppo gravoso. Iniziate, quindi, con la ferma intenzione di andare a confessarvi e ricevere la Comunione, diciamo, la prima domenica di ogni mese. Non fatevi scoraggiare dai critici che dicono che fare qualcosa per abitudine è un gesto meccanico privo valore. È molto probabile, al contrario, che le cose che si fanno sull'ispirazione del momento vengano presto abbandonate.

Questo è particolarmente vero nel caso della Confessione. Se vi confessate in modo assolutamente regolare, la Confessione non incuterà il timore che suscita in alcuni, soprattutto in coloro che la trascurano fino a quando non si rendono conto di aver commesso un peccato mortale. Per queste persone diventa molto più difficile confessarsi, come andare a fare una visita dal dentista. Se si va con regolarità, sarà raro trovarsi a dover fare un intervento serio.

Ne *The End of the House of Alard*, di Sheila Kaye-Smith (Cassell, Londra, 1923), Miss Jenny Alard, figlia del signorotto locale, parla con il fattore:

> *Lei guardò le sue mani... erano pulite, ma non come erano pulite le mani di Peter o di Jim o di suo padre; suggerivano uno sforzo, piuttosto che un'abitudine, che si lavasse*

quando era sporco per essere pulito anziché lavarsi per evitare di sporcarsi...

Una descrizione, questa, che potrebbe benissimo riferirsi all'importanza di confessarsi regolarmente.

Il Catechismo continua:

P 283 **Nostro Signore istituì il Sacramento della Penitenza quando parlò agli Apostoli e diede loro il potere di perdonare i peccati, dicendo: "A chi rimetterete i peccati saranno rimessi".**

P 284 **Il sacerdote perdona i peccati con l'autorità di Dio, quando pronuncia le parole di assoluzione.**

P 285 **Le parole di assoluzione sono: "Io ti assolvo dai tuoi peccati, nel nome del Padre, del Figlio e dello Spirito Santo.**

P 286 **Si richiedono al penitente tre condizioni per il perdono: dolore, confessione e soddisfazione.**

L'approccio del Catechismo a questa sezione mi stupisce sempre un po'; trovo singolare il fatto che si parli delle tre condizioni richieste al penitente, senza fare cenno delle condizioni richieste al sacerdote. Da parte del penitente sono richiesti Dolore, Confessione e Soddisfazione. Purtroppo, queste parole, così come molti termini tecnici usati nel Catechismo, hanno un significato molto diverso nel linguaggio comune.

Il Dolore, con il quale iniziamo, è la condizione di base:

P 287 **Il Dolore è un sincero dispiacere per i nostri peccati, perché con essi abbiamo offeso Dio e la sua grande bontà, accompagnato a un deciso proposito di migliorare.**

Preferisco l'uso della parola "dispiacere" piuttosto che "dolore", in quanto credo veicoli meglio il significato.

P 288 **Un deciso proposito di riparazione significa volontà di evitare, con la grazia di Dio, non solo il peccato ma anche le pericolose occasioni di peccare.**

P 289 **Possiamo raggiungere un sincero dispiacere per i nostri peccati pregando ardentemente, e facendo considerazioni che possano condurci ad esso.**

Sembra che ci sia una lieve differenza stilistica a questo punto del Catechismo, che per la maggior parte è straordinariamente semplice e chiaro nel suo linguaggio. Alla risposta 289 manca quella forza che contraddistingue il resto del Catechismo.

Questa considerazione riguardante Dio ci porta al Dolore per i nostri peccati: a causa dei nostri peccati noi abbiamo offeso Dio, che è il sommo Bene e la fonte di ogni nostro bene. P 290

Questa considerazione riguardante il nostro Salvatore ci porta al Dolore per i nostri peccati: il nostro Salvatore è morto per i nostri peccati, e coloro che peccano gravemente "crocifiggono di nuovo il Figlio di Dio e lo espongono all'infamia". (Ebrei VI, 6) P 291

Quando andiamo a confessarci, è sufficiente il Dolore per i nostri peccati, poiché a causa loro abbiamo perso il Paradiso e abbiamo meritato l'Inferno. P 292

Ora, tutte queste argomentazioni riguardano il dispiacere o, come lo chiama il Catechismo, il "Dolore", per i peccati commessi. È importante sottolineare che, sebbene il Catechismo fornisca le ragioni di dispiacere che possono suscitare i nostri sentimenti, in queste questioni i sentimenti hanno un valore assolutamente marginale.

Il Dolore per i peccati è un atto di volontà. Ho già spiegato che nel giorno del giudizio ognuno di noi sarà giudicato solo per l'uso che ha fatto dei propri pensieri e delle proprie azioni, le uniche due cose sulle quali abbiamo il controllo. Possiamo controllare ben poco i nostri sentimenti e al massimo lo possiamo fare indirettamente. Non siamo mai costretti a sentire qualcosa. È infinitamente più facile, però, che il volere coincida con il sentimento; per questo, come ho accennato in precedenza, esiste una preghiera per il dono delle lacrime, che si può trovare nel Messale. Il sentimento di Dolore è un grande aiuto per pentirsi, ma pentirsi è un atto della volontà, attraverso il quale riconduciamo la nostra volontà alla volontà di Dio Onnipotente e decidiamo che mai più abuseremo del dono supremo del libero arbitrio che Egli ci ha offerto; da quel momento in poi, siamo determinati ad usare la nostra volontà per fare la Sua volontà e perseguire il Suo scopo.

Con il Dolore, il nostro scopo è ricondurre la nostra volontà a quella di Dio Onnipotente. Certo, chiediamo di avere sentimenti corrispondenti a questa decisione, poiché è chiaramente molto più semplice volere ciò che si sente, ma la cosa più importante è volere ciò che vuole Dio Onnipotente.

Tale intenzione include inevitabilmente ciò che il Catechismo chiama "un deciso proposito di migliorare". A meno che non vi sia una reale intenzione di evitare il peccato nel futuro, non si può dire di avere ricondotto la volontà alla volontà di Dio Onnipotente. Ricordate sempre che non ci è richiesto di predire il futuro, ma solo di volere nel presente. Quando facciamo un atto di Dolore non diciamo, "Non peccherò mai più". Chi può saperlo, visto quanto siamo deboli? No, ciò che diciamo è "Non voglio peccare più". Ciò che importa è la salda intenzione della volontà, qui e ora, di non offendere mai Dio Onnipotente. Attraverso la sua grazia siamo determinati a non offenderlo più. Questo non significa che non accadrà mai più; se per debolezza ricadrò ancora nel peccato, non per questo il mio atto di volontà nel presente non è sincero.

Ricordate che quando alcuni dicono, come spesso fanno: "Se ricadi nel peccato, come poteva essere vero il tuo pentimento?", è come se chiedessero ad un uomo che si è ammalato: "Che valore aveva la tua determinazione a rimanere in buona salute?". Il paragone è inesatto, poiché la malattia difficilmente è volontaria.

Il Catechismo distingue ora tra Dolore perfetto e Dolore imperfetto:

P 293 **Il Dolore perfetto o contrizione è il dispiacere per i peccati commessi, perché sono un'offesa a Dio nostro Padre.**

P 294 **Il Dolore perfetto ha un valore speciale: per esso i nostri peccati sono dimenticati immediatamente, anche prima di averli confessati; ciononostante, se sono peccati gravi, siamo obbligati a confessarli.**

Per questo, dovremmo fare un atto di Dolore perfetto ogni notte della nostra vita prima di andare a dormire. Esaminare la nostra coscienza, ripercorrere con la mente la giornata trascorsa e cercare di fare un atto di Dolore perfetto, puramente per amore di Dio, perché egli è perfezione e bontà e l'ultima cosa che dovremmo fare è offenderlo. Non dovremmo passare neanche un giorno lontani dall'amore e dall'amicizia di Dio Onnipotente.

Naturalmente, un tale atto di dolore per i peccati implica che facciamo ciò che vuole Dio Onnipotente, ovvero sottomettere i nostri peccati all'assoluzione sacramentale. Lasciatemi sottolineare, ancora una volta, l'importanza di questa abitudine. Se un giorno doveste, Dio non voglia, offendere gravemente Dio Onnipotente, non avrete alcuna difficoltà a fare un atto di dolore perfetto se avete l'abitudine di farlo ogni sera. Se invece non avete questa abitudine, quando arriva il momento in cui è assolutamente necessario fare un atto dolore perfetto, lo farete con più difficoltà.

Il Catechismo ora passa alla seconda condizione delle tre richieste al penitente:

La Confessione è accusare se stessi dei propri peccati ad un sacerdote riconosciuto dal Vescovo. P 295

In questa risposta sono implicite le tre condizioni richieste al sacerdote. Innanzitutto, deve essere un sacerdote ordinato legittimamente, con la potestà di perdonare i peccati che Cristo ha conferito ai suoi Apostoli, concessa attraverso il Sacramento dell'Ordine. Lo stesso Sacramento che fa di un uomo un sacerdote e lo investe del potere di offrire il Sacrificio della Messa, lo investe anche del potere di perdonare i peccati. In secondo luogo, il potere conferito a un sacerdote attraverso l'ordinazione, che tratteremo più diffusamente nel prossimo capitolo, viene, per così dire, tenuto in sospeso fino a quando non gli viene concesso l'esercizio di quel potere in una parte specifica della vigna di Cristo. Tale assegnazione di giurisdizione, che colloquialmente viene detto "avente facoltà", è la seconda condizione per l'effettiva assoluzione. Esiste una catena di comando nella Chiesa: il Papa ha giurisdizione universale sull'intera Chiesa; il Vescovo diocesano ha giurisdizione sulla propria diocesi; egli stesso investe i sacerdoti del potere di ascoltare le confessioni e di predicare all'interno della propria diocesi. Queste facoltà sono concesse ora in modo molto più esteso rispetto a prima.

Quando venni ordinato, avere la potestà di ascoltare le confessioni al di fuori della propria diocesi era un fatto assai raro. Se un sacerdote usciva dalla propria diocesi e qualcuno gli chiedeva di ascoltare la sua confessione, il sacerdote doveva richiedere la facoltà per farlo. Oggi questo potere ha un'applicazione molto più ampia; nel nostro caso di applica a livello nazionale. Ma un sacerdote che vada in un altro paese o al di fuori della giurisdizione in cui ha facoltà, deve farne richiesta all'Ordinario locale. In caso di necessità, la Chiesa concede quella giurisdizione che formalmente non era stata assegnata.

La terza condizione è sottintesa nella parola "confessione": il sacerdote deve essere a conoscenza di ciò che sta perdonando.

Il Catechismo dice:

P 296 **Se una persona nasconde intenzionalmente un peccato grave in confessione è colpevole di grave sacrilegio, in quanto mente allo Spirito Santo facendo una cattiva confessione.**

Cristo conferisce l'autorità di perdonare o di negare il perdono: "A chi rimetterete i peccati saranno rimessi, e a chi non li rimetterete, resteranno non rimessi (Giovanni XX, 23). Un sacerdote non è solo una macchina del perdono che distribuisce assoluzioni. Egli è un giudice della gravità del peccato, della responsabilità personale del peccatore. Questa è una funzione che egli può esercitare solo se è a conoscenza dei peccati, e nessun altro se non il penitente stesso può fornire tale conoscenza. Nei casi in cui una persona stia morendo o sia vittima di un incidente, il sacerdote dà l'assoluzione senza aver prima sentito la confessione. Questa pratica si chiama "assoluzione condizionale", perché viene concessa con l'implicita condizione che la persona sia nella giusta disposizione per riceverla. Perché abbia efficacia, l'assoluzione da parte del sacerdote deve incontrare il Dolore da parte del penitente.

Ricapitolando, le tre condizioni richieste al sacerdote sono che sia ordinato legittimamente, che abbia facoltà e, di norma, che possieda quella conoscenza dei peccati che può venire solo dal penitente.

P 297 **Per fare una buona Confessione ci sono richieste quattro cose: primo, dobbiamo pregare sinceramente per la grazia di fare una buona confessione; secondo, dobbiamo fare un attento esame di coscienza; terzo, dobbiamo impegnarci per fare un atto di dolore; e quarto, dobbiamo decidere con l'aiuto di Dio di rinunciare ai nostri peccati e di iniziare una nuova vita per il futuro.**

Questa risposta non ha bisogno di commenti oltre al commento che ho fatto alla Risposta 294, che il quarto requisito è contenuto nel terzo. Ora passiamo all'ultima condizione richiesta al penitente:

P 298 **La soddisfazione è l'esecuzione della penitenza prescrittaci dal sacerdote.**

Nel linguaggio comune, "soddisfazione" significa tutt'altro. Qui, il termine è usato nel senso originale di "fare bene", che deriva dal Latino *satisfacere*.

È curioso che le persone applichino costantemente la distinzione tra la colpa di un peccato e la violenza fatta all'equilibrio della giustizia nella vita di tutti i giorni (come ho evidenziato quando abbiamo trattato della dottrina del Purgatorio al Capitolo 9), ma che spesso non riescano ad applicarla quando si tratta di Dio.

Nella vita di tutti i giorni, come sappiamo, se un uomo fa qualcosa per colpirci, offenderci, danneggiarci, ferirci o impoverirci, possiamo perdonarlo completamente per il danno che ci ha fatto. Ma il fatto di perdonarlo e dire: "Tra noi sarà come se non fosse successo nulla; lo voglio cancellare dalla mia mente", è perfettamente compatibile con il fatto di pretendere un risarcimento per il danno subito. Il perdono e la necessità di risarcire o di fare ammenda sono due cose completamente differenti.

Questa stessa distinzione è valida anche nel nostro rapporto con Dio Onnipotente. I nostri peccati vengono completamente perdonati: *Anche se i vostri peccati fossero come scarlatto, diventeranno bianchi come neve* (Isaia 1, 18). Non ci sono più, sono semplicemente svaniti. Non esiste assolutamente alcun sentimento di tensione tra Dio Onnipotente e noi. Eppure, se Egli è il Dio della giustizia, non può dire che le conseguenze dell'ingiustizia non devono essere riparate.

Pertanto, quando i nostri peccati vengono perdonati nel Sacramento della Penitenza, ci viene data una penitenza simbolica (simbolica davvero: sette Ave Maria o simili). Ci viene richiesto di dire una preghiera o fare un'opera di carità, come simbolo del fatto che bisogna fare qualcosa per rimettere le cose a posto. Non possiamo non porre rimedio alle nostre ingiustizie.

Il Catechismo prosegue presentando con un altro modo per ottenere soddisfazione per i nostri peccati:

> **La Penitenza prescritta dal sacerdote non sempre dà** P 299
> **piena soddisfazione per i nostri peccati. Dovremmo**
> **provare ad aggiungere ad essa altre opere buone e penitenze e cercare di ottenere Indulgenze.**

Semplicemente non abbiamo mezzi per giudicare quanto possa essere efficace la Penitenza simbolica. Coloro che criticano le pratiche disciplinari moderne della Chiesa e che su molte questioni vorrebbero ritornare alle usanze della Chiesa primitiva, non sembrano in questo caso voler ritornare alle penitenze canoniche estremamente severe che si era soliti imporre, come lo stare in piedi alla porta della chiesa in abito penitenziale. Come i criminali condannati sedevano sui ceppi, così coloro che avevano commesso dei peccati li espiavano pubblicamente. Con il graduale abbandono della disciplina della Chiesa nel corso dei secoli, tali pratiche sono scomparse poco a poco. Di certo, nessuno di recente ha suggerito di adottarle nuovamente.

Credo che l'ultimo esempio di Penitenza canonica imposta dalla Chiesa d'Inghilterra fu nella parrocchia di Fen Ditton, vicino a Cambridge, la domenica 8 maggio 1849: un uomo che aveva calunniato la moglie del pastore fu costretto a stare in piedi sul pulpito. Tutti i barcaioli vennero a sostenerlo e finì in un pandemonio.

La parola "indulgenza" potrebbe essere fuorviante. Così come il termine "soddisfazione", anche questa parola, nel sentire comune, comunica oggi un significato differente da quello inteso dal Catechismo.

P 300 **L'Indulgenza è una remissione, concessa dalla Chiesa, della pena temporanea dovuta al peccato, che spesso rimane anche dopo che la colpa è stata perdonata.**

Troppo spesso i Cattolici fanno l'errore di pensare che qualsiasi dottrina cattolica possa essere spiegata o difesa anche fuori contesto. Per capire la teoria e la pratica delle indulgenze, bisogna riprendere le due dottrine sulle quali si fonda. La prima è quella degli infiniti meriti di Cristo. Poiché Egli è Dio, la sua redenzione del mondo è di un valore tale che sovrasta infinitamente in importanza tutti i peccati dell'umanità. Ciò che viene detto "il tesoro della Chiesa" sono gli infiniti e sovrabbondanti meriti di Cristo. La seconda dottrina è che questi infiniti meriti, come tutte le altre cose che Cristo ha conquistato per noi, sono affidati alla Chiesa perché vengano da essa dispensati.

La Chiesa, nel concederci un'indulgenza, non fa che assegnare una porzione di quegli infiniti meriti di Cristo a una preghiera o a una determinata opera buona. Non ha niente a che vedere con il perdono dei peccati: è l'espiazione della loro ingiustizia.

Col senno di poi, è facile dire che il tentativo della Chiesa di valutare ciò che fa è aperto agli equivoci. Essa ha scelto, come scala di valori, di fare riferimento agli antichi periodi di Penitenza canonica che ho menzionato un momento fa. L'espressione

"Cento giorni di indulgenza' significa: "Dire questa preghiera o fare quest'opera buona sarà per te come se avessi fatto una Penitenza canonica per cento giorni". Non significa che dicendo questa preghiera tu potrai fare quello che vuoi per cento giorni. E neppure che cento giorni verranno scontati dal tempo che dovrai trascorrere in Purgatorio.[26]

Abbiamo trattato quattro dei sette Sacramenti: Battesimo, Confermazione, Eucaristia e Penitenza. Ci restano ancora l'Unzione degli Infermi, l'Ordine e il Matrimonio. Ancora una volta, faccio due osservazioni generali.

La prima riguarda il modo in cui i Sacramenti riflettono due principi fondamentali che stanno alla base della dottrina cattolica: la duplice natura dell'uomo e la dottrina dell'Incarnazione. Il primo principio è che l'uomo agisce contemporaneamente su due piani, quello fisico e quello spirituale. Ricordate il concetto scolastico *nihil est in intellectu nisi prius fuerit in sensu*, "non vi è nulla nella nostra mente che non vi sia giunto attraverso la via dei sensi". Allo stesso modo, le azioni della mente e della volontà hanno bisogno dei sensi per la loro espressione. I Sacramenti rimandano alla natura fondamentale del nostro essere, poiché sono segni esterni che veicolano grazia invisibile e spirituale.

I Sacramenti rimandano al mistero fondamentale dell'intera rivelazione cristiana, l'Incarnazione di Nostro Signore e Salvatore Gesù Cristo. La caratteristica di un Sacramento è che Dio Onnipotente utilizza uno strumento materiale, in sé incapace di conseguire la finalità per cui Egli ha creato il Sacramento; solo Dio Onnipotente può fare in modo che essi adempiano alla propria funzione. In questo senso l'Incarnazione è il supremo Sacramento, in quanto il Verbo, la Seconda Persona della Santissima Trinità, assume la nostra natura e, in essa per mezzo di essa, opera la nostra redenzione.

L'altra osservazione è che io credo sia utile considerare tutti i Sacramenti in riferimento all'Eucaristia, della quale formano il contesto. All'interno del sistema sacramentale, l'Eucaristia è centrale quanto lo è l'Incarnazione (della quale è la continuazione) all'interno del sistema dogmatico.

CAPITOLO 17

L'Unzione degli Infermi, l'Ordine e il Matrimonio

Proseguiamo con gli ultimi tre dei sette Sacramenti della Chiesa. Il primo fra questi è il Sacramento dell'Unzione degli Infermi:

> **Questo Sacramento consiste nell'unzione degli infermi con l'olio Santo, accompagnato da una preghiera.** P 301

> **Il Sacramento dell'Unzione degli Infermi viene amministrato nei casi di pericolo di morte per malattia.** P 302

> **Gli effetti del Sacramento dell'Unzione degli Infermi consistono nel confortare l'anima e nel renderla più forte, nel rimettere i peccati e persino nel ristabilire la salute, qualora Dio lo dovesse ritenere opportuno.** P 303

> **Una fonte autorevole per il Sacramento dell'Unzione degli Infermi è da ricercarsi nel Quinto Capitolo di San Giacomo, dove si narra: "C'è tra voi qualche malato? Fate venire i sacerdoti della Chiesa, che preghino per lui e lo ungano d'olio nel nome del Signore. E la preghiera di fede salverà il malato; e il Signore lo farà rialzare; e i suoi peccati gli saranno perdonati".** P 304

Ancora una volta, noterete in questo Sacramento una caratteristica comune a tutti gli altri, vale a dire che lo strumento attraverso il quale si amministra il Sacramento è uno strumento materiale.

La prima finalità dell'Unzione degli Infermi è quella di fortificare l'anima per il drammatico passaggio dal tempo, che è a noi familiare, all'eternità, che ci è completamente sconosciuta. Come in tutti i Sacramenti che denotano un rafforzamento spirituale, il suo segno esteriore è l'unzione. Lo abbiamo già visto nella Confermazione e vedremo come l'olio si utilizza anche nell'Ordine, sebbene non sia il principale segno esteriore di quel Sacramento. Nell'Unzione degli Infermi si ungono i sensi con l'olio, pregando che attraverso questa Unzione noi possiamo far dimenticare i peccati che abbiamo commesso proprio abusando di quei sensi, facendo uso dei doni di Dio Onnipotente in un modo che è contrario al Suo disegno e proposito. La seconda finalità dell'Unzione degli Infermi è il perdono dei peccati. Nel caso di persone morte in stato di incoscienza o che per qualche ragione non siano state in grado di confessarsi, l'Unzione comprende in sé il perdono dei peccati per coloro che si trovano nella giusta disposizione per ricevere tale perdono.

La terza finalità del Sacramento è il possibile ristabilimento o il miglioramento delle condizioni di salute del ricevente. Chiunque abbia esperienza pastorale ricorderà certamente casi in cui l'Unzione degli Infermi ha avuto l'effetto di migliorare le condizioni di salute della persona interessata. Gli scettici potrebbero attribuirlo all'effetto psicologico sulla mente del malato che gli consente di raccogliere tutte le proprie forze per guarire; ma qualunque sia la ragione, naturale o soprannaturale, è un fenomeno abbastanza comune vedere persone ristabilirsi considerevolmente dopo aver ricevuto il Sacramento.

Per questo motivo è importante ricevere l'Unzione ad uno stadio iniziale della malattia e non proprio all'ultimo respiro. A questo riguardo l'antico nome del Sacramento, Estrema Unzione, suggerirebbe piuttosto che dovrebbe essere ricevuto *in extremis*, nell'ultimissimo attimo di vita, laddove dovrebbe invece essere ricevuto il più presto possibile se sussiste, come dice il Catechismo, "pericolo di morte per malattia". E il Sacramento si amministra anche a coloro che sono infermi o disabili in qualche modo. Perciò il nome ora in uso, "Unzione degli Infermi", è probabilmente il più appropriato.

Non appena il dottore scuote la testa e dice: "Non mi piace come stanno andando le cose", questo è il momento di chiamare un prete per ungere il malato. E se voi stessi vi trovaste in questa situazione, dovreste chiedere l'Unzione degli Infermi. Com'è ovvio, è molto più probabile che il ristabilirsi in salute possa avvenire ad uno stadio iniziale della malattia piuttosto che all'ultimo attimo di vita.

Il Sacramento dell'Unzione degli Infermi non può essere ricevuto prima di andare in guerra, anche se la prospettiva di morire è probabile o certa, e neppure prima dell'esecuzione capitale. Può essere ricevuta solamente se il ricevente è realmente malato. Poiché talvolta accade che la morte apparente non coincida con la morte reale, le persone vengono unte immediatamente dopo la morte in un incidente, in battaglia o persino sul patibolo.

Questo è quanto per l'Unzione degli Infermi; con questo sacramento terminiamo la nostra analisi dei Cinque Sacramenti che crediamo siano di universale applicazione nell'intenzione e disegno di Dio. Tutti, nell'intenzione e disegno di Dio, dovrebbero essere battezzati e cresimati, dovrebbero ricevere il Santissimo Sacramento nell'Eucaristia, dovrebbero ricevere l'assoluzione dai peccati nella Confessione e dovrebbero ricevere il Sacramento dell'Unzione in caso di malattia e pericolo di morte.

Ora rivolgiamo a nostra attenzione ai due Sacramenti che riguardano particolari situazioni di vita:

L'Ordine è il Sacramento attraverso il quale i vescovi, i preti e gli altri ministri della Chiesa sono ordinati e ricevono potestà e grazia per adempiere ai loro sacri doveri. P 305

Abbiamo già visto che, per la celebrazione dell'Eucaristia, è necessario un prete ordinato. Il sacrificio può essere offerto solo da una persona con i poteri per farlo. E abbiamo visto nella nostra citazione del Dr. Adrian Fortescue, nel Capitolo 15, che nel sacrificio eucaristico della Messa il sacerdote e la vittima sacrificale sono entrambi Cristo stesso. È questo fatto che dà all'Eucaristia la completa identificazione con il Calvario. La vittima è naturalmente il Santissimo sotto le specie di pane e vino. Il sacerdote è anch'egli Dio stesso, che concede di esercitare il sacerdozio attraverso le mani e le labbra di una delle sue creature. In questo modo, il prete davanti all'altare è lo strumento umano attraverso il quale Cristo esercita il sacerdozio. Esiste, come abbiamo visto, un sacerdozio comune a tutto il popolo cristiano, precisamente perché noi siamo tutti, con la nostra appartenenza alla Chiesa, incorporati in Cristo, Sommo Sacerdote. Tutti i battezzati condividono il sacerdozio di Cristo. Essi offrono, come lui ha fatto, le loro preghiere e suppliche, persino il sacrificio della Messa "in Lui, con Lui, per mezzo di Lui". Solo i preti ordinati, però, offrono "in Lui, con Lui, per mezzo di Lui" nella Messa con la consacrazione della vittima. Questo è di loro competenza in quanto condividono il sacerdozio di Cristo per un altro tipo di finalità. Tuttavia, questo è un diverso tipo di sacerdozio. È il potere che l'Ordine conferisce al prete, il potere di offrire il sacrificio eucaristico della Messa in nome di tutto il popolo cristiano. Egli è, per così dire, il loro portavoce, attraverso di lui il sacerdozio viene efficacemente esercitato, così come il presentarsi al posto di Cristo stesso, condividendo il suo effettivo sacerdozio.

Il Sacramento con il quale il prete riceve la sua potestà sacerdotale è quello che chiamiamo il Sacramento dell'Ordine. Ho già accennato che in questo Sacramento il sacro Crisma viene utilizzato per ungere le mani che porteranno Dio stesso, ma questa Unzione non è il mezzo attraverso il quale il Sacramento viene conferito, e non lo è neppure il passaggio del calice al sacerdote nel rito dell'ordinazione. Il Sacramento dell'Ordine viene trasmesso per imposizione delle mani da parte del Vescovo.

I Vescovi sono gli unici tra i sacerdoti a possedere il sacerdozio in una forma che permette loro di comunicare quel potere. L'episcopato è di conseguenza giustamente definito come "il massimo grado del sacerdozio". La Chiesa ci insegna che gli Apostoli erano tutti Vescovi. Sembra che fin dai primissimi tempi il sacerdozio venisse trasmesso talvolta nella sua interezza, o in quella forma limitata che non veicola il potere di trasmissione, e che la distinzione tra l'episcopato e il sacerdozio risieda in questo limite.

Tuttavia, non si pensi a tale limite come a una mera convenienza amministrativa, come si tenderebbe a fare ripensando alle parole del Dr. Fisher che, durante il suo arcivescovato a Canterbury, esortava i dissidenti ad 'accogliere il vescovato nel loro sistema'. Esso custodisce una verità teologica profonda: i vescovi sono i successori degli Apostoli. Come sugli Apostoli, sui vescovi grava l'enorme responsabilità di proclamare e salvaguardare la Rivelazione Divina. Essi sono l'Ecclesia Docens, la Chiesa docente. Tutti gli altri, dai sacerdoti al laicato, costituiscono l'Ecclesia Discens, la Chiesa discente. È per questo motivo, come abbiamo precedentemente detto, che godono dell'infallibilità collegiale. Ed è per lo stesso motivo che i cattolici giudicano importante che un libro che si proponga di esporre gli insegnamenti della Chiesa debba riceve – come ha fatto questo libro – l'imprimatur episcopale. Si ha realmente percezione del fatto che i Vescovi siano la Chiesa. La Chiesa potrebbe esistere senza il Papa – e infatti continua ad esistere nel tempo che intercorre tra morte di un Papa e l'elezione del suo successore. Se un qualche cataclisma globale spazzasse via il clero dalla faccia della terra, la Chiesa non cesserebbe di essere; se, però, un cataclisma annientasse l'intero episcopato, allora cesserebbe di essere in quanto avrebbe perso il potere di assolvere alle sue due funzioni essenziali: quella di proclamare la Verità Rivelata, e quella di comunicare la grazia di Dio per mezzo dei Sacramenti.

Passiamo ora al Sacramento del Matrimonio. Fin dall'inizio, vorrei sottolineare che esiste una strettissima analogia tra il Sacramento del Matrimonio e quello dell'Ordine, i due Sacramenti che riguardano particolari situazioni di vita. Il sacerdozio viene istituito come un mezzo attraverso il quale la grazia ottenuta da Cristo per noi è sacramentalmente comunicata agli uomini. I sacerdoti sono il tramite di questa grazia: l'alta funzione di ogni sacerdote è offrire il Santissimo Sacrificio della Messa e per mezzo di esso portare grazia e salvezza alle anime degli uomini, riversando tale grazia attraverso gli altri Sacramenti e attraverso la stessa Eucaristia. Vedete ancora una volta come tutti gli altri Sacramenti sono correlati all'Eucaristia: possono essere considerati come ulteriori canali attraverso i quali il potere eucaristico e la grazia vengono trasmessi agli uomini.

Così come al sacerdote viene conferito il potere di infondere la vita soprannaturale attraverso il Sacramento dell'Ordine, allo stesso modo l'infusione della vita naturale è santificata dal Sacramento del Matrimonio. Con questo parallelismo tra sacerdozio e stato coniugale nella nostra mente, vediamo la definizione del Matrimonio nel Catechismo:

> **Il Matrimonio è il Sacramento che santifica il contratto di un matrimonio cristiano e conferisce una grazia speciale a coloro che lo ricevono meritatamente.** P 306
>
> **Il Sacramento del Matrimonio dà a coloro che lo ricevono una grazia speciale, li rende capaci di sostenere le difficoltà della loro condizione, di amare e di essere reciprocamente fedeli e di crescere i figli nel timore di Dio.** P 307

Il Matrimonio non è un'istituzione cristiana. È quella istituzione universale con la quale un uomo libero e una donna libera si uniscono liberamente per vivere insieme come marito e moglie per il resto della loro vita naturale. Infatti ci sono matrimoni perfettamente validi al di fuori della tradizione cristiana. Quando un uomo libero e una donna libera si uniscono hanno contratto un matrimonio valido che ha, o dovrebbe avere, conseguenze vincolanti per il resto delle loro vite naturali. Hanno iniziato un contratto che nessun potere umano può cancellare. Questo è essenzialmente il matrimonio.

Nostro Signore prende questa istituzione e dice: "Questo contratto, questo scambio di giuramenti e promesse, è per i miei figli un Sacramento. Io sono all'interno e attraverso di esso". Il matrimonio così diviene un Sacramento e conferisce la grazia a coloro che lo ricevono, proprio come gli altri Sacramenti istituiti da Nostro Signore.

Il Matrimonio è l'unico Sacramento, con una possibile eccezione, in cui Cristo prende un'istituzione pre-esistente, precedente la rivelazione cristiana e antica quanto la razza umana, e la rende un Sacramento dandole il potere di conferire la grazia per la quale egli morì per noi sul Calvario. L'apparente eccezione è il Battesimo, che è stato anticipato da S. Giovanni il Battista. In tutti gli altri Sacramenti, Cristo adotta qualcosa che prima di quel momento non aveva un'effettiva importanza.

C'è un altro aspetto in cui il Matrimonio è unico tra i Sacramenti: è l'unico in cui i riceventi amministrano il Sacramento in maniera reciproca. Il parroco, o il suo vice, assiste solamente come testimone ufficiale della Chiesa. Egli non conferisce il Sacramento come fa, ad esempio, nella Penitenza e nell'Estrema Unzione, o come un Vescovo nell'Ordinazione sacerdotale. Nel Matrimonio ciascun membro della coppia è ministro del Sacramento. Ognuno di essi è Cristo rispetto all'altro; ciascuno dei due è il tramite attraverso il quale la grazia di Dio Onnipotente raggiunge l'altro. Il marito è il ministro del Sacramento per la moglie, la moglie per il marito.

La principale finalità dell'istituzione del Matrimonio è, naturalmente, la procreazione della razza umana. Il Sacramento del Matrimonio santifica quell'attività attraverso la quale uomini e donne condividono con Dio Onnipotente l'opera sublime della creazione, la trasmissione della vita. La procreazione, però, non deve essere mai separata dall'educazione. Molti animali, com'è noto, concepiscono e allevano i propri piccoli e, entro un breve periodo di tempo, mesi, giorni o addirittura ore, lasciano che questi provvedano a sé stessi. Lo stesso non accade con gli esseri umani. Essi dipendono completamente dai loro genitori per i primi dieci anni e più della loro vita per mangiare, per avere un riparo e per l'educazione. L'indissolubilità del Matrimonio deriva dall'assoluta necessità per i figli di avere questa piena sicurezza psicologica, fisica e educativa. La stabilità del Matrimonio dei genitori è un bisogno fondamentale per i figli, e dovrebbe essere assolutamente indiscussa come il fatto che il sole sorgerà domattina; dovrebbe essere l'immutabile sfondo della loro vita, e non essere mai messo in discussione; una certezza che non deriva dalla rassicurazione che i loro genitori non si separeranno, ma che la reale eventualità che ciò possa accadere non sfiori neppure la loro mente.

L'indissolubilità del Matrimonio, pertanto, non è una conseguenza del regolamento ecclesiastico, ma risiede nella natura stessa delle cose. Si sente dire: "I cattolici non possono divorziare", come se la legge ecclesiastica lo proibisse. In realtà, nessuno che sia vincolato da un Matrimonio valido può divorziare. Il vincolo è sempre presente agli occhi di Dio Onnipotente. Chiamare dei figli in questo mondo non può assolutamente prescindere dall'allevarli nell'amore e nella conoscenza di Dio Onnipotente. Questi sono entrambi aspetti della stessa attività.

A questo punto, una considerazione che abbiamo fatto all'inizio di questo corso può essere utilizzata per un'analogia. Abbiamo visto come le attività creativa e conservativa di Dio Onnipotente sono due esercizi dello stesso potere, che richiede il potere creativo di Dio Onnipotente per chiamare in essere le cose, e il Suo potere conservativo per mantenerle in essere. Le cose non diventano necessarie in senso filosofico solamente per il fatto di essere state create. Proprio come l'atto del generare è, per così dire, un condividere l'attività creatrice di Dio Onnipotente, così il ruolo educativo dei genitori può essere inteso come un riflesso della sua attività conservativa.

Alcuni dicono: "Anche ammettendo questo," cosa che non sono molto disposti a fare, "perché un Matrimonio senza figli non dovrebbe potersi sciogliere?". La ragione sta nel fatto che una volta che si ammettono falsi principi è impossibile controllarne le conseguenze. Simili eccezioni possono condurre a norme sbagliate. Se si comincia ad accettare che i matrimoni senza figli possono essere annullati, è possibile che le persone posticipino il concepimento dei figli fino a quando non siano certi che il loro Matrimonio è "un successo", opponendosi così alla sua buona riuscita. Peggio ancora, non è difficile immaginare che questo falso principio possa diventare una forte tentazione all'infanticidio.

Cristo ha utilizzato l'istituzione esistente del Matrimonio e ne ha fatto un Sacramento. La sua Chiesa di conseguenza controlla e regola il Matrimonio dei propri figli. Vediamo ora quali sono queste norme:

> **È un sacrilegio contrarre Matrimonio in peccato mortale o in disobbedienza alle leggi della Chiesa e, invece di una benedizione, le parti colpevoli attireranno sopra di sé l'ira di Dio.** P 308

P 309   Un "Matrimonio misto" è un Matrimonio in cui solo uno degli sposi è cattolico.

P 310   La Chiesa non incoraggia i matrimoni misti e li considera pericolosi.

P 311   La Chiesa talvolta permette i matrimoni misti concedendo una dispensa, sotto speciali condizioni.

P 311a   Il partner cattolico di un Matrimonio misto promette di fare tutto il possibile per preservare la fede e di battezzare e allevare nella religione cattolica tutti i figli nati dal Matrimonio,

e aggiungerei, per condurre il partner non cattolico alla conoscenza della verità.

Vorrei evidenziare il fatto che, in tutte le questioni in cui la Chiesa stabilisce delle leggi per i propri figli, tali leggi possono essere modificate. In tempi recentissimi, le condizioni necessarie perché si possa celebrare un matrimonio misto sono sicuramente state rese molto più semplici: nelle precedenti edizioni del Catechismo il matrimonio misto veniva descritto come illegittimo e pernicioso. La Chiesa continua a pensare, giustamente, che esso possa essere pericoloso; non tanto per la fede del partner cattolico, ma più che altro per la fede dei figli. Come può un figlio avere quella fede assoluta e assolutamente incrollabile quando vede un genitore in disaccordo su quanto di più importante esista nella vita? Se il figlio vede suo padre andare in una direzione e sua madre in un'altra, anch'egli non potrà che avere un'opinione discordante.

Per quanto riguarda il luogo del Matrimonio, le disposizioni in merito sono state molto semplificate. Prima della recente semplificazione della legge, tutti i matrimoni cattolici dovevano avvenire in una Chiesa cattolica al cospetto del parroco o del suo vice. Ora la Chiesa, in certe circostanze, permette che i matrimoni siano celebrati da ministri non cattolici in chiese non cattoliche. È una parte puramente pratica delle normative, dettata da ragioni di opportunità, e lascia inalterata la teologia fondamentale. È necessario mettere in rilievo questo aspetto perché molti cattolici sono preoccupati e disorientati dal cambiamento, e temono che simili matrimoni non siano validi, come in verità erano prima della modifica delle normative.

La Chiesa ha il potere di emanare nuove leggi per i propri figli riguardo ai Sacramenti e in seguito dispensarli da tali leggi o apportare delle variazioni. È per questo che ho voluto sottolineare il fatto che il Matrimonio non è un'istituzione cristiana ma che, da quando Cristo ne ha fatto un Sacramento per i cristiani, l'amministrazione del Sacramento è regolata dalla Chiesa.

Come abbiamo visto, la stabilità non è solamente un ideale cristiano da raggiungere: è l'essenza stessa del Matrimonio. Il solo modo in cui ciò che sembrerebbe un Matrimonio può essere annullato è se vengono trovati dei vizi nel contratto stesso.

Nessun potere umano può annullare il vincolo del Matrimonio, perché Cristo ha detto: "Ciò che Dio ha unito, l'uomo non separi". P 312

PARTE III

CARITÀ

CAPITOLO 18

I primi tre comandamenti

Muoviamo ora la nostra riflessione sulla terza virtù teologale, la Carità. Lasciate che vi ricordi com'è strutturato il Catechismo: la prima parte mira a determinare il fondamento della nostra fede nella ragione naturale, prima di affrontare la questione della rivelazione. Tale fondamento è sintetizzato nell'esistenza di Dio, la Sua natura, la nostra immortalità, il nostro libero arbitrio e la nostra conseguente responsabilità, e viene suggerito, piuttosto che sintetizzato, nelle prime otto domande del Catechismo. Tutto il resto del Catechismo si occupa delle tre virtù teologali di Fede, Speranza e Carità, che sono rivolte a Dio Onnipotente. Nella pratica di tali virtù, l'uomo adempie interamente al proprio scopo.

Abbiamo definito la Fede come dono di Dio Onnipotente, attraverso il quale veniamo messi nella condizione di credere in Lui e di accettare la Sua rivelazione. All'interno di quella sezione abbiamo esaminato il Credo. Siamo quindi passati alla Speranza, il dono di Dio attraverso il quale abbiamo fiducia che Egli farà la Sua parte nella nostra salvezza, se noi faremo la nostra. All'interno di quella sezione abbiamo discusso dei Sacramenti, alterando la collocazione assegnata loro dal Catechismo perché i Sacramenti, insieme alla preghiera, sono lo strumento primario attraverso il quale otteniamo la Grazia di Dio Onnipotente, che è il fondamento della nostra speranza. Non ci resta, a questo punto, che affrontare la terza virtù teologale, la Carità:

La Carità è un dono soprannaturale di Dio, attraverso   P 169
il quale noi amiamo Dio sopra ogni cosa, e il prossimo
nostro come noi stessi per amore di Dio.

Ancora una volta, voglio evidenziare la parola "dono", come ho fatto per la Fede e per la Speranza. Il termine "dono" implica la necessità di un atto libero del donare da parte di Dio Onnipotente, il donatore, e dell'atto libero dell'accettare da parte nostra, i destinatari. La virtù della Carità implica, infatti, un atto della volontà da parte nostra, esattamente come le virtù della Fede e della Speranza. Abbiamo già osservato con la Fede e la Speranza che l'essenza di un dono è il donare liberamente e l'accettare liberamente. Dio Onnipotente ci offre il dono della Fede attraverso il quale possiamo accettare la Sua rivelazione; e ci offre il dono della Speranza, attraverso il quale abbiamo la garanzia che Egli farà la Sua parte nella nostra salvezza. Entrambe implicano l'atto di accettare da parte nostra, un atto della volontà e non dei sentimenti.

Quel che è vero per la Fede e la Speranza, lo è anche per la Carità. In ultima analisi, la Carità implica un atto della volontà da parte nostra, attraverso il quale amiamo Dio sopra ogni cosa, e il prossimo nostro come noi stessi, per amore di Dio. Questo è un aspetto molto importante, perché al giorno d'oggi si parla della Carità, o amore (i termini sono sinonimi nel Nuovo Testamento), come di una forma di "simpatia" particolarmente intensa e appassionata. Dobbiamo quindi distinguere la simpatia dall'amore, due cose completamente differenti.

La simpatia appartiene ai sentimenti, che riusciamo così poco a controllare, o che al massimo riusciamo a controllare indirettamente. È inevitabile che determinate persone, cose, luoghi e attività ci piacciano, ma questa è una reazione assolutamente istintiva. In quanto tale, non vi può risiedere alcuna virtù. Allo stesso modo, non vi è nulla di sbagliato, come non vi è nulla di giusto, nel fatto che qualcosa ci piaccia. È un'azione istintiva come quella di chiudere un occhio quando una mosca si avvicina. Abbiamo la facoltà di educare e cambiare i nostri sentimenti, fino a un certo punto, ma i sentimenti restano inevitabilmente delle attività istintive per le quali non possiamo essere ritenuti veramente responsabili da un punto di vista morale.

Amare, invece, è qualcosa di completamente diverso dal provare una simpatia per qualcuno o dal gradire qualcosa. Per amore intendiamo fondere la nostra volontà con quella dell'oggetto del nostro amore; questo è il significato di amore: volere ciò che vuole la persona amata. Questo è, naturalmente, il motivo per cui l'amore è straordinariamente disinteressato. La simpatia non ha carattere morale, laddove l'amore è la massima virtù. L'amore è ben altra cosa rispetto alla simpatia in quanto risiede nella volontà, mentre la simpatia risiede nei sentimenti. Se riuscite a far coincidere amore e simpatia, tanto meglio; è molto più facile per noi amare le cose che ci piacciono. Se, però, non riuscite a farli coincidere, non vi preoccupate: non saremo mai giudicati in base a ciò che ci piace o a ciò che non ci piace. Saremo tutti giudicati per l'eternità in base a ciò che amiamo, all'uso che abbiamo fatto della nostra volontà, al fatto di avere scelto bene o male l'oggetto del nostro amore quando fondiamo la nostra volontà con la sua.

San Paolo ci dice: "Queste dunque le tre cose che rimangono: la Fede, la Speranza e la Carità; ma di tutte la più grande è la Carità" (1 Corinzi XIII, 13). La Carità è la massima virtù perché include necessariamente le altre due. Si può avere Fede senza avere Speranza, né Amore; si può avere Speranza senza avere Fede, né Amore; ma non si può assolutamente avere Amore senza avere Fede e Speranza. Quando si ama qualcuno e si decide di fondere la propria volontà con quella della persona amata, si hanno anche fede e fiducia incondizionate in questa persona. L'Amore raccoglie in sé le altre due virtù e di esse è la più grande.

Ora, se amare significa fondere la propria volontà con quella della persona amata, allora esiste una sola persona che possiamo amare senza alcuna riserva: Dio Onnipotente. Quando amiamo una qualsiasi creatura, deve sempre esservi una riserva: l'amiamo a condizione che la creatura interessata non vorrà mai che facciamo qualcosa che non dovremmo fare. È vero che, più stimiamo e adoriamo una persona, più ci verrà da dire: "È inconcepibile che questa persona possa desiderare che io faccia ciò che è male". Tuttavia, quando si tratta di esseri umani, ci deve sempre essere quella condizione. Soltanto con Dio, il nostro amore per Lui non ha alcuna riserva. È questo che intendiamo per amare Dio sopra ogni cosa. Nulla a che fare con la simpatia. Non possiamo attribuire alcun significato alla frase "mi piace" Dio Onnipotente. Ci possono piacere solo le cose di cui facciamo esperienza, ma possiamo abbandonarci completamente all'amore per Dio Onnipotente, nella consapevolezza che Egli è il bene supremo, il Bene stesso; che Egli è, per citare San Giovanni, l'Amore. Il Catechismo spiega che:

Dobbiamo amare Dio perché Egli è il sommo Bene, fonte di ogni nostro bene. P 170

Nell'amare Dio, possiamo dire: "Buon Dio, voglio fondere completamente la mia volontà con la tua volontà e volere ciò che Tu vuoi". Nel Padre Nostro diciamo: "Sia fatta la Tua volontà, come in cielo così in terra". Tutto il potere della mente e della volontà che posso controllare si fonde con la volontà di Dio Onnipotente, che ne rappresenta il giusto fine e scopo. Amare, quindi, non è altro che fondere la nostra volontà con la Sua.

Quando amiamo una creatura, desideriamo per essa tutto il bene possibile, il che è esattamente ciò che Dio Onnipotente desidera per essa. L'amore per una persona, dunque, non può essere in contrasto con la volontà di Dio Onnipotente, né con l'amore che dobbiamo a qualunque altra persona. Siamo vincolati ad amare tutte le persone proprio perché amiamo Dio Onnipotente. E Dio le ha chiamate in essere perché le ama e per loro desidera solo la massima felicità per tutta l'eternità, una felicità che esula dalla nostra capacità di comprensione. Siamo pertanto vincolati a desiderare lo stesso. L'intensità con la quale desideriamo la felicità delle persone dipende semplicemente da quanto queste persone ci sono vicine. Dobbiamo amare, ovviamente, i membri della famiglia: moglie, marito, figli, genitori. Dobbiamo desiderare per loro la stessa felicità che desideriamo per chiunque altro, ma con maggiore intensità. Ciò che desideriamo per loro rimane, tuttavia, lo stesso. Per questo motivo nessun vero amore può entrare in contraddizione con un altro vero amore.

Spesso si parla di amore come se esistesse un qualche contrasto tra diversi tipi di amore, per cui dobbiamo trovare un equilibrio. Se il punto di partenza è quello giusto, ossia l'amore per Dio Onnipotente, qualsiasi altro amore semplicemente sgorga dall'amore per Dio, e non può che essere compatibile con esso. Quando avete l'impressione che vi sia contrasto tra un amore e un altro, siatene certi, uno dei due non può essere veramente amore. Può essere vanità, lussuria, infatuazione o mille e un'altra cosa travestita da amore, ma non amore. Non può esistere tensione o incompatibilità tra ciò che desiderate per ciascun essere umano e ciò che Dio Onnipotente desidera per loro.

Per amore, quindi, si intende la totale fusione della nostra volontà con la volontà di Dio Onnipotente, e il desiderare ciò che Lui desidera, prima di tutto per noi, perché la nostra anima è quella piccola porzione di creato affidata a noi, e poi per tutti gli altri. Abbiamo già osservato come il significato delle parole con le quali ci si riferisce alle virtù sia molto affievolito nel linguaggio comune e corra il grave rischio di venire snaturato. Abbiamo visto che la parola Fede viene spesso intesa come il credere a qualcosa senza alcuna ragione in particolare, laddove per noi significa credere a qualcosa per la migliore delle ragioni, ovvero che crediamo che Dio Onnipotente ce l'abbia rivelata. Si parla di Speranza come se non fosse nulla di più di un "desiderio", laddove noi la intendiamo come "speranza certa e sicura" e abbiamo fiducia che Dio Onnipotente farà la Sua parte nella nostra salvezza se noi faremo la nostra. Lo stesso accade con la parola Carità. Nel linguaggio comune, Carità ha perso il suo significato fino ad indicare nient'altro che opere materiali di misericordia, e viene spesso utilizzata per indicare qualcosa di offensivo, come quando si dice: "Non voglio la tua carità". Una frase terribile, questa, se pensate a cosa significa veramente Carità! Come si può non volere dal prossimo l'amore che ho appena descritto, vale a dire che tutti desiderano per le persone ciò che Dio Onnipotente desidera per loro? Inoltre, la parola "amore", nel linguaggio comune, spesso non significa altro che lussuria, che come abbiamo visto è qualcosa di assolutamente diverso.

Spero di essere riuscito a farvi comprendere quanto il significato della parola "amore" sia diverso da quello attuale. Una volta spiegato cos'è l'amore e perché dobbiamo amare Dio, il Catechismo prosegue con la domanda, *Come dimostriamo di amare Dio ?* (p171) Per coloro che vedono l'amore come una forma intensa e appassionata di simpatia, la seguente risposta risulterà probabilmente singolare:

> **Dimostriamo di amare Dio osservando i Suoi comandamenti, perché Cristo dice, "Se Mi ami, osserva i Miei comandamenti".** P 171

Se vi stupite di trovarvi a esaminare i comandamenti nella sezione dedicata all'amore, allora il vostro approccio ad essi non è quello giusto. Non bisogna pensare ai comandamenti come a tediosi divieti perché, sebbene vengano per lo più espressi nella forma di divieti, sono in realtà degli avvertimenti precisi che ci mettono in guardia contro ciò che mina la nostra totale integrità e realizzazione. Sono divieti come lo è il divieto di ingerire veleno, posto allo scopo di salvaguardare la vita.

La realizzazione di noi stessi si identifica pienamente con la realizzazione della volontà del nostro Creatore; solo Lui conosce il motivo per il quale ci ha chiamati in essere; solo Lui può soddisfare veramente ogni nostro desiderio, se facciamo del nostro meglio per realizzare la Sua volontà in questa vita. Il motivo per cui trattiamo i Dieci Comandamenti nella sezione dedicata alla carità, o amore, è pertanto il fatto che li consideriamo non come qualcosa che ci limita, ma come qualcosa che conduce alla realizzazione di noi stessi. Nell'ordine morale, otteniamo la realizzazione di noi stessi se adempiamo allo scopo per il quale siamo stati chiamati in essere.

Il Catechismo elenca quindi i Dieci Comandamenti e li analizza uno ad uno:

P 172 **Ci sono dieci Comandamenti.**

P 173 **Io sono il Signore, il tuo Dio, che ti ha fatto uscire dal paese d'Egitto, dalla terra di schiavitù.**
1. **Non avrai alcun Dio al di fuori di Me. Non ti farai idolo, né immagine alcuna di ciò che è lassù nel cielo, né di ciò che è quaggiù sulla terra, né di ciò che è nelle acque sotto la terra. Non ti prostrerai davanti a loro e non li servirai.**
2. **Non pronuncerai invano il nome del Signore tuo Dio.**
3. **Ricordati di santificare le feste.**
4. **Onora il padre e la madre.**
5. **Non uccidere.**
6. **Non commettere adulterio.**
7. **Non rubare.**
8. **Non pronunciare falsa testimonianza.**
9. **Non desiderare la donna d'altri.**
10. **Non desiderare la roba d'altri.**

(Esodo XX, 2-17)

Dalla numerazione risulta chiaro che la prima frase, sebbene venga inclusa nel Primo Comandamento dal Catechismo alla risposta 175, non fa in realtà parte di alcun Comandamento ma è una premessa comune a tutti e dieci.

La numerazione protestante differisce da quella della Bibbia solo nel fatto che essa divide il primo Comandamento in due, uno che proibisce l'adorazione di altri dei e l'altro che proibisce l'idolatria. La nostra versione riunisce i due divieti in un solo Comandamento in quanto entrambi si concentrano su un solo peccato: quello di mettere qualsiasi cosa al posto di Dio Onnipotente, vale a dire il peccato di idolatria. I protestanti raggruppano anche il Nono e il Decimo Comandamento. La nostra numerazione consente che si faccia un parallelo tra il Sesto e il Nono e tra il Settimo e il Decimo. Il Sesto e il Settimo riguardano le opere peccaminose, mentre il Nono e il Decimo interessano i pensieri peccaminosi che precedono tali opere.

P 174 **Dio diede i Dieci Comandamenti a Mosè nella Legge Antica e Cristo li confermò nella Legge Nuova.**

Questo è assolutamente vero, ma potrebbe portarvi a credere, erroneamente, che i Dieci Comandamenti risalgano a quando furono consegnati a Mosè. In realtà, essi affondano le proprie radici nel profondo della natura di Dio Onnipotente, e non potrebbero essere diversi da quel che sono. Non assumono validità nel momento in cui vengono promulgati, ma riflettono la natura immutata di Dio Onnipotente al punto che Egli stesso non avrebbe potuto alterarli o cambiarli. Se non vi fosse stata la Caduta, non sarebbe stato necessario promulgarli o enunciarli. I Comandamenti erano validi e vincolanti per l'uomo prima della loro promulgazione esattamente quanto lo sono oggi; essi non possono cambiare e sono validi non solo per il popolo eletto o per i cristiani, ma per l'umanità intera. La legge di Dio Onnipotente non è in alcun modo arbitraria, e in questo senso è molto diversa dalle leggi dell'uomo, che così spesso lo sono.

Il Catechismo prende ora in esame i Comandamenti uno ad uno, a cominciare dal Primo Comandamento:

> **Il Primo Comandamento è, "Io sono il Signore, il tuo Dio, che ti ho fatto uscire dal paese d'Egitto, dalla casa di schiavitù. Non avrai alcun Dio al di fuori di Me. Non ti farai idolo né immagine alcuna di ciò che è lassù nel cielo né di ciò che è quaggiù sulla terra, né di ciò che è nelle acque sotto la terra. Non ti prostrerai davanti a loro e non li servirai".** P 175

> **Con il Primo Comandamento ci viene ordinato di adorare il solo, vero Dio, attraverso la Fede, la Speranza, la Carità e la Religione.** P 176

Il punto 8 conteneva già un'anticipazione di questa risposta: *Per salvare la mia anima devo adorare Dio con Fede, Speranza e Carità, ossia devo credere in Lui, devo confidare in Lui e devo amarlo con tutto il mio cuore.* (p8)

La parola "religione", che deriva dalla stessa radice latina di "legare", indica qualcosa che ci lega e ci unisce a Dio Onnipotente. I tre grandi elementi di unione, dei quali la Religione è una sintesi, sono le tre virtù teologali di Fede, Speranza e Carità.

> **I peccati contro la Fede sono qualsiasi falsa religione, dubbio volontario, miscredenza o rifiuto di qualsiasi articolo di fede, nonché l'ignoranza colpevole delle dottrine della Chiesa.** P 177

Questa risposta, insieme alle successive tre, sottolinea come le virtù teologali siano dei doni che vengono accettati e mantenuti attraverso degli atti della volontà. Nel Capitolo 12, ho messo in evidenza l'importanza di considerare questi doni di Dio Onnipotente come doni viventi, quali un cucciolo o un pony. Se trascurato, un dono del genere morirà; se invece viene nutrito e accudito, si svilupperà, a differenza di un dono inanimato come un libro o una fotografia, che viene semplicemente consegnato e non richiede alcuna cooperazione da parte nostra.

Molti cristiani al di fuori della Chiesa hanno questo concetto di Fede "morta", che considerano alla stregua di una convinzione razionale, ottenuta attraverso un procedimento razionale, e che può essere in qualsiasi momento riconquistata semplicemente applicando nuovamente lo stesso procedimento razionale. Di conseguenza, queste persone ritengono che se tale procedimento non dà risultati, allora significa che l'atto di fede originario non era valido.

La nostra idea di Fede come dono che può fiorire o perire a seconda delle cure che vi prestiamo è molto diversa. Poiché accettiamo il dono della Fede attraverso un atto della volontà, possiamo anche perderla con un atto della volontà. Per conservare la fede non basta l'atto della volontà iniziale per mezzo del quale la accettiamo, ma è necessaria anche una costante attività di cooperazione. Considerare la Fede come qualcosa che si possa ottenere razionalmente attraverso un procedimento che, se valido, può essere applicato più volte e condurre sempre alla stessa conclusione significa fraintendere la necessità di accettare la rivelazione di Dio Onnipotente per mezzo di un atto della volontà.

Un corso di insegnamenti della Fede cattolica come questo deve essere adattato al destinatario del corso stesso, il quale deve essere consapevole che ciò che gli viene offerto è compatibile con ciò che conosce già, ma deve anche accrescere la sua conoscenza della Fede di pari passo con la conoscenza di altre cose.

Nella risposta 177 si parla di "ignoranza colpevole delle dottrine della Chiesa". Notate ancora una volta l'enfasi posta sulla volontà, implicita nel termine "colpevole". L'ignoranza può essere completamente innocente, ma diventa colpevole nel momento in cui è un atto della volontà: "Non me ne preoccupo", o "Non mi interessa".

Trascurare i nostri doveri spirituali, leggere libri sbagliati e partecipare a funzioni acattoliche ci espone al pericolo di perdere la nostra Fede.   P 178

La nuova edizione del Catechismo, in questi tempi di ecumenismo, ha omesso "partecipare a funzioni acattoliche", ma il pericolo rimane: il fatto di essere presenti dà l'impressione che crediamo che una religione valga l'altra, o che ciascuna visione del cristianesimo sia valida come qualunque altra. *Ovviamente, noi crediamo esattamente l'opposto.*[13,27]

Noi crediamo che la Chiesa cattolica sia l'unica visione autentica del cristianesimo e che, per quanto le altre si avvicinino per approssimazione a ciò che insegna la Chiesa, non possono tuttavia essere la Chiesa.

La risposta 178 mette in evidenza anche la necessità non solo di mostrare un interesse intellettuale per la nostra Fede, ma anche di pregare per essa: pregare di poter vedere e capire. Riuscire a scrutare nel profondo dei misteri di Dio Onnipotente è un dono per cui dobbiamo pregare. Quanto è sbagliato il concetto che una volta perduta la fede, la si possa sempre riconquistare per mezzo di un procedimento razionale! No, il dono vivente può veramente morire.

Il Catechismo passa ora alla riflessione sui peccati contro la Speranza:

I peccati contro la Speranza sono la disperazione e la presunzione.   P 179

Questa domanda avrebbe potuto benissimo trovarsi in una sezione precedente del Catechismo, ma in questa sezione dedicata alla Carità stiamo ricapitolando, con il ragionamento sui Comandamenti di Dio e i Comandamenti della Chiesa, tutto ciò che abbiamo fin qui detto.

Disperazione significa gettare la spugna e dire: "Qualunque cosa faccia, Dio Onnipotente non mi salverà. Sono condannato". La disperazione è un peccato molto grave perché le tre virtù teologali richiedono una costante cooperazione da parte nostra con la grazia di Dio Onnipotente; richiedono continui atti di Fede, Speranza e Carità per mantenere tali virtù allenate e in vita. Disperare equivale a dire: "No, non compierò alcun atto di fiducia in Dio Onnipotente".

La presunzione rappresenta l'estremo opposto, vale a dire un atto di eccessiva, e pertanto infondata, fiducia in Dio Onnipotente:

"Qualsiasi cosa faccia, Dio Onnipotente mi salverà; prevarrà sul mio libero arbitrio e, per quanto ne abusi, mi salverà". Il che è altrettanto falso. Ciò che dobbiamo fare è avere sempre fiducia in Dio Onnipotente e fare tutto ciò che possiamo nella nostra vita per giustificare tale fiducia.

Il Catechismo dice:

P 180 **I principali peccati contro la Religione sono la venerazione di falsi dèi o idoli e l'attribuzione a qualsivoglia creatura la gloria che appartiene unicamente a Dio.**

Quando leggiamo il Primo Comandamento, tendiamo a pensare immediatamente: "Questo non si applica a noi. I membri delle società più avanzate non sono tentati di venerare falsi dèi o idoli. L'"Occhio verde del piccolo dio giallo' (titolo di un monologo di J. Milton Hayes, 1911, NdT) non fa per noi". Nulla di più falso. Siamo a tutti gli effetti colpevoli di idolatria nel momento in cui facciamo della ricchezza, del potere, o di qualsiasi altra cosa diversa da Dio, lo scopo della nostra esistenza:

> Ad animali e sassi inanimati
> Il pagano rivolge le sue invocazioni
> Quanto siamo più assennati
> Noi che invece adoriamo azioni e obbligazioni

Mettere un'altra creatura al posto di Dio Onnipotente è un'altra, più sottile forma di idolatria; più sottile perché può essere scambiata per altruismo. Un genitore che idolatra il proprio figlio, o un bambino che idolatra il proprio genitore, spera di ottenere dall'oggetto della sua adorazione la realizzazione di sé che solo Dio può produrre.

P 181 **Il Primo Comandamento non proibisce di creare immagini, bensì di creare idoli; vale a dire, proibisce di creare immagini perché vengano adorate o glorificate come dèi.**

Questa risposta ha il sapore di quella diatriba, risalente al sedicesimo secolo, che condusse al rifiorire dell'antica eresia dell'iconoclastia e alla distruzione di statue e immagini per scongiurare il pericolo che venissero idolatrate.

Non vi è nulla di sbagliato nella creazione di immagini. Il peccato ha luogo solo se si venera un'immagine come se si identificasse con il soggetto che rappresenta. Il rischio di questa forma di idolatria preoccupava molto i protestanti di allora, e tuttora preoccupa alcune persone. Devo tuttavia ancora trovare un cattolico che, per quanto non istruito, sia convinto di pregare un affresco sulla parete della sua chiesa. Certo che non prega quell'immagine, esattamente come non esprime il suo amore per un pezzo di carta se tiene la fotografia di sua moglie sulla scrivania. Lo stesso vale per le immagini dei santi delle quali, come sapete, noi cattolici abbiamo fatto largo uso finché non siamo stati travolti da un'ondata di iconoclastia.

Il Primo Comandamento proibisce qualsiasi pratica diabolica o superstiziosa, come consultare spiritisti e veggenti e credere a formule magiche, presagi, sogni e simili sciocchezze. P 182

Simili pratiche sono dimostrazioni di mancanza di rispetto nei confronti di Dio Onnipotente, l'unico a cui dovrebbero essere rivolti il nostro amore, la nostra fede e la nostra fiducia. Qualsiasi tentativo, contrario al Suo volere, di scoprire ciò che Lui ha celato a noi, equivale a sminuire la grandezza di Dio Onnipotente. Dio può anche utilizzare un sogno per i Suoi scopi, ma a noi non è dato di cercare di interpretare tale sogno come se fosse un messaggio di Dio Onnipotente.

Lo stesso vale anche per le apparizioni; Dio Onnipotente può, come pensiamo abbia fatto sia nell'Antica che nella Nuova Legge, comunicare con le Sue creature attraverso un'apparizione, un appello diretto ai sensi. Nella storia recente della Chiesa, ci sono stati diversi casi di presunte apparizioni, che la Chiesa ha sempre esaminato con estrema cautela. Alcuni di questi casi sono stati dichiarati autentici, come l'apparizione del Sacro Cuore a S. Margherita Maria Alacoque a Paray-le-Monial e l'apparizione della Madonna a S. Bernadette a Lourdes. Tuttavia, anche quando indìce celebrazioni in loro onore, la Chiesa si limita sempre a dichiarare che le apparizioni sono autentiche. Simili giudizi sono ben altra cosa rispetto alle verità che dobbiamo accettare per Fede. Certo, la maggior parte dei cattolici accetta le apparizioni perché la Chiesa stabilisce che sono autentiche, ma non crederci non significa certo commetter un peccato contro la Fede. Le apparizioni non possono naturalmente fare parte della rivelazione, dal momento che la rivelazione si è conclusa con l'era apostolica.

Il sacrilegio è quando si tratta un qualsiasi luogo, cosa o persona senza la dovuta riverenza. Se commettete un atto di violenza contro un prete o se lo uccidete, al peccato di violenza o di omicidio si aggiunge anche il peccato di sacrilegio. Il sacrilegio può essere commesso anche contro cose, come chiese, oggetti sacri o simili.

La simonia prende il nome da Simon Mago, che offrì agli Apostoli del denaro per ottenere il loro potere di imporre le mani, suscitando le ire di S. Pietro; si tratta quindi del tentativo di comprare o vendere oggetti sacri non per il loro eventuale valore materiale, ma per il loro carattere sacro. Ad esempio, comprare o vendere un calice per il valore del metallo o delle sue pietre preziose non è peccato; ma quando viene stabilito un prezzo sulla base del suo carattere sacro, si commette il peccato di simonia. Allo stesso modo, comprare o vendere reliquie, o offrire denaro in cambio di una consacrazione, significa dare un prezzo a ciò che non ha prezzo.

P 184 **È proibito conferire dignità divina o adorare gli Angeli e i Santi, perché solo Dio può essere adorato.**

Semplicemente, possiamo adorare solo Dio in quanto Egli è il bene supremo e non possiamo adorare nessun altro senza peccare di idolatria. L'unicità dell'adorazione che rivolgiamo a Dio Onnipotente ci riporta al punto che abbiamo affrontato nel Capitolo 1, ovvero che Egli è l'Esistenza stessa. Dio è l'Essere supremo, l'unico che esiste in Sé e che è infinito in tutte le sue perfezioni (17), e a Lui dobbiamo la nostra assoluta e incondizionata adorazione.

P 185 **Dobbiamo riservare agli Angeli e ai Santi una venerazione inferiore, poiché essi sono degni di venerazione solo in quanto servi e amici speciali di Dio.**

Sebbene utilizziamo il termine "venerare" quando parliamo del rispetto che dobbiamo a coloro attraverso i quali Dio Onnipotente ha scelto di operare, si tratta di qualcosa di completamente diverso dall'adorazione che dobbiamo a Lui soltanto. "Venerare" non significa "adorare". Si parla pertanto di "venerabile età" o di "venerare la memoria del defunto"; si parla di venerare la Madonna, ma venerare la Beata Vergine non significa farne l'oggetto di adorazione, di quel tributo che è dovuto esclusivamente a Dio Onnipotente.

P 186 **Dovremmo attribuire un valore relativo a reliquie, crocifissi e immagini sacre, in quanto legate a Cristo e ai Suoi Santi, di cui rappresentano dei memento.**

P 187 **Non preghiamo le reliquie o le immagini, poiché esse non possono vederci, sentirci, né aiutarci.**

Il Secondo Comandamento è: "Non pronuncerai invano il nome del Signore, tuo Dio".   P 188

Il Secondo Comandamento esige che parliamo con riverenza di Dio e di tutte le persone e le cose sacre e che manteniamo i nostri legittimi giuramenti e voti.   P 189

Il Secondo Comandamento proibisce qualsiasi giuramento falso, avventato, ingiusto o superfluo; nonché la bestemmia, l'imprecazione e le parole profane.   P 190

È legittimo prestare giuramento solo quando necessario per l'onore di Dio, del nostro prossimo o di noi stessi.   P 191

Spergiurare significa chiamare Dio Onnipotente a testimoniare che diciamo il vero, quando ciò che diciamo è falso. È difficile immaginare un atto di maggiore empietà nei confronti di Dio Onnipotente, la Verità stessa, che chiamarlo a testimoniare la veridicità di una menzogna. Lo spergiuro è pertanto un peccato particolarmente odioso. Ciò che normalmente chiamiamo imprecazione non può essere giudicato in questi termini. L'imprecazione è, nella maggior parte dei casi, solo una cattiva abitudine, per cui tutte quelle persone che imprecano, nel linguaggio quotidiano, non fanno assolutamente nulla di così terribile come il peccato che ho appena descritto.

In generale, lo spergiuro esiste ancora, ahimé, in luoghi quali i tribunali. Mi è capitato diverse volte di servire come cappellano in tribunale, dove ho visto testimoni dopo testimoni prendere il Nuovo Testamento e giurare su Dio Onnipotente di dire la verità, tutta la verità e nient'altro che la verità, per poi dare l'impressione di credere di poter dire qualsiasi cosa potesse favorire la propria causa o garantire il proprio proscioglimento.

Proseguiamo con il Terzo Comandamento:

Il Terzo Comandamento è: "Ricordati di santificare le feste".   P 192

Il Terzo Comandamento ci comanda di santificare i giorni di festa.   P 193

Dobbiamo santificare le feste ascoltando la Messa e astenendoci dalle opere servili.   P 194

Ci comanda di astenerci dalle opere servili perché possiamo avere tempo per pregare, attendere ai Sacramenti, ascoltare dottrine e leggere buoni libri.   P 195

Dei tre Comandamenti dedicati ai nostri doveri diretti nei confronti di Dio Onnipotente, il Terzo è l'unico ad avere una duplice valenza. Tutti e tre riguardano la legge morale; il Terzo Comandamento, oltre a riguardare la legge morale, possedeva nell'Antico Testamento anche un aspetto rituale. Noi crediamo che tale aspetto rituale sia stato completamente abrogato, insieme a tutte le altre cerimonie dell'Antica Legge, dalla Nuova Alleanza. Rimane solo l'obbligo di dedicare un giorno a settimana alla solenne adorazione di Dio Onnipotente.

Trovo incoerente l'atteggiamento di quei "cristiani biblici" che sostengono che le usanze cerimoniali dell'Antica Legge siano ancora in vigore, ignorando il fatto che l'autorità che ci dice di santificare le feste è la stessa autorità che ha spostato il giorno del riposo dal Sabato, l'ultimo giorno della settimana, quello ancora osservato dagli ebrei, al primo giorno della settimana. È stata la Chiesa a spostare il giorno festivo dall'ultimo giorno della settimana, quando Dio Onnipotente si riposò dopo aver portato a termine la Creazione, al primo giorno della settimana, quando Cristo risorse dai morti. Ed è sempre la Chiesa che ora ci dice come santificare il giorno di festa.

Il primo dovere imposto dalla Chiesa è di ascoltare la Messa la domenica, un dovere assolutamente irrinunciabile. Oltre ad ascoltare la Messa, dovremmo anche cercare di dedicare una parte della giornata ad altre pratiche religiose e alla lettura di buoni libri.

Trovo molto difficile individuare cosa si intenda esattamente per "astenersi dalle opere servili". La mia interpretazione è che la regola sia rivolta ai datori di lavoro piuttosto che ai lavoratori stessi. A mio parere, il Comandamento proibisce di impiegare delle persone per un lavoro precedentemente svolto da servi, e pertanto si applica unicamente ai datori di lavoro. I datori di lavoro erano obbligati a concedere ai propri servi l'opportunità di santificare la domenica, cosa che gli uomini liberi avevano la possibilità fare.

Con ciò, abbiamo concluso la nostra riflessione sui tre Comandamenti relativi ai nostri doveri diretti verso Dio Onnipotente. I restanti sette Comandamenti riguardano i nostri doveri verso di Lui, compiuti attraverso le Sue creature. Tutti i Comandamenti, quindi, riguardano i nostri doveri verso Dio Onnipotente (i primi tre direttamente e gli ultimi sette indirettamente) perché tutto l'amore emana da Dio Onnipotente e a Lui fa ritorno.

CAPITOLO 19

Il quarto e il quinto comandamento

Come ho già spiegato in precedenza, il Catechismo è strutturato e si sviluppa a partire dalle tre virtù teologali di Fede, Speranza e Carità, che ci uniscono direttamente a Dio Onnipotente. Tutte e tre sono doni di Dio Onnipotente e devono essere offerti da Lui e da noi accettati. Abbiamo visto che "Carità" è qui sinonimo di "Amore", che a sua volta significa fondere la propria volontà con quella della persona amata. L'unica Persona che possiamo amare senza alcuna riserva o condizione, in quanto Egli è il Bene stesso, è Dio Onnipotente. Dimostriamo di amare Dio osservando i Suoi Comandamenti. Abbiamo visto che tutti e dieci i Comandamenti riguardano i nostri doveri verso Dio Onnipotente, in quanto non abbiamo in realtà alcun dovere al di fuori dei doveri nei Suoi confronti, dai quali derivano conseguentemente tutti gli altri doveri. Ho spiegato che i primi tre Comandamenti si riferiscono ai nostri doveri diretti verso di Lui, laddove i restanti sette, che ci apprestiamo ad esaminare, elencano i nostri doveri verso di Lui ai quali adempiamo attraverso le altre creature, facendo in modo che il nostro rapporto con il prossimo sia come Lui lo ha inteso.

> **Il Quarto Comandamento è: "Onora il padre e la madre".** P 196
>
> **Il Quarto Comandamento ci comanda di amare, riverire e obbedire ai nostri genitori in tutto ciò che non è peccato.** P 197
>
> **Siamo tenuti a obbedire non solo ai nostri genitori, ma anche ai nostri vescovi e pastori, alle autorità civili e ai nostri legittimi superiori.** P 198
>
> **Dobbiamo assistere i nostri genitori nelle loro necessità, sia spirituali che temporali.** P 199
>
> **Dobbiamo contribuire al sostegno dei nostri pastori, perché S. Paolo dice: "Così anche il Signore ha disposto che quelli che annunziano il vangelo, vivano del vangelo".** (1 Corinzi IX, 14) P 200
>
> **I doveri dei genitori verso i propri figli sono di dar loro ciò di cui hanno bisogno, insegnare loro e correggerli, nonché fornire loro una buona educazione cattolica.** P 201

P 202 **I doveri dei datori di lavoro e di tutti i superiori sono di prendersi cura dei loro sottoposti e di consentire loro di adempiere ai propri doveri religiosi.**

P 203 **Il Quarto Comandamento proibisce il disprezzo, l'ostinazione e la disobbedienza nei confronti dei nostri genitori e dei legittimi superiori.**

Come vedremo anche nel Quinto e nel Sesto Comandamento, l'interpretazione del Quarto Comandamento fornita dal Catechismo è molto più ampia rispetto a quello che si potrebbe evincere dalla sola enunciazione. Il Catechismo interpreta i doveri verso "tuo padre e tua madre" nel senso più ampio dei doveri verso la società e dei rapporti con l'autorità, perché la famiglia è l'unità base della società. La riflessione sui nostri doveri e la comprensione del loro significato ci conducono automaticamente alla riflessione sul nostro ruolo all'interno della società e sui doveri che tale ruolo implica.

In tutto l'universo visibile, solo l'uomo possiede un valore che trascende spazio e tempo e permane per l'eternità. Ciascun uomo è l'espressione immortale della volontà di Dio Onnipotente e, in quanto tale, degno di venerazione. Qualsiasi altra cosa che conosciamo, in tutto l'universo visibile, scomparirà come se non fosse mai esistita; ciascun uomo, invece, continuerà a esistere per sempre. Il valore di ciascun individuo è incommensurabile ed eterno, ciononostante, la prima caratteristica che notiamo nell'uomo è che non può esistere da solo. L'uomo è unico e diverso dagli altri animali e da tutti gli oggetti dell'universo in quanto, poiché dotato di mente e volontà, è riflesso di Dio Onnipotente. Un'altra caratteristica che contraddistingue l'uomo dagli altri animali è che non è in grado di provvedere a sé stesso per almeno i primi dieci anni della propria esistenza.

Ci affacciamo al mondo all'interno di una società e di una famiglia che non scegliamo, senza le quali non potremmo sopravvivere. Gli uomini nascono all'interno di una società e di una famiglia dalle quali dipendono per avere un riparo, cibo e vestiti; se non fosse per la famiglia, l'uomo non potrebbe sopravvivere. Non solo la famiglia è fondamentale da un punto di vista materiale, ma lo è anche per la crescita e lo sviluppo della personalità, dell'amore, della comprensione, della comunicazione con gli altri e per lo sviluppo della capacità di parlare. Un uomo che non è in grado di comunicare con il prossimo difficilmente si sviluppa.

Questo legame dà vita a una catena di diritti e doveri che definiscono il nostro ruolo nella società. La famiglia ha il dovere di provvedere a noi quanto meglio possibile, fornendoci riparo, cibo, amore e cure. Tale dovere è assolutamente imprescindibile per i genitori. Di conseguenza, anche noi abbiamo a nostra volta dei doveri morali di obbedienza nei confronti di coloro che provvedono a tutte le nostre necessità e che, pertanto, hanno autorità su di noi. Abbiamo il dovere di obbedire a coloro che ci forniscono tutto quello di cui abbiamo bisogno per crescere e svilupparci e realizzare noi stessi.

Da entrambe le parti, l'autorità e i doveri di cui abbiamo parlato dovrebbero essere un'espressione di amore, di quel reale desiderio di entrambe le parti di fondere la propria volontà con quella della persona amata e fare per essa ciò che desidera Dio Onnipotente. Questo rapporto non è quindi regolato da mere norme di autorità e obbedienza, ma è un'espressione di amore reciproco.

L'adempimento dei doveri dei genitori verso i figli, e dei figli verso i genitori, è rafforzato da un obbligo morale al quale ci vincola la legge di Dio Onnipotente. Si tratta dei nostri doveri verso Dio Onnipotente, ai quali adempiamo attraverso le altre creature. Dio stesso ci ha creati per mezzo delle Sue creature, ma è nondimeno Lui che ci ha creati; per cui, quando adempiamo a questi doveri e obblighi sociali, lo facciamo essenzialmente per amore di Dio Onnipotente, perché questo è il Suo volere.

È così che funziona qualsiasi società: nel modo in cui, crediamo, è stato stabilito da Dio Onnipotente. L'autorità della famiglia non dipende da una scelta o dal consenso, ma è qualcosa di intrinseco nella natura stessa della nostra esistenza. Attenzione, però: poiché l'individuo permane per sempre, a differenza della famiglia, è evidente che la famiglia esiste a beneficio dell'individuo, e non il contrario. La famiglia esiste unicamente per favorire il bene degli individui che la compongono; non ha nessuno scopo in sé. La famiglia in quanto tale scomparirà esattamente come qualsiasi altra cosa materiale, mentre gli individui che la compongono non cesseranno mai di esistere. La famiglia esiste come unità sociale unicamente per il bene dei suoi membri, e non il contrario.

La giustificazione dell'esistenza dell'autorità nella famiglia è, pertanto, unicamente il bene dei membri che la compongono e non può essere esercitata contro i loro interessi. Qualsiasi tentativo di esercitare l'autorità contro l'interesse dei membri di una famiglia è completamente privo di qualsiasi autorità morale. Inoltre, così come la famiglia esiste solo per il bene dei suoi membri e non come entità fine a sé stessa, allo stesso modo, quando le famiglie si uniscono a formare una società o uno stato, tale società esiste unicamente per il bene delle famiglie che la compongono. Vedete dunque che tutti questi cerchi concentrici hanno il proprio centro nell'unica creatura che ricongiunge in sé tempo ed eternità: il singolo essere umano.

Oggi, la quasi totalità del nostro pensiero sociale non tiene in considerazione questo elemento intermedio, la famiglia. Quasi tutte le discussioni che si sentono a riguardo sembrano partire dal presupposto che non vi sia altro da affrontare se non i contrasti tra gli individui e lo stato, perdendo di vista il concetto chiave, vale a dire che il rapporto tra l'individuo e lo stato è mediato dalla famiglia. Lo stato, in realtà, non si deve interessare ai singoli individui; il suo scopo è esattamente quello di sostenere e rafforzare la famiglia e adempiere alle funzioni alle quali la famiglia non può adempiere. La società interviene solo nel momento in cui la famiglia non è in grado di adempiere alle sue funzioni.

Pensare che lo stato abbia una qualche responsabilità diretta nei confronti dell'individuo vuol dire, naturalmente, fraintendere completamente questo sistema di cerchi concentrici che è il fondamento di tutto il pensiero sociale cristiano. Oggi, siamo giunti all'infelice situazione in cui lo stato ha sostituito la famiglia in quasi tutte le sue funzioni: alloggio, istruzione, assistenza ai giovani e agli anziani. La famiglia sta rapidamente scomparendo, mentre lo stato cerca di adempiere a funzioni per le quali non ha autorità.[28]

Escludere la famiglia e rimuoverla dal suo vero ruolo di mediazione tra l'individuo e lo stato, significa annullare il concetto stesso di proprietà, che è strettamente legato a quello di famiglia.

La famiglia esiste allo scopo di fornire all'individuo ciò di cui ha bisogno, sia dal punto di vista materiale che da quello psicologico, nel principio della sua esistenza. Ma la famiglia non è qualcosa di statico nel tempo o per un determinato lasso di tempo: per sua propria natura, è un organismo permanente. Non esiste solo per una settimana, un mese o un anno; esiste almeno fino a che i suoi membri creano altre famiglie. Il concetto di proprietà si fonda sulla sicurezza materiale che consente a una famiglia di adempiere ai suoi doveri permanenti. Lo stato dovrebbe garantire ai genitori la tranquillità derivante dal legittimo possesso di ciò che appartiene loro. La famiglia e la proprietà sono entrambi concetti morali, strettamente connessi l'uno all'altro.[29]

Oggigiorno, lo stato ha un concetto assolutamente errato di proprietà, in base al quale agisce come se esistesse un prodotto interno nazionale da dividere equamente, "Una parte equa a ciascuno". Ma il "prodotto interno" nazionale non esiste; esiste solo ciò che producono i singoli individui con il proprio lavoro. La funzione dello stato non è di possedere e controllare; le sue uniche funzioni legittime sono due: respingere le aggressioni esterne e amministrare la giustizia all'interno, due funzioni che le singole famiglie non sono in grado di svolgere.

Lo stato può occasionalmente assumere funzioni supplementari, per motivi di convenienza, ma la difesa del territorio e l'amministrazione della giustizia sono le uniche funzioni essenziali. Nell'esercizio di tali funzioni essenziali, lo stato ha autorità morale ed esige legittimamente la nostra obbedienza.

Come vedete, si torna sempre a Dio Onnipotente; non esiste legge morale al di fuori di Lui. Come la famiglia non ha diritto di fare alcunché se non promuovere il bene dei suoi singoli membri (una funzione nella quale è sostenuta dall'autorità di Dio Onnipotente; e opporsi a tale autorità è peccato), così anche lo stato, quando esercita le sue funzioni legittime, vale a dire sostenere e rafforzare la famiglia, lo fa sostenuto dall'autorità di Dio Onnipotente. Ancora una volta, opporsi a tale autorità è peccato. Lo stato esercita la sua autorità e può esigere la nostra obbedienza nelle questioni relative alla difesa del territorio e al mantenimento della legalità, in quanto queste sono le sue legittime aree di competenza. Ma lo stato trascende le proprie funzioni quando cerca di distruggere la famiglia, che è l'intermediario tra stato e individuo.

Alla luce di queste considerazioni, potremo ora cogliere la pertinenza dell'ultima domanda di questa sezione del Catechismo, che altrimenti avrebbe potuto apparirci un po' particolare:

P 204 È peccato appartenere a qualsiasi società segreta che cospiri contro la Chiesa o lo Stato, o a qualsiasi società che in virtù della propria segretezza è condannata dalla Chiesa, perché S. Paolo dice: "Ciascuno stia sottomesso alle autorità costituite; poiché non c'è autorità se non da Dio e quelle che esistono sono stabilite da Dio. Quindi chi si oppone all'autorità, si oppone all'ordine stabilito da Dio. E quelli che si oppongono si attireranno addosso la condanna".(Romani XIII, 1-2)

Come potete vedere, in base al concetto di società civile che vi ho appena esposto, qualsiasi tentativo di rovesciamento della legittima autorità è di per sé peccato. Era opinione molto diffusa tra i cattolici che le tante società segrete che fiorivano nel XVIII e XIX secolo mirassero a tale fine, e per questo esigevano una condanna da parte della Chiesa. Qualsiasi tentativo di paralizzare la società, o di sfruttarla per i propri fini, da parte di particolari gruppi è un atto di opposizione alla legittima autorità, nonché un peccato.

Prima di passare dal Quarto al Quinto Comandamento, vorrei soffermarmi brevemente su una distinzione che viene spesso omessa al giorno d'oggi. Esiste un'interpretazione errata della morale cristiana, così diffusa da essere diventata un luogo comune, al punto che raramente viene contraddetta. In generale, si pensa che la visione della proprietà privata espressa nel Nuovo Testamento vada a sostenere le dottrine del moderno socialismo. In base a questa visione, Cristo era un pacifista e un socialista, e i primi cristiani erano comunisti. Ne consegue che tutti i cristiani dovrebbero essere pacifisti e comunisti, e che qualsiasi cristiano che non lo sia tradisca gli stessi principi che professa.

Questo equivoco nasce dalla mancata distinzione tra Consiglio e Comandamento, una distinzione operata da Nostro Signore nei Vangeli di Matteo, Marco e Luca, detti anche Vangeli Sinottici. Al pari di tanti passaggi del Vangelo, quella del giovane ricco è una storia che molte persone ricordano, sebbene vagamente. Se domandate cosa raccontasse la storia, nove persone su dieci vi diranno che un giovane chiese a Nostro Signore cosa dovesse fare per ottenere la vita eterna, e Cristo rispose, "Và, vendi quello che possiedi e dallo ai poveri". Omettendo, però. il passo centrale della storia si perde completamente la distinzione operata da Nostro Signore.

I passaggi in questione, riportati in Matteo XIX, 16-22, Marco X, 17-22 e Luca XVIII, 18-23, sono praticamente identici in tutte e tre le versioni:

> *Ed ecco un tale gli si avvicinò e gli disse: "Maestro, che cosa devo fare di buono per ottenere la vita eterna?". Egli rispose: "Perché mi interroghi su ciò che è buono? Uno solo è buono. Se vuoi entrare nella vita, osserva i comandamenti". Ed egli chiese: "Quali?". Gesù rispose: "Non uccidere, non commettere adulterio, non rubare, non testimoniare il falso, onora il padre e la madre, ama il prossimo tuo come te stesso". Il giovane gli disse: "Ho sempre osservato tutte queste cose; che mi manca ancora?". Gli disse Gesù: "Se vuoi essere perfetto, va, vendi quello che possiedi, dallo ai poveri e avrai un tesoro nel cielo; poi vieni e seguimi". Udito questo, il giovane se ne andò triste, poiché aveva molte ricchezze.*

In questa pericope, Cristo distingue tra ciò che è necessario per la salvezza, vale a dire osservare i Comandamenti, e ciò che attiene alla vita di perfezione: rinunciare a tutte le proprie ricchezze per avvicinarsi di più a Cristo. Il cristiano crede che osservare i Comandamenti sia obbligatorio in quanto essi riflettono la natura perfetta e immutata di Dio Onnipotente e, pertanto, non possono essere alterati né aboliti. Crede che siano l'inevitabile conseguenza della natura stessa delle cose, che siano scolpiti nella mente e nel cuore dell'uomo (per quanto oscurati dalle conseguenze della Caduta dell'uomo) e che, non fosse stato per la Caduta, non ci sarebbe stato bisogno di promulgarli. Crede che un uomo che si rifiuti consapevolmente e deliberatamente di osservare i Comandamenti, senza pentirsene, non può essere salvato.

La vita di perfezione della quale parla Cristo appartiene, invece, a tutt'altra categoria. Innanzitutto, non è obbligatoria. Il giovane poteva ottenere la salvezza semplicemente continuando ad osservare i Comandamenti, che non possono essere ignorati senza commettere peccato. La chiamata a una vita di perfezione, invece, è un invito che era moralmente libero di accettare o di rifiutare. Dal Vangelo risulta chiaro che, persino nella ristretta cerchia dei più intimi con Nostro Signore, vi erano quelli che avevano risposto a tale chiamata e quelli che non l'avevano neanche sentita. Naturalmente, il Vangelo si sofferma su coloro che hanno risposto alla chiamata, ma non dobbiamo dimenticare che, sebbene Pietro e Andrea abbandonino le proprie reti, Giacomo e Giovanni le proprie barche e il proprio padre, e Matteo il suo posto di pubblicano, al contrario, Lazzaro (un amico talmente intimo che Gesù piange alla sua morte) conduce una vita familiare con sua sorella, e Nicodemo e Giuseppe di Arimatea, per quanto ne sappiamo, conducono anch'essi una vita normale.

La Chiesa ha sempre sostenuto l'esistenza di una distinzione, riscontrabile nel Vangelo, tra ciò che Dio Onnipotente ci comanda di fare e ciò che ci consiglia o suggerisce di fare, ed ha cercato di spiegarla con sempre maggiore chiarezza, sia nella teoria che nella pratica, come quando fa riferimento alla "vita dei cristiani nel mondo" e alla "vita di perfezione". I cristiani, indipendentemente dal fatto che vivano in un monastero o nel mondo, sono tutti egualmente chiamati alla santità. Sebbene la stragrande maggioranza dei suoi figli viva nel mondo, la Chiesa ha sempre considerato la vita di completa rinuncia un ideale più elevato per coloro che ne sentono la vocazione, nonché una fonte di incoraggiamento e un esempio per tutti gli altri; tuttavia, ha sempre contrastato i reiterati tentativi di identificare la vita cristiana con la "vita di perfezione". Il motivo è semplice: la rinuncia totale alle cose buone di questo mondo per avvicinarsi maggiormente a Cristo implica necessariamente il celibato, dal momento che non si può imporre ad altri di fare sacrifici volontari, tanto meno a coloro che dipendono da noi. Pertanto, se il celibato fosse una condizione necessaria alla vita cristiana, il cristianesimo non potrebbe mai essere la religione universale dell'umanità, come crediamo sia invece nel disegno di Dio Onnipotente: si sarebbe estinto con la prima generazione.

La Chiesa ha sempre creduto che la vita di perfezione, per la quale alcuni sentono la vocazione, inizi dal celibato perché solo l'uomo che, per amore di Dio, rinuncia al bene supremo e naturale di prendere moglie e procreare, potrà compiere il passo successivo e chiedersi se Dio vorrebbe che rinunciasse anche agli altri beni naturali, come la proprietà, l'esercizio della propria volontà o il diritto di difendere la propria vita. L'uomo sposato commette peccato se non pensa ad assicurare un futuro sereno alla sua famiglia o se, quando sua moglie o i suoi figli vengono attaccati, porge l'altra guancia all'aggressore.

Vale la pena ricordare che le cose alle quali rinuncia l'uomo che persegue la vita di perfezione, sono tutte cose buone e giuste, e che la rinuncia deve essere volontaria, laddove l'uomo che osserva i Comandamenti evita il male perché è obbligato a farlo per salvare la propria anima. Possiamo inoltre osservare che tale rinuncia volontaria a quelle cose alle quali si ha diritto è estremamente diversa, da un punto di vista morale, da una privazione o una confisca imposta dallo stato.

Molti, quando viene chiarita loro la distinzione fatta da Nostro Signore, hanno l'impressione che si tratti di un compromesso attraverso il quale la natura impegnativa della morale cristiana viene mitigata a favore degli individui meno risoluti. Questo deriva principalmente dal fatto che l'uomo, nell'atmosfera di universale egualitarismo che respiriamo, ha perso la consapevolezza dell'assoluta unicità della nostra creazione e della nostra vocazione. L'individuo è tentato di misurare sé stesso utilizzando come metro gli altri uomini, non l'increata Perfezione di Dio Onnipotente, l'unico che dà un significato alla vita; e non si rende conto che per raggiungere la santità l'uomo non deve necessariamente aspirare a uno stile di vita che è oggettivamente più elevato, ma può farlo anche adempiendo allo scopo assegnato unicamente a lui da Dio. San Luigi di Francia, Tommaso Moro e San Benedetto Giuseppe Labre hanno tutti raggiunto la santità non in uno stato di speciale consacrazione, ma ciascuno nel suo modo personale e differente dagli altri, secondo quanto credeva fosse la sua vocazione.

Esaminiamo ora il Quinto Comandamento. Il Quarto, il Quinto e il Sesto Comandamento sono tutti e tre di grande attualità, in quanto toccano questioni morali tutt'oggi largamente dibattute e ampiamente fraintese. Come ho sottolineato a proposito del Quarto Comandamento, il rapporto tra individuo e stato è troppo spesso male interpretato, con il risultato che si tende, erroneamente, a credere che tutti i contrasti esistano esclusivamente tra questi due soggetti.

Il Quinto Comandamento affronta anch'esso questioni che sono al centro di attuali polemiche e malintesi:

> **Il Quinto Comandamento è: "Non uccidere".** P 205
>
> **Il Quinto Comandamento proibisce l'omicidio intenzionale, il duello, i ferimenti e le ingiurie; nonché lo scandalo e il cattivo esempio.** P 206
>
> **Il Quinto Comandamento proibisce la rabbia e, soprattutto, l'odio e la vendetta.** P 207

P 208 **Lo scandalo e il cattivo esempio sono proibiti dal Quinto Comandamento perché conducono all'ingiuria e alla morte spirituale dell'anima del nostro prossimo.**

Ancora una volta, osserviamo come la trattazione del Catechismo ampli il suo raggio rispetto al mero significato letterale dell'enunciazione. Se interpretassimo letteralmente le parole "Non uccidere", senza lasciare spazio agli insegnamenti e alla pratica cristiana nel corso dei secoli, per non parlare dell'Antico Testamento, saremmo spinti verso una posizione settaria secondo la quale uccidere è sempre sbagliato, che si tratti di una mosca, di un ratto o di un essere umano. Le persone di questa opinione sono poche in Occidente, ma ve ne sono certamente in Oriente (ad es. i giainisti).

La posizione dei cristiani è molto diversa: innanzitutto crediamo che all'uomo sia stato dato il dominio sugli animali inferiori. I diritti e doveri sono quelli propri degli esseri razionali che, poiché dotati di mente e volontà, sono il riflesso di Dio Onnipotente stesso. Gli animali inferiori sono incapaci di qualunque azione morale, sono privi di virtù e di vizi, di diritti e di doveri. Noi crediamo che l'uomo abbia piena sovranità su queste creature, e che pertanto abbia il diritto di tenere in cattività, uccidere o utilizzare per nutrirsi qualsiasi animale inferiore.

La sovranità dell'uomo sulle creature inferiori è limitata non dai diritti di tali creature, poiché non ne hanno alcuno, ma dalle conseguenze che tale sovranità può avere sull'uomo stesso. L'uomo non deve quindi fare agli animali nulla che possa essere moralmente dannoso per sé stesso. Il peccato di crudeltà risiede nel male che provoca all'uomo stesso, e il fatto che le creature fatte vittime di crudeltà siano indifese rende il peccato, e di conseguenza il male arrecato all'uomo, ancora più grave.

Per quanto riguarda, invece, il diritto di togliere una vita umana, l'opinione generale è molto confusa e disinformata. Prima di tutto, se interpretate il Quinto Comandamento alla luce dell'Antico Testamento, nel quale vengono elencati i Dieci Comandamenti, vi renderete conto che non può assolutamente intendere che togliere una vita umana è universalmente sbagliato, dal momento che il codice morale dell'Antico Testamento prevede la pena capitale per un numero molto maggiore di violazioni della legge rispetto al presente. Inoltre, nell'Antico Testamento, la guerra non viene solo condonata, ma addirittura prescritta. Il Quinto

Comandamento, pertanto, non può asserire che uccidere è sempre sbagliato.

Per capire meglio questo punto, dobbiamo fare riferimento alla risposta 207. Il peccato cui fa riferimento il Catechismo è commesso nel pensiero quando odiamo qualcuno e gli auguriamo il male. Questo è sempre sbagliato, in qualsiasi circostanza; non possiamo mai e poi mai augurare il male a qualcuno, dal momento che siamo vincolati, come abbiamo visto all'inizio della nostra riflessione sui Comandamenti, ad amare tutti. Abbiamo detto che la Persona che dobbiamo amare sommamente e senza alcuna riserva è Dio Onnipotente e di conseguenza dobbiamo amare tutte le creature desiderando per loro ciò che Egli stesso desidera, vale a dire l'eterna gioia dell'essere al Suo cospetto. Tale amore deve essere necessariamente compatibile con il dolore, la sofferenza e la morte, dal momento che Dio Onnipotente, che ama le Sue creature più di quanto potremo mai immaginare, utilizza il dolore, la sofferenza e la morte come strumenti perché esse possano giungere a Lui. Semplicemente, devono esistere delle circostanze in cui togliere una vita umana può essere giustificato. Ciò che viene universalmente proibito è odiare qualcuno e augurargli il male; o peggio ancora, desiderare la loro dannazione eterna, la loro eterna separazione da Dio Onnipotente, che in un certo senso è l'unico vero male. Questo è veramente peccato.

La vita è un dono di Dio Onnipotente sul quale non abbiamo alcun diritto, poiché non eravamo lì ad accettarlo quando ci è stato donato. Il principio sul quale si basa qualsiasi omicidio giustificato è molto semplice. Il dono della vita implica il dovere di mantenersi in buona salute e prendersi cura di sé in modo che la vita non venga interrotta per negligenza nei confronti di questo dono di Dio. Ma il dono della vita implica, soprattutto, il diritto di difendere la vita, con la violenza se necessario, da un'aggressione violenta.

Il diritto di difendere la vita comporta che se avete l'impressione che qualcuno vi aggredisca con intenti omicidi e l'unico modo per impedirlo è togliergli la vita, avete pieno diritto di farlo; non commettete alcun peccato.

Quando si parla di "diritto alla vita", quindi, in realtà si intende il "diritto a difendere la vita". Quando Dio Onnipotente ci ha chiamati in essere, ci ha concesso il diritto di difendere e tutelare la vita che Egli ci ha donato.

Ora, così come l'individuo ha il diritto di difendere la propria vita se viene attaccato, così anche lo stato ha il diritto di difendere la propria esistenza perché, come abbiamo visto, la vita dello stato è essenziale per il bene di coloro che lo compongono. Le famiglie che compongono lo stato non possono difendersi in modo efficace dalle aggressioni esterne o dalla criminalità interna. Lo stato esiste proprio per svolgere questa funzione. Il diritto dell'individuo di difendere la propria vita è lo stesso diritto dello stato di difendere la propria esistenza. Così come l'individuo, se attaccato, ha il diritto di togliere la vita all'aggressore, anche lo stato può commettere omicidio quando la sua esistenza è minacciata dalla guerra o dal crimine. Queste sono le condizioni che giustificano l'omicidio.

Dobbiamo, a questo punto, esaminare in quali circostanze siamo obbligati a difenderci da un attacco e in quali circostanze possiamo esercitare questo diritto senza commettere peccato. Spesso le persone non distinguono tra il "diritto alla vita" e il "diritto di difendere la vita", e sulla questione sono alquanto preda dei sentimenti. Facilmente pongono domande come, "Come si può conciliare il diritto di togliere la vita con l'esortazione 'porgi l'altra guancia'?" È importante comprendere che vi è una distinzione tra Consigli e Comandamenti, che ho spiegato in precedenza in questo stesso capitolo. In sintesi, i Comandamenti sono applicabili universalmente e nessuno può trasgredire ad essi senza commettere peccato; i Consigli, invece, sono appunto consigli per giungere alla perfezione, non sono vincolanti e pertanto ignorarli non costituisce peccato.

Un individuo dal quale non dipendano altre persone, se fatto oggetto di un attacco omicida, può togliere la vita dell'aggressore o anche porgere l'altra guancia, che è in effetti un atto di eroismo. Al contrario, un uomo dal quale dipendono altre persone non può assolutamente seguire il consiglio senza commettere peccato. Un uomo celibe che, tornando a casa la sera, venisse attaccato da qualcuno che sbuca da un vicolo buio, può decidere, in quella frazione di secondo, di respingere l'attacco o di porgere l'altra guancia. Se un uomo sposato, però, rientrando a casa, trovasse qualcuno che percuote sua moglie e uccide i suoi figli, non ha il diritto morale di porgere l'altra guancia. Quell'uomo ha il dovere di agire per la loro protezione. Come vedete, ancora una volta il celibato è la condizione fondamentale per poter seguire i Consigli.

Lo stato può decidere di non esercitare il diritto di dichiarare guerra, come può scegliere di non esercitare il diritto alla pena capitale; può stabilire, per questioni di utilità, che i cittadini soffriranno di più se si oppone una resistenza che può essere inefficace, o decidere che l'interesse pubblico si possa difendere meglio se non si impicca un assassino. Ciò che non si può affermare è che lo stato non abbia il diritto di adottare queste misure per la propria difesa, perché una nazione di famiglie dipende *sempre* da esso per la propria protezione. L'omicidio e le punizioni fisiche sono riconducibili al semplice principio in base al quale il dono della vita implica il diritto di difendere la vita.

CAPITOLO 20

Il sesto e il nono comandamento

Siamo giunti a metà strada nella nostra riflessione sulla virtù teologale della Carità, *quel dono di Dio Onnipotente attraverso il quale amiamo Dio sopra ogni cosa, e il prossimo nostro come noi stessi per amore di Dio* (p169). Come abbiamo visto, i nostri doveri verso Dio Onnipotente sono tutti racchiusi nei Dieci Comandamenti. Abbiamo esaminato i primi tre, con i quali serviamo Dio Onnipotente direttamente, adorandolo sopra ogni cosa, evitando di pronunciare il Suo nome invano e santificando il giorno del riposo. Dei restanti sette Comandamenti, con i quali adoriamo Dio e siamo uniti a Lui attraverso il nostro rapporto con le altre creature, abbiamo esaminato quelli relativi ai nostri doveri nei confronti dei genitori, e conseguentemente della società, e al dovere di evitare l'omicidio ingiustificato; abbiamo quindi visto in quali circostanze l'omicidio può essere giustificato. Abbiamo osservato come il Quarto e il Quinto Comandamento abbiano un significato molto più esteso di quello che la semplice enunciazione lascerebbe intendere.

Questo vale anche per il Sesto Comandamento, sul quale volgiamo ora la nostra attenzione: "Non commettere adulterio". Farò un collegamento tra il Sesto e il Nono Comandamento, "Non desiderare la donna d'altri", in quanto entrambi fanno riferimento al peccato di lussuria; il Sesto agli atti lussuriosi e il Nono ai pensieri lussuriosi.

Abbiamo più volte rimarcato che non può esistere un'azione peccaminosa che non sia preceduta da un pensiero peccaminoso. L'inevitabile premessa all'azione malvagia nella nostra mente è il pensiero malvagio. Per questa ragione, suggerisco di affrontare i peccati della carne riunendo nella stessa sezione il Sesto e il Nono Comandamento:

Il Sesto Comandamento è: "Non commettere adulterio". P 209

Il Sesto Comandamento proibisce tutti i peccati di impurità con la moglie o il marito di un altro. P 210

Il Sesto Comandamento proibisce qualsiasi cosa sia contraria alla santa purezza in sguardi, parole e azioni. P 211

P 212   Spettacoli e danze immorali sono proibiti dal Sesto Comandamento ed è peccaminoso anche solo per la vista.

P 213   Il Sesto Comandamento proibisce canzoni, libri e immagini immorali perché sono quanto di più pericoloso per l'anima e conducono al peccato mortale.

P 223   Il Nono Comandamento è: "Non desiderare la donna d'altri".

P 224   Il Nono Comandamento proibisce qualsiasi consenso intenzionale a pensieri e desideri impuri, e qualsiasi piacere intenzionale nei movimenti irregolari della carne.

P 225   I peccati che comunemente conducono a infrangere il Sesto e il Nono Comandamento sono l'ingordigia, l'ubriachezza e l'intemperanza, nonché l'ozio, le cattive frequentazioni e la negligenza della preghiera.

Come potete notare passando in rassegna queste risposte, il Catechismo attribuisce al Sesto e al Nono comandamento il divieto della totalità degli abusi delle nostre facoltà sessuali, non solo i peccati di adulterio.

Quando si ragiona sull'utilizzo dei doni fattici da Dio Onnipotente, è sempre bene cominciare col cercare di capire perché tali doni ci sono stati offerti. Noi crediamo che questa pulsione estremamente potente, la sessualità, ci sia stata donata perché possiamo cooperare con Dio Onnipotente nella procreazione e nella perpetuazione della specie umana. Abbiamo già visto, nella sezione relativa al Quarto Comandamento, quanto questi due ruoli siano inscindibili.

Non esiste, in tutto il creato, nulla di più prodigioso della vita; nulla di più meraviglioso, nulla di più caratteristico di Dio Onnipotente dell'opera stessa della creazione. Ci riferiamo a Lui come al Creatore; se possiamo applicare a Dio il linguaggio umano, questo è il Suo ruolo specifico. È questo ruolo che consente di distinguere tra Creatore e creatura. Dio Onnipotente è il Creatore, e tutto quello che esiste è stato chiamato in essere, e viene mantenuto in essere, da Lui. Egli è l'unico Creatore: tutte le altre cose sono creature, realizzazioni della Sua mente e della Sua volontà.

Nell'offrirci il dono della procreazione, Dio Onnipotente ci ha dato un pizzico di quel ruolo, unicamente e specificamente divino, di chiamare le cose in essere. Per questa ragione, il dono del sesso è qualcosa di sublime e di sacro. Affermare che il cristianesimo consideri il sesso come qualcosa di volgare, vile e degradante è assolutamente falso, una distorsione. Al contrario, lo consideriamo qualcosa di sublime.[30]

Tuttavia, come qualsiasi altro dono offertoci da Dio Onnipotente, la sessualità deve essere esercitata concordemente alla Sua volontà e al Suo scopo. Se esercitato nel modo corretto, il sesso è qualcosa di assolutamente santificante e per nulla peccaminoso.

Questo vale per tutti i doni di Dio Onnipotente, quelli della mente e quelli del corpo, l'intelletto, la prestanza fisica o la bellezza. Sono tutti doni che possono essere utilizzati concordemente alla Sua volontà e al Suo scopo, un utilizzo che aiuta la nostra santificazione; oppure possono essere usati in contrasto con la Sua volontà e il Suo scopo, nel qual caso ci allontaniamo da Lui e cadiamo nel peccato.

Il concetto è particolarmente lampante nel caso dei doni della mente. L'uso della mente per scoprire la verità, per scoprire Dio stesso, conduce alla santificazione. L'uso della mente al di fuori di Dio, o in contrasto con Lui, conduce invece alla radice di tutti i peccati, il peccato di superbia. La mente può essere usata in modi molto malvagi.

I doni della sessualità e della procreazione ci vengono offerti in modo che possiamo chiamare in essere la vita. Non solo: una volta che la vita viene chiamata in essere, dobbiamo esercitare il ruolo conservatore innalzando quella vita alla conoscenza e all'amore di Dio Onnipotente. Ricordate sempre che non si può separare la procreazione dall'educazione; chiamare in essere la vita si accompagna con l'educare quella vita. Due ruoli necessariamente intrecciati, esattamente come la potenza creatrice e quella conservatrice di Dio Onnipotente.

Se utilizzato per il suo giusto fine, il sesso è un atto santo e santificante. Se, invece, viene utilizzato per scopi diversi dalla procreazione e dall'educazione (due aspetti inseparabili), il sesso diventa occasione di peccato; utilizziamo un dono di Dio per fini diversi da quelli per cui ci è stato offerto. Se applicate questo metro di giudizio, vi accorgerete che tutti i peccati di natura sessuale sono tali perché escludono uno o entrambi questi scopi. La masturbazione esclude la possibilità della procreazione, così come i rapporti omosessuali e il ricorso a metodi contraccettivi artificiali. L'adulterio e la fornicazione escludono la possibilità di allevare i frutti dell'unione all'interno di una famiglia cristiana, l'unico contesto all'interno del quale possiamo esercitare la responsabilità conservatrice del dono della sessualità. Tutti i peccati di natura sessuale, come ho detto, sono peccati perché escludono la possibilità della procreazione e la possibilità dell'educazione all'interno di un contesto cristiano, non perché l'attività in sé è peccaminosa. Il sesso in sé non è peccaminoso: se usato nel modo giusto, è santificante.[31]

È in questo che la visione cattolica del dono del sesso differisce radicalmente da quegli approcci puramente repressivi che sembrano partire dal presupposto che il sesso sia peccaminoso in sé, ma anche dalla visione moderna "progressista", che considera qualsiasi atto sessuale giusto e naturale e sostiene che il tentativo di controllare il sesso sia psicologicamente deleterio. Il motivo per cui riflettiamo sul Sesto e sul Nono Comandamento nella stessa sezione è che tutti i peccati che abbiamo citato hanno inevitabilmente origine nella mente, come d'altronde qualunque peccato. Questo vale anche per l'ultimo peccato che abbiamo trattato, vale a dire l'omicidio, l'uccisione ingiustificata. I peccati di violenza nascono tutti dal covare pensieri di odio. Non è mai stato commesso un peccato di violenza o un omicidio che non fosse preceduto da un peccato di odio.

Lo stesso principio è valido anche per l'uso del dono della sessualità. Commettiamo i peccati sessuali fisici solo dopo aver abbandonato la mente al morboso pensiero di tali peccati, pensando ai piaceri dei sensi al di fuori del contesto del matrimonio cristiano. I peccati elencati al punto 213 sono considerati odiosi perché le canzoni, i libri e le immagini impudiche provocano pensieri in grado di ossessionare la mente dell'uomo più di qualunque altra cosa.

Dio Onnipotente ha assegnato il più grande dei piaceri dei sensi all'esercizio del dono del sesso per via dell'immensa importanza della generazione della vita. Se il più grande dei piaceri dei sensi non appartenesse all'esercizio di tale dono, chi si prenderebbe mai la briga e l'enorme impegno di sposarsi, fare figli e accollarsi la responsabilità di vestirli, educarli e mantenerli almeno per i primi dieci o vent'anni della loro vita? Chi si graverebbe del fardello di simili responsabilità se all'esercizio delle nostre facoltà sessuali non fosse collegato il più grande piacere fisico conosciuto dall'uomo? L'incentivo è proporzionale alla responsabilità. Esiste un meccanismo analogo anche in altre questioni legate ai sensi, come nel piacere del mangiare e del bere. Se rifocillare il nostro fisico non implicasse un piacere, chi si prenderebbe la briga di mangiare? Se mangiare e bere non fossero un piacere, inevitabilmente trascureremmo il nostro dovere di ristorare il nostro corpo. Il piacere legato al mangiare e al bere è meno intenso di quello legato al sesso, ma è proporzionale allo scopo. È molto più importante la perpetuazione dell'intera razza umana della salute fisica di qualsiasi singolo individuo.

Ecco un altro esempio che può aiutarci a capire meglio la malvagità insita nel trarre piacere da un atto, escludendo però le conseguenze per le quali quell'atto è stato reso possibile da Dio Onnipotente: sappiamo che gli antichi romani (sebbene per noi sia difficile immaginare quale mentalità consentiva loro di agire in quel modo) mangiavano e bevevano fino all'assoluta sazietà, quindi rigurgitavano per il piacere di poter mangiare e bere ancora.

L'esempio è un'analogia perfetta di ciò che facciamo quando esercitiamo le nostre facoltà sessuali escludendo, però, la possibilità che esse conducano allo scopo per le quali Dio Onnipotente ce ne ha fatto dono. Il mangiare e il bere hanno lo scopo di rifocillare il nostro corpo; pertanto, se non escludiamo la possibilità di nutrirci, è giusto trarre piacere da tali attività. Non vi è nulla di sbagliato o di peccaminoso. Quando, invece, cominciamo a mangiare e a bere per mero piacere, come nell'esempio degli antichi romani, escludendo il giusto scopo di queste azioni, allora commettiamo peccato.

Allo stesso modo la masturbazione, l'omosessualità e il ricorso a metodi contraccettivi artificiali escludono la possibilità del concepimento.

CAPITOLO 21

Il settimo, il decimo e l'ottavo comandamento

Passiamo ora al Settimo e al Decimo Comandamento. Nell'ultimo capitolo ho affrontato il Sesto e il Nono Comandamento congiuntamente, in quanto entrambi relativi ai peccati della carne. Anche il Settimo e il Decimo riguardano lo stesso tipo di peccato: il Settimo fa riferimento ai peccati contro la giustizia commessi nelle azioni e il Decimo ai peccati contro la giustizia commessi nei pensieri. Probabilmente, è più semplice affrontarli insieme, tenendo a mente che tutti i peccati hanno origine nella mente e che un pensiero deliberatamente malvagio è peccato anche se ad esso non segue un'azione. Il peccato risiede nell'allontanare da Dio Onnipotente quelle facoltà che più ci rendono simili a Lui: la mente e la volontà. Il Settimo e il Decimo Comandamento sono incentrati sull'uso di queste due facoltà, sulle questioni di giustizia, in un modo diverso da quello inteso da Dio Onnipotente.

Il Settimo Comandamento è: "Non rubare".   P 214

Il Settimo Comandamento proibisce di appropriarsi o di mantenere indebitamente ciò che appartiene a qualcun altro.   P 215

Qualsiasi frode negli acquisti e nelle vendite è proibito dal Settimo Comandamento, così come qualsiasi torto al proprio prossimo.   P 216

Dobbiamo restituire qualsiasi bene ottenuto illecitamente laddove possibile, diversamente il peccato non verrà perdonato; dobbiamo anche ripagare i nostri debiti.   P 217

La risposta successiva era:

È disonesto da parte dei servitori sprecare il tempo o la proprietà del proprio padrone, perché significa sprecare ciò che non appartiene loro.   P 218*

Nella versione del Catechismo del 1971, la risposta è stata modificata come segue:

È disonesto da parte dei lavoratori sprecare il tempo o la proprietà del proprio datore di lavoro, perché significa sprecare ciò che non appartiene loro.   P 218

Trovo questa alterazione tristemente divertente. Si presume che i lavoratori non debbano essere considerati servitori dei loro padroni. Trovo molto avvilente pensare che i concetti di servizio e di servitore siano oggi considerati negativi. Un impoverimento sia della lingua che del pensiero! Dovremmo considerare la possibilità di servire altre persone come un privilegio. Il Papa stesso viene definito "servo dei servi di Dio". Un tempo i ragazzini consideravano un privilegio poter servire la Messa. Mi rattrista che "servire" sia diventata una parola scabrosa.

Il Decimo Comandamento tratta dei peccati di ingiustizia commessi nel pensiero, mentre il Settimo affrontava gli stessi peccati commessi nelle azioni.

P 226 **Il Decimo Comandamento è: "Non desiderare la roba d'altri".**

P 227 **Il Decimo Comandamento proibisce i pensieri di invidia e avidità e i desideri iniqui nei confronti dei beni e dei guadagni del nostro prossimo.**

Molti pensano che ci sia qualcosa che non torni nei peccati di ingiustizia. In questo tempo di permissività, i pensieri e gli atti lussuriosi sono considerati inevitabili, mentre il furto è ancora considerato sbagliato. Si potrebbe pertanto concludere che, a differenza del Sesto e del Nono Comandamento, il Settimo e il Decimo non richiedano un'esposizione altrettanto approfondita; è, tuttavia, importante capire cosa si intenda per "giustizia", dal momento che nel linguaggio comune si parla di giustizia come di egualitarismo, quell'assurda credenza, oggigiorno molto diffusa, secondo la quale tutti gli uomini sono o dovrebbero godere di pari status sociale o economico e di pari opportunità. Non esiste alcun riscontro nel pensiero, nella morale e nella pratica cristiana che suggerisca che questo concetto di uguaglianza sia un concetto cristiano. Nel pensiero comune, si tende spesso a credere che la dignità di un uomo derivi unicamente dal fatto di essere al pari degli altri uomini in ciò che possiede e che, se tale condizione viene a mancare, significa che quell'uomo è vittima di un'ingiustizia. Questo comporta la totale negazione del concetto cristiano per cui la sublime dignità di ciascun essere umano derivi non dal suo rapporto con le altre persone o con la società in generale, ma dal fatto che Dio Onnipotente ha scelto di chiamare e di mantenere in essere quel particolare e unico individuo. Ciò che rende ogni singolo uomo così unico e prezioso è il fatto di essere una creazione assolutamente unica di Dio Onnipotente. È interamente in questo che risiede la sua dignità. A differenza del resto del creato, l'uomo non è uno strumento, bensì un fine. Che un individuo sia uguale o meno, sotto altri aspetti, a un altro individuo è assolutamente irrilevante. Il suo valore esclusivo non sta nell'uguaglianza con gli altri uomini, ma sempre e soltanto nel suo rapporto con Dio Onnipotente. Nel venerare tutte le creature di Dio Onnipotente, veneriamo Dio stesso, Colui che ha stabilito che ciascun uomo deve esistere.

Semplicemente, gli uomini non sono uguali in ciò che Dio Onnipotente dona loro o nelle circostanze in cui sono chiamati in questo mondo. Non abbiamo tutti esattamente la stessa combinazione di doni e di svantaggi; la scatola degli attrezzi di ciascun uomo è unica. Le circostanze esteriori della vita di ciascuno di noi sono uniche quanto la sua situazione interiore.

Ogni individuo riceve da Dio Onnipotente una vocazione per la quale ha gli strumenti necessari e che solo lui, e nessun altro, può portare a compimento. L'unico metro di giudizio del successo o del fallimento di un uomo è se egli ha perseguito o meno la vocazione affidatagli da Dio Onnipotente. Di conseguenza, la diffusa credenza per cui tutti sarebbero uguali agli occhi di Dio è in assoluto contrasto con la filosofia di vita cristiana. Non esiste alcuna uguaglianza nel creato; non solo ogni individuo è assolutamente unico, ma ogni foglia di ogni albero, ogni sassolino sulla spiaggia, ogni granello di sabbia, è diverso da tutti gli altri; non esiste alcun tipo di uguaglianza tra di loro. Inoltre, non solo le nostre condizioni fisiche sono uniche, ma lo sono anche le nostre condizioni mentali e psicologiche. Le doti e le mancanze di ciascuno di noi sono uniche.

Dire, come potrebbe fare un critico, che questo concetto implichi che il cristianesimo è a favore della disuguaglianza è assurdo come dire che il cristianesimo è a favore della Legge di Gravità. Il cristianesimo accetta che le cose stanno così. Qualsiasi tentativo di cambiare la natura delle cose conduce a sofferenze maggiori di quelle che si cercano di evitare; sono peccati contro la verità.

A questo punto qualcuno potrebbe dire: "Sono sicuro che siamo tutti uguali agli occhi di Dio: Egli ci ama tutti allo stesso modo". Questo è palesemente falso. Non è pensabile che la Beata Vergine, scelta da tutta l'eternità da Dio Onnipotente per essere la Madre del suo unico Figlio, non godesse di maggiore privilegio rispetto a tutti gli altri membri della razza umana. La Madonna gode del grandissimo ed esclusivo favore di Dio Onnipotente. Esiste una gerarchia di amore e affetto anche nelle relazioni umane di Nostro Signore Gesù Cristo, Colui che è Dio stesso. San Giovanni era il più amato degli altri Apostoli, e tre degli Apostoli, Pietro, Giacomo e Giovanni, avevano con Lui un rapporto più intimo rispetto agli altri nove. Inoltre, i dodici Apostoli erano più vicini a Cristo di quanto non lo fossero i discepoli. L'infinità diversità dei nostri rapporti con Dio Onnipotente non significa che esistano dei "cittadini di serie B". Ciascuno di noi ha un rapporto unico con Dio Onnipotente. Il primo passo nella vita spirituale è accettare questo rapporto unico e comprendere che nessun uomo ha la stessa vocazione di un altro uomo. Nessuno può portare a compimento per noi la nostra vocazione. Perseguire una vocazione diversa dalla nostra significa andare contro il disegno di Dio, anche se quella vocazione fosse oggettivamente più nobile. Dobbiamo realizzare la nostra personale vocazione.

Abbiamo visto ciò che il concetto cristiano di giustizia non è; vediamo ora ciò che è. Giustizia significa dare a ciascuno ciò che gli spetta. Le cose che spettano agli uomini variano. Ogni individuo merita rispetto in quanto creatura unica di Dio Onnipotente. Negli aspetti materiali, a ciascun individuo spetta ciò che ha acquisto onestamente e giustamente, che l'abbia guadagnato con il lavoro intellettuale o manuale o altrimenti legittimamente ricevuto, e nessuno ha il diritto di portarglielo via.

La malvagità dell'ingiustizia sta nel portar via a qualcuno ciò che è legittimamente suo; è questo che generalmente viene considerato peccato. Quando lo facciamo, siamo colpevoli di furto o rapina. Il perdono di questo peccato implica un atto della volontà attraverso il quale cerchiamo di correggere l'ingiustizia restituendo ciò che abbiamo rubato alla nostra vittima. Non sempre è possibile restituire ciò che abbiamo preso, ma ci deve essere almeno l'intenzione. Senza quell'intenzione, il peccato è ancora nel nostro cuore; desideriamo ancora defraudare il nostro prossimo di ciò che gli appartiene.

Un'altra ragione per la quale è necessario soffermarsi sui peccati di ingiustizia è che al giorno d'oggi si tende a pensare che tutto ciò che possediamo provenga dalla società. Questa visione è priva di fondamento, dal momento che la società in sé non produce nulla. Non esiste una ricchezza nazionale che lo stato ha il dovere di distribuire equamente tra i suoi membri.

Una nazione, in quanto tale, non può produrre alcunché. Esiste solo ciò che producono i singoli membri di quella nazione.

La società ha il diritto di prendere una porzione di ciò che viene prodotto dai suoi membri unicamente al fine di poter adempiere alle sue funzioni essenziali. Quando, occasionalmente, viene alleggerita la pressione fiscale su una classe rispetto a un'altra, i giornali tendono a decretare che "Il governo fa un regalo" alla classe interessata. In realtà, egli non fa che dire, "Intendo prendere meno di ciò che avete prodotto di quanto ho preso finora". Il governo non è in grado di fare regali, non disponendo di risorse per farlo se non ciò che aveva preso in precedenza, debitamente o indebitamente, sotto forma di tasse.

L'ingiustizia non diventa giustizia se fatta dalla nazione o dallo stato. Una rapina non è meno rapina se compiuta dallo stato piuttosto che da un individuo. Uno stato predatore mina l'onestà e distrugge gli incentivi al rendimento.

La visione della vita che ho rappresentato origina prevalentemente dall'invidia degli altri, alla quale tendiamo come conseguenza della Caduta. Il che ci porta al Decimo Comandamento, che sottolinea la malvagità dell'ingiustizia nel pensiero. L'invidia e la gelosia sono peccati, non virtù, anche se rimangono solo pensieri e non si traducono in azioni. Se ne parla spesso come se vi fosse una qualche virtù nel risentirsi del fatto che altri hanno più di quanto abbiamo noi.

Qualsiasi atto di ingiustizia scaturisce dall'ingiustizia che già esisteva nella mente. Come abbiamo visto in precedenza, tutti i peccati di lussuria derivano da pensieri lussuriosi. "chiunque guarda una donna per desiderarla, *ha gia commesso* adulterio con lei nel suo cuore" (Matteo V, 28). Tutti i peccati di violenza nascono dalla violenza nella mente. "Chiunque odia il proprio fratello è omicida" (1 Giovanni III, 15). Allo stesso modo, nessuno commette un peccato di ingiustizia se prima non ha covato invidia o rancore nella propria mente; è qui che si commette il vero peccato.

L'antidoto contro i peccati del pensiero è la pratica del distacco dalle cose materiali. Notate ancora una volta come le risposte del Catechismo conducano ai concetti che stiamo esaminando: "Che giova infatti all'uomo guadagnare il mondo intero, se poi perde la propria anima?" (Marco VIII, 36) (p7). Sappiamo che lo scopo di questa vita non è la ricchezza materiale. La lezione che dobbiamo imparare, in questa vita materiale, è liberarci dalle cose materiali e ambire a quelle eterne. La vita è, o dovrebbe essere, un processo di distacco che culmina nel distacco supremo della morte. Dovremmo continuamente cercare di liberarci dal mondo materiale che, se Dio vuole, avremo utilizzato nel modo da Lui prescritto senza donare ad esso il nostro cuore.

C'è una differenza tra l'accezione moderna del termine "povertà" e la virtù che potremmo chiamare "povertà evangelica", che Nostro Signore stesso consiglia così di frequente nei Vangeli. Nel linguaggio comune, per povertà si intende indigenza, ignoranza, sporcizia e malattia: la vita dei bassifondi. Non vi è nulla di cristiano in quel tipo di vita, e per questo non dobbiamo incoraggiarlo, ma estirparlo.

Povertà evangelica, nell'accezione attribuitale da 19 secoli di pratica cristiana, significa che qualsiasi siano le nostre condizioni materiali, difficili o agiate, non dovremmo attribuire eccessiva importanza al benessere materiale. Dio Onnipotente vuole che siamo pronti a separarcene, e che in nessuna circostanza commettiamo peccato per ottenerlo o per difenderlo.

La povertà intesa come indigenza non può essere una virtù, mentre lo è sempre la povertà intesa come distacco; maggiore è il distacco, maggiore è la virtù. Possiamo rinunciare volontariamente alle cose materiali, conquistando così un grande merito.

Pensate a San Francesco d'Assisi, il povero di Assisi, che viene sempre considerato paradigma di povertà evangelica. Tuttavia, egli stesso era il prodotto di una società molto avanzata e sofisticata, e ha goduto dei vantaggi culturali e dell'istruzione derivanti dall'appartenere ad essa. Poiché aveva goduto dei vantaggi della società di allora, S. Francesco compiva un gesto grandioso ed eroico nello spogliarsi da tutte le conseguenze materiali che da essa derivavano e nel praticare quell'assoluto distacco, che si traduceva in uno stile di vita estremamente ascetico e austero. Anche se avesse voluto, non avrebbe potuto spogliarsi dei tanti vantaggi dei quali aveva goduto.

Nostro Signore ci dice che è impossibile servire sia Dio che Mammona. Le categorie definite con così grande leggerezza, la distinzione tra ricchi e poveri, sia in riferimento a paesi che a persone, sono qualcosa di estremamente fittizio, in quanto il benessere materiale è relativo. Chi è ricco e chi è povero? Nessuno pensa mai di essere abbastanza ricco, neanche un magnate del petrolio.

Naturalmente, esistono persone molto ricche; altrettanto ovviamente, esistono persone che vivono sulla soglia dell'inedia o al di sotto di essa; ma non esiste una norma che determini cos'è peccato. Questo concetto assurdo è il fondamento di molti dei pensieri malvagi e di invidia di cui abbiamo discusso.

Gli standard sono cambiati nel corso della storia, e variano enormemente anche oggi. Quello che viene considerato opulenza in una generazione, in una nazione o in una fase della vita, può essere considerato povertà in un'altra. È importante tenere a mente questo concetto, perché troppo spesso si commette l'errore di parlare di quell'agio di cui si crede tutti dovrebbero godere, o peggio, di cui tutti abbiano il "diritto di godere", come se fosse implicito nella morale cristiana. Quando, invece, si analizzano i termini, ci si rende conto di quanto l'agio sia relativo se inserito nel contesto della storia dell'uomo. Una volta compreso questo punto, si è liberi dall'inganno, nel quale cadono in molti, di pensare che una certa qualità della vita possa identificarsi con una moralità o uno standard cristiano. Non può essere così.

Il Settimo e il Decimo Comandamento, che abbiamo appena esaminato, sono incentrati sull'applicazione della giustizia ai beni materiali e sull'invidia di cui sono oggetto coloro che li possiedono. L'Ottavo Comandamento, al quale giungiamo ora, riguarda anch'esso la virtù della giustizia, nelle questioni di reputazione e del diritto alla verità del nostro prossimo.

Il Catechismo dice:

L'Ottavo Comandamento è: "Non pronunciare falsa P 219
testimonianza".

Questo, come gli altri Comandamenti, ha un significato che va al di là dell'enunciazione e che copre due colpe molto diverse, sebbene strettamente interconnesse. Principalmente, questo Comandamento riguarda i nostri doveri nei confronti del nostro prossimo, ma riflette quei doveri diretti nei confronti di Dio Onnipotente, di cui abbiamo parlato con il Secondo Comandamento, che proibisce di pronunciare il nome di Dio invano.

P 220 **L'Ottavo Comandamento proibisce la falsa testimonianza, il giudizio temerario e la bugia.**

La calunnia e la detrazione sono proibite dall'Ottavo P 221
Comandamento, come anche maldicenza e qualsiasi parola che possa ledere il buon nome del nostro prossimo.

C'è una differenza tra calunnia e detrazione. La calunnia è affermare ciò che non è vero, a discapito del nostro prossimo; la detrazione è dire qualcosa di vero, ma che non abbiamo nessun diritto di rivelare.

Questi sono tutti peccati di ingiustizia perché ogni uomo ha diritto al suo buon nome fino a che non lo perde pubblicamente. Può capitare, quindi, di essere a conoscenza di qualcosa a danno di qualcuno, ed essere moralmente tenuti a non divulgare l'informazione in quanto non di dominio pubblico. A meno che non vi sia un motivo che vi costringe a rivelarla, commettete peccato se rivelate un'informazione, di cui solo voi siete a conoscenza, che vada a ledere la reputazione di qualcuno. Naturalmente, il peccato è tanto più grave se quello che rivelate non è vero. L'Ottavo Comandamento ci dice che commettiamo un peccato di ingiustizia se diciamo al nostro prossimo qualcosa di falso a proposito di questioni che ha il diritto di conoscere. E commettiamo un'ingiustizia molto grave se lediamo la sua reputazione. Questo Comandamento implica, pertanto, anche il divieto di pronunciare il nome di Dio invano nel modo più dannoso per la reputazione del nostro prossimo, vale a dire giurando contro di lui con l'aggravante di chiamare Dio Onnipotente a testimone della veridicità di una menzogna.

P 222 **Se ho leso il mio prossimo sparlando di lui, sono tenuto a riparare al torto facendo quanto in mio potere per riabilitare il suo buon nome.**

Come abbiamo visto con la risposta 217, quando ci pentiamo, deve essere presente l'intenzione di riparare al torto fatto. Quando si tratta di cose materiali, può essere impossibile restituirle, ma si deve quantomeno avere l'intenzione di farlo; lo stesso vale per i peccati di ingiustizia commessi con le parole. Se ciò che dite non è vero, il vostro dovere è molto semplice, per quanto molto difficile: dovete dire, "Le cose che ho detto a proposito di Tizio erano false e me ne pento". Se ciò che dite è vero è più difficile riparare al torto, ma siete comunque tenuti a cercare di compensare al male causato, come minimo attraverso la preghiera.

Con questo, termina la nostra riflessione sulla legge morale di Dio Onnipotente rappresentata dai Dieci Comandamenti.

CAPITOLO 22

I precetti della Chiesa

Apriamo, infine, la riflessione sull'ultima sezione del Catechismo che propongo di prendere in esame. A questa sezione, in realtà, seguono altre tre magnifiche sezioni che trattano dei Vizi e delle Virtù, della Norma di Vita del cristiano e dell'Esercizio Quotidiano del cristiano. Tali argomenti non sono di natura dogmatica, pertanto non richiedono un approfondimento come quello dei precedenti capitoli; nondimeno, li raccomando come ottimi spunti per la lettura e la pratica.

La sezione che affrontiamo ora si intitola "I Precetti della Chiesa". Il titolo, nonché il fatto che la sezione segua immediatamente quella dedicata ai Comandamenti di Dio, suggerisce che esista una certa analogia, persino un'equivalenza, tra di essi. I Comandamenti di Dio sono un codice morale completo, che tutti gli uomini sono tenuti ad osservare. Sono immutabili in quanto riflettono la natura perfetta e immutata di Dio Onnipotente. Colui che obbedisce ai Comandamenti di Dio Onnipotente adempie pienamente allo scopo per il quale il suo Creatore lo ha chiamato in essere. Nessuno può, consapevolmente e deliberatamente, ignorare i Comandamenti di Dio e salvare la propria anima.

I Precetti della Chiesa, invece, sono una selezione di quelle norme di Diritto Canonico che più facilmente possono essere utili al cattolico laico nella condotta della propria vita. Voglio sottolineare ancora una volta questa differenza; in nessun caso un uomo può disobbedire alla Legge di Dio; ci sono, invece, molte circostanze nelle quali si può dispensare un uomo dall'obbedire ai Precetti della Chiesa. Ad esempio, l'omicidio o l'adulterio non sono in nessun caso accettabili; al contrario, ci possono essere molte situazioni in cui è accettabile che non si rispetti l'obbligo di ascoltare la Messa o di praticare il digiuno o l'astensione dalle carni. Questo non significa che i Precetti della Chiesa non siano fortemente vincolanti per la coscienza. L'idea che la Chiesa abbia il potere di vincolare la coscienza deriva dal concetto, che abbiamo già esaminato, di Chiesa come società suprema e autosufficiente nel suo ordine, con il potere di legiferare e di applicare le sue leggi attraverso sanzioni, non solo su questioni relative alla legge morale, ma anche relative alla disciplina, come ad esempio il numero delle Feste di Precetto nel corso dell'anno. Nell'esaminare nel dettaglio i Precetti della Chiesa vi renderete conto che essi trattano per lo più delle particolari applicazioni della Legge Divina. La Legge di Dio è, come abbiamo detto, immutabile; le sue applicazioni, invece, possono essere modificate o dispensate dalla Chiesa.

Spesso, quando qualcuno muove delle obiezioni a un particolare esempio di questo esercizio di autorità, ci si rende conto che ciò che trova detestabile non è l'esempio in sé, ma il fatto stesso che la Chiesa abbia una simile autorità. Queste persone non credono che la Chiesa sia una società completamente indipendente nell'ordine spirituale, come lo stato lo è nelle questioni temporali, con tutti i poteri necessari a condurre gli uomini alla salvezza eterna. Partendo da questo presupposto, la domanda 228 risulta chiara:

P 228 **Siamo tenuti ad obbedire alla Chiesa, perché Cristo ha detto ai pastori della Chiesa, "Chi ascolta voi, ascolta me; e chi disprezza voi, disprezza me".** (Luca X, 16)

e questo è applicabile alle questioni di disciplina sulle quali ci troviamo in disaccordo con quello che la Chiesa comanda. È importante sottolineare che non stiamo parlando di questioni di coscienza, ma di disciplina. Se l'autorità ecclesiastica ci chiedesse di fare qualcosa di terribile per la nostra coscienza, la nostra coscienza deve prevalere.

Il Catechismo elenca, quindi, i più importanti Precetti della Chiesa:

P 229 **I Precetti della Chiesa più importanti sono:**
1. **Santificare la domenica e le Feste di Precetto partecipando alla Messa e astenendosi dalle opere servili.**
2. **Osservare i giorni di digiuno e di astinenza stabiliti dalla Chiesa.**
3. **Confessarsi almeno una volta all'anno.**
4. **Ricevere il Santissimo Sacramento almeno una volta all'anno e comunicarsi almeno a Pasqua.**
5. **Sovvenire alle necessità della Chiesa.**
6. **Non sposarsi in presenza di un certo grado di parentela, né celebrare solennemente le nozze nei tempi proibiti.**

Il Catechismo dice che il primo Precetto della Chiesa è:

P 230 **"Santificare la domenica e le Feste di Precetto partecipando alla Messa e astenendosi dalle opere servili".**

Ecco un esempio lampante di una particolare applicazione, stabilita dalla Chiesa, dell'obbligo comune a tutti gli uomini di adorare Dio Onnipotente. La Chiesa spiega ai suoi figli come devono adempiere a questo dovere, vale a dire ascoltando la Messa la domenica e nelle Feste di Precetto, e astenendosi dalle opere servili. La successiva risposta,

> **Le Feste di Precetto osservate in Inghilterra e Galles sono: il Giorno di Natale, l'Epifania, l'Ascensione, il Corpus Domini, Santissimi Pietro e Paolo, l'Assunzione della Madonna, e Tutti i Santi.** P 231

dimostra che la selezione dei giorni può variare da paese a paese. Le feste cambiano persino tra Inghilterra, Galles, Scozia e Irlanda. In Francia, credo, le Feste di Precetto sono state ridotte a quattro dal Concordato tra Papa Pio VII e Napoleone I, inclusa l'Assunzione della Madonna il 15 Agosto, che si dà il caso fosse il compleanno di Napoleone.

> **I cattolici sono fortemente tenuti a partecipare alla Messa la domenica e nelle Feste di Precetto, a meno di non avere altri doveri molto importanti da adempiere o in caso di cattiva salute.** P 232

> **Genitori e datori di lavoro sono tenuti a fare in modo che coloro che sono sotto la loro responsabilità ascoltino la Messa la domenica e nelle Feste di Precetto.** P 233

Il Catechismo prosegue:

> **Il secondo Precetto della Chiesa è: "Osservare i giorni di digiuno e di astinenza stabiliti dalla Chiesa".** P 234

Anche qui, si tratta di una particolare applicazione della Legge Divina. Nessuno può sperare, data la natura corrotta dell'uomo, di salvare la propria anima senza imporre alcune restrizioni e disciplinare tale natura corrotta. Come esposto dal Catechismo in un capitolo successivo, non coperto da questo corso,

> **Le nostre inclinazioni naturali tendono al male fin dalla nostra infanzia e, se non vengono corrette dall'abnegazione, ci condurranno sicuramente all'Inferno.** P 344

Nelle successive cinque risposte, la Chiesa impone quello che potremmo chiamare un minimo simbolico di abnegazione, stabilendo determinati giorni per il digiuno e l'astinenza:

> **I giorni di digiuno sono giorni in cui ci è consentito di avere solo un pasto completo.** P 235

P 236   I giorni di digiuno sono il Mercoledì delle Ceneri e il Venerdì Santo.

P 237   I giorni di Astinenza sono giorni in cui ci è fatto divieto di mangiare carne rossa.

P 238   I giorni di Astinenza in Inghilterra e Galles sono il Mercoledì delle Ceneri e il Venerdì Santo.

P 239   La Chiesa ci comanda di digiunare e fare astinenza per mortificare la nostra carne e soddisfare Dio per in nostri peccati.

Le successive cinque risposte del Catechismo riguardano il terzo e il quarto Precetto della Chiesa:

P 240   Se sono colpevole di un peccato grave devo confessarmi prima possibile, ma in nessun caso meno di una volta all'anno.

P 241   I bambini devono confessarsi non appena sviluppano l'uso della ragione e sono capaci di commettere peccati gravi.

P 242   I bambini, in generale, sviluppano l'uso della ragione intorno ai sette anni.

P 243   Il quarto Precetto della Chiesa è: "Ricevere il Santissimo Sacramento almeno una volta all'anno e comunicarci almeno a Pasqua".

P 244   I cristiani sono tenuti a ricevere il Santissimo Sacramento non appena sono in grado di distinguere il Corpo di Cristo dal pane normale e si ritiene siano sufficientemente istruiti.

Nostro Signore ci ha fornito gli strumenti per ottenere il perdono dei peccati commessi dopo il Battesimo e ci ha dato Sé stesso nella Santa Eucaristia come vita e cibo della nostra anima. Conseguentemente, ci deve essere imposto l'obbligo di utilizzare questo strumento. Saggiamente, la Chiesa impone un utilizzo minimo, consapevole del fatto che senza tale obbligo rischiamo di trascurare completamente queste norme.

P 245   Il quinto Precetto della Chiesa è: "Sovvenire alle necessità della Chiesa".

P 246   È nostro dovere contribuire al sostegno della nostra religione concordemente alle nostre possibilità, in modo che Dio sia adeguatamente onorato e venerato e il Regno della Chiesa venga esteso.

Se la Chiesa è, come crediamo, incorporata in un corpo visibile e organizzato qui sulla terra, tale corpo ha bisogno degli strumenti materiali necessari alla sua gestione, al suo sostegno e ampliamento, e in particolare all'istruzione e al sostentamento dei suoi ministri.

Il sesto Precetto della Chiesa è: "Non sposarsi in presenza di un certo grado di parentela, né celebrare solennemente le nozze nei tempi proibiti". P 247

I tempi in cui è proibito celebrare solennemente le nozze senza un nulla osta speciale vanno dalla prima domenica dell'Avvento fino a tutto il Giorno di Natale, e dal primo giorno di Quaresima fino a tutta la domenica di Pasqua. P 248

Quest'ultimo Precetto della Chiesa ci riporta ad un altro concetto che abbiamo affrontato in precedenza, vale a dire che il matrimonio, per quanto sia un contratto naturale tra esseri umani, è stato elevato da Nostro Signore alla dignità di Sacramento per i membri del Suo Corpo. Di conseguenza, la Chiesa ha il potere di vincolarlo a simili regole al fine di preservarne la dignità.

Ricordate sempre che la Chiesa impone i suoi Precetti ai suoi membri al fine di condurli alla salvezza; pertanto, dovremmo essere grati per gli effetti positivi di queste norme quanto lo siamo per le cose materiali della vita che Dio Onnipotente ci ha donato come mezzi attraverso i quali, se scegliamo di fondere la nostra mente e la nostra volontà alle Sue, possiamo costruire la strada che ci condurrà al Regno Celeste.

Dovremmo pensare alle cose materiali della vita solo in termini di semplice gratitudine verso il Creatore e il Donatore di tutte le cose buone. Solo in presenza di gratitudine per l'eccellenza dei doni di Dio, può avere valore la rinuncia volontaria ad essi per giungere a un'unione più intima con il Donatore.

Nel corso dei secoli, la Chiesa cattolica è la dimostrazione costante di questa profonda verità. Non esiste difensore della santità e indissolubilità del matrimonio cristiano come la Chiesa, che riserva l'ideale del celibato volontario a coloro che ne sentono la vocazione; non esiste difensore del diritto alla proprietà come la Chiesa, che glorifica l'ideale di povertà volontaria; non esiste difensore della dignità e della libertà della volontà umana come la Chiesa, che predica l'ideale dell'obbedienza volontaria.

Dovremmo, quindi, essere grati a Dio Onnipotente per averci

donato la Chiesa e il Mondo. Dovremmo essere grati alla Chiesa per tutto ciò che ci insegna e tutto ciò che ci richiede, perché le sue parole sono le parole di Nostro Signore stesso, della cui Incarnazione essa è la continuazione, fino alla Seconda Venuta.

In questo corso, ho esposto la Fede cattolica in tono didattico e asciutto. Il mio scopo è stato quello di mettervi di fronte alla Verità pura e semplice, la Verità di Dio, la Verità di cui la Chiesa è pilastro e sostegno. Se amerete quella Verità come la amo io e, a Dio piacendo, giungerete ad amare la Chiesa che insegna la Verità, proverete la meraviglia e la gioia e l'ispirazione della quale hanno scritto i Santi e i padri della Chiesa.

Per farvi comprendere cosa significhi provare l'ispirazione del camminare con Dio, lasciate che concluda questo commento del Catechismo con la visione della Chiesa secondo Mons. Robert Hugh Benson, un brano tratto dal suo splendido libro *Cristo nella Chiesa*:

> *Poiché attraverso i suoi occhi vedo brillare gli Occhi di Dio e dalle sue labbra sento le Sue parole. In ciascuna delle sue mani, allorché le solleva per benedire, vedo le ferite che sanguinavano sul Calvario e i suoi piedi sulla scalinata dell'Altare portano gli stessi segni che ha baciato Maddalena. Quando mi conforta nel confessionale, sento la voce che disse al peccatore di andare e non peccare più; e quando mi rimprovera o mi trafigge con il suo biasimo mi ritiro da una parte e tremo insieme a coloro che uno ad uno sono usciti, a cominciare dal più anziano, fino a che Gesù e il penitente non furono lasciati soli. Quando grida il suo invito nel mondo, sento lo stesso squillante appello che chiamava, "Venite a Me e trovate rifugio per le vostre anime"; quando allontana coloro che professano di servirla, vedo la stessa ira che cacciò i mercanti dal tempio.*
>
> *Quando la guardo tra la sua gente, acclamata dalla folla che grida sempre per il sorgere del sole, vedo i rami di palma intorno alla sua testa, e la Città e Regno di Dio mi appaiono a un tiro di sasso, e tuttavia al di là della valle del Kedron e il giardino del Getsemani; e quando le scagliano contro il fango, la rifiutano, le sputano addosso e la infamano, nei suoi occhi leggo che dovremmo piangere non per lei, ma per noi stessi e per i nostri figli, perché essa è immortale e noi non siamo che mortali.*

Quando guardo il suo bianco corpo, morto e dissanguato, sento ancora una volta l'odore degli unguenti e dell'erba calpestata di quel giardino vicino ai luoghi dove Egli fu crocifisso, e sento i passi dei soldati che vennero a sigillare la pietra e a montare la guardia. Infine, quando la vedo muoversi ancora una volta nell'aurora di ogni nuovo giorno, o nella rivelazione della sera, mentre il sole di questa o quella dinastia si spegne, comprendo che Colui che è morto è tornato con la guarigione nelle Sue ali, per confortare coloro che piangono e per medicare i cuori spezzati; e che Egli viene senza essere osservato, quando i Suoi nemici dormono e coloro che Lo amano piangono di dolore.

Tuttavia, anche nel vedere tutto ciò, mi rendo conto che la Pasqua non è che una nuova Betlemme; il ciclo ricomincia nuovamente dall'inizio e il conflitto deve ancora essere combattuto, perché essi non si convinceranno, nonostante Uno resusciti di giorno in giorno dai morti.

APPENDICI

ELEMENTI ESSENZIALI E ACCESSORI

Mi fu chiesto, una volta, di fare un discorso su "La Chiesa come la vorrei". Mi dissero che avevano scelto questo titolo per incoraggiare gli oratori a "parlare in termini più ampi rispetto ai meri concetti di base". Mi trovai, quindi, in difficoltà, dal momento che "i meri concetti di base" sono tutto ciò che mi porta ad accettare con tutto il cuore la fede e da cui deriva la mia devozione. Inoltre, essi richiedono, e grazie a Dio ricevono, un atto di fede divina da parte mia. I concetti accessori, invece, possono piacere come possono non piacere; essi riflettono inevitabilmente lo spirito del tempo, in modo più o meno fedele (in quanto spesso esiste uno sfasamento in un senso o nell'altro), e possono piacere o non piacere esattamente quanto può piacere o non piacere lo spirito del tempo.

Oggi, pretendiamo che le cose siano "come ci piacciono". Uno degli effetti collaterali della democrazia è che la gente pretende di avere un governo che le piace, le leggi che le piacciono, l'istruzione che le piace. La pubblicità, i mass media, le ricerche di mercato e via dicendo fanno in grande misura leva su questa tendenza dilagante. La casalinga deve avere le merci che le piacciono, nella confezione che le piace. Ciò che ci piace, che è quanto di più irrazionale e irresponsabile, frutto di un capriccio, viene esaltato come principio. La moda, vale a dire i gusti collettivi di un'epoca, viene canonizzata e ignorarla diventa riprovevole. Solo in un'era regolata da simili principi si può chiedere a qualcuno di parlare de "La Chiesa come la vorrei".

Avete mai preso in considerazione l'ipotesi che Nostro Signore Gesù Cristo avrebbe potuto non piacervi; avete mai pensato che la Sua natura umana era il prodotto di una società e di una cultura che non vi appartengono; che il dono della Fede divina, nella Sua Divinità (e di conseguenza l'amore e l'adorazione senza riserve nei Suoi confronti) sarebbe stata compatibile con il fatto di non trovare gradevole il modo in cui Egli mangiava, il Suo modo di condurre una discussione, il modo in cui trattava la Sua Santissima Madre? Se non accettiamo questa possibilità, significa che qualcosa non quadra nella nostra comprensione dell'Incarnazione, il mistero centrale della fede cattolica; significa che abbiamo una visione docetistica di Nostro Signore, per cui Egli era Dio che faceva finta di essere uomo, che assumeva le sembianze di uomo e recitava nella vita e nella morte. Dovremmo invece pensare al Verbo increato che diventa un particolare uomo, condizionato nella Sua natura umana dalla cultura e dall'ambiente del Suo tempo quanto lo siamo noi nel nostro.

La Chiesa è un mistero tanto quanto l'Incarnazione; essa è la continuazione di quel mistero fino alla Seconda Venuta. Non potremo mai accettare pienamente il mistero della Chiesa se, riflettendo su di essa, non applichiamo lo stesso ragionamento che dovremmo applicare anche a Nostro Signore. Così come per l'Incarnazione operiamo una distinzione tra la verità che accettiamo pienamente attraverso un atto di fede e le circostanze secondarie di cultura e educazione nelle quali tale verità giunge a noi, allo stesso modo, possiamo accettare che la Chiesa sia la nostra guida spirituale infallibile, la nostra fonte di grazia attraverso il Sacramenti, e tuttavia non gradire i canali umani attraverso i quali essa ci insegna. Nell'operare tale distinzione, però, non dobbiamo necessariamente creare una divisione. Nell'Incarnazione, la natura umana e quella divina di Nostro Signore sono inscindibili, per cui le Sue azioni sono allo stesso tempo umane e divine; allo stesso modo la Chiesa, sposa immacolata di Cristo, vive e opera attraverso canali umani, imperfetti o poco attraenti quanto possiamo esserlo voi ed io.

È necessario che capiamo quanto sia fuorviante la tradizionale distinzione tra Chiesa e Mondo; non esiste una simile antitesi, una simile dicotomia, tra di loro. Si tratta di una distinzione simile a quella tradizionale tra Corpo e Anima. In entrambi i casi, i termini sono perfettamente accettabili, purché non si pensi a due entità separate che vengono messe insieme. In questa vita, l'uomo è un essere uno e indivisibile che vive e opera su due piani contemporaneamente, che dipendono l'uno dall'altro e interagiscono in continuazione.

Lo stesso vale per la Chiesa e il Mondo: non si tratta di due entità separate e autonome che coesistono in una realtà. Le due entità si compenetrano e interagiscono, perché entrambe sono composte dalle stesse persone. Ogni figlio della Chiesa è anche figlio del suo tempo e i suoi pensieri vengono influenzati dalla cultura e dall'ambiente determinati dal suo tempo. La Chiesa non influenza costantemente la cultura presente esercitando su di essa una pressione dall'esterno, ma perché i suoi membri, che in quanto membri della Chiesa sono cittadini della Gerusalemme celeste, sono allo stesso tempo anche attori sul palcoscenico dell'attualità.

Non possiamo, anche se volessimo, liberarci dell'influenza che il nostro tempo esercita su di noi. In tempi più liberali era più facile per alcuni trovare una via di uscita e cercare di creare (cosa che credevano di riuscire a fare) delle realtà di vita cristiana più razionali. Simili esperimenti rischiano di incorrere nelle critiche di questa era collettivista e di essere tacciate di escapismo. Si tratta di qualcosa di simile alla chiamata del deserto e del monastero, condizioni di vita adatte per coloro che ne sentono la vocazione. Ciascuna di queste è una società volontaria, cosa che la Chiesa non è e non può essere. Essa è stata creata dalla Provvidenza per essere l'unica Arca della Salvezza per tutti.

Se vediamo la Chiesa in questa luce, ciò che ci piace e ciò che non ci piace non può avere alcuna conseguenza sul nostro dovere di farne parte. La Chiesa non può selezionare i propri membri (come possono fare gli ordini religiosi), e non può essere una torre d'avorio. Per la Chiesa, la partecipazione (per utilizzare il gergo moderno) non è una virtù, ma qualcosa di inevitabile. Per cui, in ogni periodo, i sui membri prendono in considerazione le ortodossie contemporanee, spesso le adottano e persino le lodano, ma alla fine le scartano sempre, in un processo che deve essere considerato tanto inevitabile quanto effimero; è il prezzo che paghiamo per l'Incarnazione. È sbagliato attribuire eccessiva importanza a tale processo e soprattutto considerarlo definitivo; non si deve pensare che la Chiesa abbia finalmente trovato la cornice materiale ideale nella quale esprimere la verità immutata. Questo è pensiero che tenta tanto coloro che idealizzano i risultati raggiunti nel XIII secolo quanto coloro che idealizzano il presente. La Chiesa agirà all'interno di un sistema sociale, politico o persino ideologico, finché esso non la limiterà o finche essa non rischierà di essere identificata con tale sistema; quando questo accadrà, la Chiesa semplicemente se ne libererà. Allora, il rompere questi legami causerà il dolore dei suoi figli e farà sì che essa venga considerata il più inaffidabile degli alleati.

Quanti cattolici francesi vecchio stile, che erano stati educati a credere nell'unione tra il trono e l'altare, si devono essere sentiti persi quando Leone XIII aprì nei confronti della Terza Repubblica?

Questo oscillare tra partecipazione e liberazione è costante, per quanto irregolare, come quello di un pendolo. Si dice che Pio XI, nel periodo in cui stipulava accordi con i Dittatori, abbia detto che avrebbe fatto un patto con il Diavolo in persona se avesse in tal modo potuto fare gli interessi della Chiesa. Meno di un secolo prima, Pio IX aveva dichiarato che la Chiesa non aveva alcun bisogno di scendere a compromessi con il XIX secolo. Né l'esempio di associazione con il mondo contemporaneo, né l'esempio di dissociazione da esso, susciterebbero grande entusiasmo nel cattolico liberale odierno. Entrambi possono servire a dimostrare quanto possa essere pragmatico l'approccio della Chiesa e a rivelare la coerenza di fondo che si cela dietro differenze superficiali. Esiste un processo che si ripete in continuazione nel corso dei secoli, perché, in un modo o nell'altro, la lotta per le Investiture non si è mai spenta. Il sostegno terreno e l'appartenenza al mondo hanno sempre un prezzo, e spesso si arriva a un punto in cui tale prezzo è troppo alto. Le vestigia di antiche alleanze sono visibili dappertutto. Le divisioni territoriali della Chiesa, le parrocchie, le diocesi, le province, riflettono tutte un concetto feudale e gerarchico di società. La promessa di obbedienza che ho fatto al mio Vescovo, durante la mia ordinazione, era feudale nella forma, nei concetti e nell'espressione. I vassalli pronunciavano simili giuramenti di fedeltà ai propri feudatari, dei quali diventavano sudditi.

Fino a poco tempo fa, le cerimonie della Messa solenne pontificale, in cui il Vescovo si lavava le mani e vestiva i paramenti al trono, presentavano delle analogie con la cerimonia del risveglio di Luigi XIV. Il rituale della corte papale rifletteva e ispirava le cerimonie delle monarchie nazionali cristiane. Molti nostri contemporanei trovano simili analogie imbarazzanti; anche noi siamo diventati collettivisti e egualitari come l'epoca in cui viviamo. Gli esperti ci dicono, con spirito simile a quello di Mr. Pugin e dei suoi seguaci (sebbene con conseguenze visive piuttosto diverse), che le chiese possono essere ordinate e le cerimonie condotte solo in questo o quel modo. Agli occhi dei sostenitori del medievalismo del secolo scorso, il lungo presbiterio, la cancellata dell'altare, il vestire la cotta in coro e il canto gregoriano apparivano fondamentali per l'espansione del regno di Dio quanto lo appaiono oggi ai loro inconsapevoli discendenti l'altare centrale, la liturgia nella lingua volgare, i salmi di Gelineau. Coloro che vengono coinvolti da una moda credono che seguirla sia una questione di principio e che ogni deviazione sia riprovevole. La palese differenza tra il liturgista moderno e quello del 1840 e che oggi le autorità condividono la visione degli innovatori e questo implica il dovere morale di accettare i cambiamenti.

I cambiamenti di cui siamo stati testimoni non hanno avuto origine, come qualcuno ci vorrebbe far credere, dalla diretta ispirazione dello Spirito Santo né, come alcuni commentatori non cattolici sembrano suggerire, dalla paura della Chiesa di perdere terreno a meno di non riuscire a proiettare un'immagine più moderna di sé stessa. I cambiamenti sono avvenuti perché coloro che decidono le politiche della Chiesa sono essi stessi prodotto di un'era egualitaria e collettivista, di cui condividono il pensiero e la visione delle cose. Le modifiche da essi apportate agli aspetti accessori non sono più durature di quelle apportate dai loro predecessori a precedenti ortodossie. Come altri aspetti superficiali della Chiesa, questi cambiamenti potranno, come ho già suggerito, piacere o non piacere esattamente come può piacere o non piacere lo spirito dell'epoca.

Solo Dio può offrirci il dono di credere nella realtà Divina incarnata in quegli aspetti superficiali.

Estratti dai Documenti del Secondo Concilio Vaticano

1. Unità di anima e di corpo, l'uomo sintetizza in sé, per la stessa sua condizione corporale, gli elementi del mondo materiale, così che questi attraverso di lui toccano il loro vertice e prendono voce per lodare in libertà il Creatore.
(*Gaudium et Spes*, 14)

2. L'aspetto più sublime della dignità dell'uomo consiste nella sua vocazione alla comunione con Dio. Fin dal suo nascere l'uomo è invitato al dialogo con Dio. Se l'uomo esiste, infatti, è perché Dio lo ha creato per amore e, per amore, non cessa di dargli l'esistenza; e l'uomo non vive pienamente secondo verità se non riconosce liberamente quell'amore e se non si abbandona al suo Creatore. Molti nostri contemporanei, tuttavia, non percepiscono affatto o esplicitamente rigettano questo intimo e vitale legame con Dio: a tal punto che l'ateismo va annoverato fra le realtà più gravi del nostro tempo.
(*Gaudium et Spes*, 19)

3. La vera libertà, invece, è nell'uomo un segno privilegiato dell'immagine divina. Dio volle, infatti, lasciare l'uomo "in mano al suo consiglio" (Eccl XV, 14) che cerchi spontaneamente il suo Creatore e giunga liberamente, aderendo a lui, alla piena e beata perfezione. Perciò la dignità dell'uomo richiede che egli agisca secondo scelte consapevoli e libere, mosso cioè e determinato da convinzioni personali, e non per un cieco impulso istintivo o per mera coazione esterna. L'uomo perviene a tale dignità quando, liberandosi da ogni schiavitù di passioni, tende al suo fine mediante la scelta libera del bene e se ne procura con la sua diligente iniziativa i mezzi convenienti. Questa ordinazione verso Dio, la libertà dell'uomo, realmente ferita dal peccato, non può renderla effettiva in pieno se non mediante l'aiuto della grazia divina. Ogni singolo uomo, poi, dovrà rendere conto della propria vita davanti al tribunale di Dio, per tutto quel che avrà fatto di bene e di male (*cfr* 2 Corinzi V, 10).
(*Gaudium et Spes*, 17)

4. Il Secondo Concilio Vaticano riassume quanto abbiamo finora detto con le seguenti parole: Con la divina Rivelazione Dio volle manifestare e comunicare se stesso e i decreti eterni della sua volontà riguardo alla salvezza degli uomini, "per renderli cioè partecipi di quei beni divini, che trascendono la comprensione della mente umana" (Vat. I, Costituzione Dogmatica sulla Fede Cattolica, c. 2). Il santo Concilio professa che "Dio, principio e fine di tutte le cose, può essere conosciuto con certezza con il lume naturale dell'umana ragione a partire dalle cose create" (*cfr* Romani II, 20) ma insegna anche che è merito della Rivelazione divina se "tutto ciò che nelle cose divine non è di per sé inaccessibile alla umana ragione, può, anche nel presente stato del genere umano, essere conosciuto da tutti facilmente, con ferma certezza e senza mescolanza d'errore". (Vat. I, *loc. cit.*) (*Dei Verbum*, 6)

5. A Dio che rivela è dovuta "l'obbedienza della fede" (Romani XVI, 26; *cfr* Romani I, 5; 2 Corinzi X, 5-3), con la quale l'uomo gli si abbandona tutt'intero e liberamente prestandogli "il pieno ossequio dell'intelletto e della

volontà" (Secondo Concilio di Orange, can. 7) e assentendo volontariamente alla Rivelazione che egli fa. Perché si possa prestare questa fede, sono necessari la grazia di Dio che previene e soccorre e gli aiuti interiori dello Spirito Santo, il quale muova il cuore e lo rivolga a Dio, apra gli occhi dello spirito e dia "a tutti dolcezza nel consentire e nel credere alla verità" (*Conc. cit.*, can. 7). Affinché poi l'intelligenza della Rivelazione diventi sempre più profonda, lo stesso Spirito Santo perfeziona continuamente la fede per mezzo dei suoi doni.

(*Dei Verbum*, 5)

6. Questa Tradizione di origine apostolica progredisce nella Chiesa con l'assistenza dello Spirito Santo: cresce infatti la comprensione, tanto delle cose quanto delle parole trasmesse, sia con la contemplazione e lo studio dei credenti che le meditano in cuor loro (*cfr* Luca II, 19 e 51), sia con l'intelligenza data da una più profonda esperienza delle cose spirituali, sia per la predicazione di coloro i quali con la successione episcopale hanno ricevuto un carisma sicuro di verità. Così la Chiesa nel corso dei secoli tende incessantemente alla pienezza della verità divina, finché in essa vengano a compimento le parole di Dio.

(*Dei Verbum*, 8)

7. Costituito da Dio in uno stato di giustizia, l'uomo però, tentato dal Maligno, fin dagli inizi della storia abusò della libertà, erigendosi contro Dio e bramando di conseguire il suo fine al di fuori di lui. Pur avendo conosciuto Dio, gli uomini "non gli hanno reso l'onore dovuto... ma si è ottenebrato il loro cuore insipiente "... e preferirono servire la creatura piuttosto che il Creatore (*cfr* Romani I, 21-25). Quel che ci viene manifestato dalla rivelazione divina concorda con la stessa esperienza. Infatti l'uomo, se guarda dentro al suo cuore, si scopre inclinato anche al male e immerso in tante miserie, che non possono certo derivare dal Creatore, che è buono. Spesso, rifiutando di riconoscere Dio quale suo principio, l'uomo ha infranto il debito ordine in rapporto al suo fine ultimo, e al tempo stesso tutta l'armonia, sia in rapporto a se stesso, sia in rapporto agli altri uomini e a tutta la creazione. Così l'uomo si trova diviso in se stesso. Per questo tutta la vita umana, sia individuale che collettiva, presenta i caratteri di una lotta drammatica tra il bene e il male, tra la luce e le tenebre. Anzi l'uomo si trova incapace di superare efficacemente da sé medesimo gli assalti del male, così che ognuno si sente come incatenato. Ma il Signore stesso è venuto a liberare l'uomo e a dargli forza, rinnovandolo nell'intimo e scacciando fuori "il principe di questo mondo" (Giovanni XII, 31), che lo teneva schiavo del peccato (*cfr* Giovanni XII, 34). Il peccato è, del resto, una diminuzione per l'uomo stesso, in quanto gli impedisce di conseguire la propria pienezza. Nella luce di questa Rivelazione trovano insieme la loro ragione ultima sia la sublime vocazione, sia la profonda miseria, di cui gli uomini fanno l'esperienza.

(*Gaudium et Spes*, 13)

8. Il Padre delle misericordie ha voluto che l'accettazione da parte della predestinata madre precedesse l'incarnazione, perché così, come una donna aveva contribuito a dare la morte, una donna contribuisse a dare la vita. Ciò vale in modo straordinario della madre di Gesù, la quale ha dato al mondo

la vita stessa che tutto rinnova e da Dio è stata arricchita di doni consoni a tanto ufficio. Nessuna meraviglia quindi se presso i santi Padri invalse l'uso di chiamare la madre di Dio la tutta santa e immune da ogni macchia di peccato, quasi plasmata dallo Spirito Santo e resa nuova creatura. Adornata fin dal primo istante della sua concezione dagli splendori di una santità del tutto singolare, la Vergine di Nazaret è salutata dall'angelo dell'annunciazione, che parla per ordine di Dio, quale "piena di grazia" (*cfr* Luca I, 28) e al celeste messaggero essa risponde "Ecco l'ancella del Signore: si faccia in me secondo la tua parola" (Luca I, 38). Così Maria, figlia di Adamo, acconsentendo alla parola divina, diventò madre di Gesù, e abbracciando con tutto l'animo, senza che alcun peccato la trattenesse, la volontà divina di salvezza, consacrò totalmente se stessa quale ancella del Signore alla persona e all'opera del Figlio suo, servendo al mistero della redenzione in dipendenza da lui e con lui, con la grazia di Dio onnipotente. Giustamente quindi i santi Padri ritengono che Maria non fu strumento meramente passivo nelle mani di Dio, ma che cooperò alla salvezza dell'uomo con libera fede e obbedienza. (*Lumen Gentium*, 56)

9. Per il raggiungimento di questo scopo, Cristo inviò da parte del Padre lo Spirito Santo, perché compisse dal di dentro la sua opera di salvezza e stimolasse la Chiesa a estendersi. Indubbiamente lo Spirito Santo operava nel mondo prima ancora che Cristo fosse glorificato. Ma fu nel giorno della Pentecoste che esso si effuse sui discepoli, per rimanere con loro in eterno (*cfr* Giovanni XIV, 16); la Chiesa apparve ufficialmente di fronte alla moltitudine ed ebbe inizio attraverso la predicazione la diffusione del Vangelo in mezzo ai pagani; infine fu prefigurata l'unione dei popoli nell'universalità della fede attraverso la Chiesa della Nuova Alleanza, che in tutte le lingue si esprime e tutte le lingue nell'amore intende e abbraccia, vincendo così la dispersione babelica. Fu dalla Pentecoste infatti che cominciarono gli "atti degli apostoli", allo stesso modo che per l'opera dello Spirito Santo nella vergine Maria Cristo era stato concepito, e per la discesa ancora dello Spirito Santo sul Cristo che pregava questi era stato spinto a cominciare il suo ministero. E lo stesso Signore Gesù, prima di immolare in assoluta libertà la sua vita per il mondo, organizzò il ministero apostolico e promise l'invio dello Spirito Santo, in modo che entrambi collaborassero, sempre e dovunque, nella realizzazione dell'opera della salvezza. Ed è ancora lo Spirito Santo che in tutti i tempi "unifica la Chiesa tutta intera nella comunione e nel ministero e la fornisce dei diversi doni gerarchici e carismatici" (*cfr Lumen Gentium*, 4) vivificando - come loro anima - le istituzioni ecclesiastiche ed infondendo nel cuore dei fedeli quello spirito missionario da cui era stato spinto Gesù stesso.

(*Ad Gentes Divinitus*, 4)

10. Capo di questo corpo è Cristo. Egli è l'immagine dell'invisibile Dio, e in lui tutto è stato creato. Egli è anteriore a tutti, e tutte le cose sussistono in lui. È il capo del corpo, che è la Chiesa. È il principio, il primo nato di tra i morti, affinché abbia il primato in tutto (*cfr* Colossesi I, 15-18).Con la grandezza della sua potenza domina sulle cose celesti e terrestri, e con la sua

perfezione e azione sovrana riempie delle ricchezze della sua gloria tutto il suo corpo (*cfr* Efesini I, 18-23). (*Lumen Gentium*, 7)

11. Questa è l'unica Chiesa di Cristo, che nel Simbolo professiamo Una, Santa, Cattolica e Apostolica e che il Salvatore nostro, dopo la sua resurrezione, diede da pascere a Pietro, affidandone a lui e agli altri apostoli la diffusione e la guida, e costituì per sempre colonna e sostegno della verità (*cfr* 1 Timoteo III, 15). Questa Chiesa, in questo mondo costituita e organizzata come società, sussiste nella Chiesa cattolica, governata dal successore di Pietro e dai vescovi in comunione con lui. (*Lumen Gentium*, 8)

12. Sarebbe un errore dire che gli altri movimenti cristiani nel mondo siano privi di valore. L'ecumenismo, un approccio più benevolo e caritatevole nei confronti dei nostri fratelli separati, è una corrente in continua crescita all'interno della Chiesa. Lo status e la posizione della Chiesa cattolica e degli altri movimenti cristiani vengono definiti nel Decreto sull'Ecumenismo citati negli Estratti 13 e 27.

13. Gesù Cristo vuole che il suo popolo, per mezzo della fedele predicazione del Vangelo, dell'amministrazione dei sacramenti e del governo amorevole da parte degli apostoli e dei loro successori, cioè i vescovi con a capo il successore di Pietro, sotto l'azione dello Spirito Santo, cresca e perfezioni la sua comunione nell'unità: nella confessione di una sola fede, nella comune celebrazione del culto divino e nella fraterna concordia della famiglia di Dio. Così la Chiesa, unico gregge di Dio, quale segno elevato alla vista delle nazioni, mettendo a servizio di tutto il genere umano il Vangelo della pace, compie nella speranza il suo pellegrinaggio verso la meta che è la patria celeste. Questo è il sacro mistero dell'unità della Chiesa, in Cristo e per mezzo di Cristo, mentre lo Spirito Santo opera la varietà dei ministeri. Il supremo modello e principio di questo mistero è l'unità nella Trinità delle Persone di un solo Dio Padre e Figlio nello Spirito Santo.

In questa Chiesa di Dio una e unica sono sorte fino dai primissimi tempi alcune scissioni, condannate con gravi parole dall'Apostolo ma nei secoli posteriori sono nate dissensioni più ampie, e comunità considerevoli si staccarono dalla piena comunione della Chiesa cattolica, talora per colpa di uomini di entrambe le parti. Quelli poi che ora nascono e sono istruiti nella fede di Cristo in tali comunità, non possono essere accusati di peccato di separazione, e la Chiesa cattolica li circonda di fraterno rispetto e di amore. Coloro infatti che credono in Cristo ed hanno ricevuto validamente il battesimo, sono costituiti in una certa comunione, sebbene imperfetta, con la Chiesa cattolica. Sicuramente, le divergenze che in vari modi esistono tra loro e la Chiesa cattolica, sia nel campo della dottrina e talora anche della disciplina, sia circa la struttura della Chiesa, costituiscono non pochi impedimenti, e talvolta gravi, alla piena comunione ecclesiale. Al superamento di essi tende appunto il movimento ecumenico. Nondimeno, giustificati nel battesimo dalla fede, sono incorporati a Cristo e perciò sono a ragione insigniti del nome di cristiani, e dai figli della Chiesa cattolica sono giustamente riconosciuti quali fratelli nel Signore.

Inoltre, tra gli elementi o beni dal complesso dei quali la stessa Chiesa è edificata e vivificata, alcuni, anzi parecchi ed eccellenti, possono trovarsi fuori dei confini visibili della Chiesa cattolica: la parola di Dio scritta, la vita della grazia, la fede, la speranza e la carità, e altri doni interiori dello Spirito Santo ed elementi visibili. Tutte queste cose, le quali provengono da Cristo e a lui conducono, appartengono a buon diritto all'unica Chiesa di Cristo. Anche non poche azioni sacre della religione cristiana vengono compiute dai fratelli da noi separati, e queste in vari modi, secondo la diversa condizione di ciascuna Chiesa o comunità, possono senza dubbio produrre realmente la vita della grazia, e si devono dire atte ad aprire accesso alla comunione della salvezza.

Perciò queste Chiese e comunità separate, quantunque crediamo abbiano delle carenze, nel mistero della salvezza non sono affatto spoglie di significato e di valore. Lo Spirito di Cristo infatti non ricusa di servirsi di esse come di strumenti di salvezza, la cui forza deriva dalla stessa pienezza della grazia e della verità, che è stata affidata alla Chiesa cattolica.

(*Unitatis Redintegratio*, 2-3)

14. Questa infallibilità, della quale il divino Redentore volle provveduta la sua Chiesa nel definire la dottrina della fede e della morale, si estende tanto, quanto il deposito della divina Rivelazione, che deve essere gelosamente custodito e fedelmente esposto. (*Lumen Gentium*, 25)

15. L'infallibilità promessa alla Chiesa risiede pure nel corpo episcopale quando esercita il supremo magistero col successore di Pietro. A queste definizioni non può mai mancare l'assenso della Chiesa, data l'azione dello stesso Spirito Santo che conserva e fa progredire nell'unità della fede tutto il gregge di Cristo. (*Lumen Gentium*, 25)

16. Di questa infallibilità il romano Pontefice, capo del collegio dei vescovi, fruisce in virtù del suo ufficio, quando, quale supremo pastore e dottore di tutti i fedeli che conferma nella fede i suoi fratelli (*cfr* Luca XXII, 32), sancisce con atto definitivo una dottrina riguardante la fede e la morale. Perciò le sue definizioni giustamente sono dette irreformabili per se stesse e non in virtù del consenso della Chiesa, essendo esse pronunziate con l'assistenza dello Spirito Santo a lui promessa nella persona di san Pietro, per cui non hanno bisogno di una approvazione di altri, né ammettono appello alcuno ad altro giudizio. In effetti allora il romano Pontefice pronunzia sentenza non come persona privata, ma espone o difende la dottrina della fede cattolica quale supremo maestro della Chiesa universale, singolarmente insignito del carisma dell'infallibilità della Chiesa stessa. (*Lumen Gentium*, 25)

17. La Chiesa di coloro che camminano sulla terra, riconoscendo benissimo questa comunione di tutto il corpo mistico di Gesù Cristo, fino dai primi tempi della religione cristiana coltivò con grande pietà la memoria dei defunti e, "poiché santo e salutare è il pensiero di pregare per i defunti perché siano assolti dai peccati" (2 Maccabei XII, 46), ha offerto per loro anche suffragi. Che gli apostoli e i martiri di Cristo, i quali con l'effusione del loro sangue diedero

la suprema testimonianza della fede e della carità, siano con noi strettamente uniti in Cristo, la Chiesa lo ha sempre creduto; li ha venerati con particolare affetto insieme con la beata vergine Maria e i santi angeli e ha piamente implorato il soccorso della loro intercessione. A questi in breve se ne aggiunsero anche altri, che avevano più da vicino imitata la verginità e la povertà di Cristo e infine altri, il cui singolare esercizio delle virtù cristiane e le grazie insigni di Dio raccomandavano alla pia devozione e imitazione dei fedeli... Non veneriamo però la memoria degli abitanti del cielo solo per il loro esempio, ma più ancora perché l'unione della Chiesa nello Spirito sia consolidata dall'esercizio della fraterna carità (*cfr* Efesini IV, 1-6). Poiché, come la cristiana comunione tra i cristiani della terra ci porta più vicino a Cristo, così la comunità con i santi ci congiunge a lui, dal quale, come dalla loro fonte e dal loro capo, promana ogni grazia e la vita dello stesso popolo di Dio.

(*Lumen Gentium*, 50)

18. È quindi sommamente giusto che amiamo questi amici e coeredi di Gesù Cristo, che sono anche nostri fratelli e insigni benefattori, e che per essi rendiamo le dovute grazie a Dio, "rivolgiamo loro supplici invocazioni e ricorriamo alle loro preghiere e al loro potente aiuto per impetrare grazie da Dio mediante il Figlio suo Gesù Cristo, Signore nostro, il quale solo è il nostro Redentore e Salvatore" (Concilio di Trento). Infatti ogni nostra vera attestazione di amore fatta ai santi, per sua natura tende e termina a Cristo, che è "la corona di tutti i santi" (Breviario romano, Invitatorio nella festa di Tutti i Santi) e per lui a Dio, che è mirabile nei suoi santi e in essi è glorificato.

(*Lumen Gentium*, 50)

19. Scoperta dell'intimità divina, esigenza di adorazione, bisogno di intercessione: l'esperienza della santità cristiana ci dimostra la fecondità della preghiera, nella quale Dio si manifesta allo spirito ed al cuore dei suoi servitori. Questa conoscenza di lui stesso il Signore ce la dona nel fuoco dell'amore.

(*Perfectae Caritatis*, 23)

20. Infatti Maria vergine, la quale all'annunzio dell'angelo accolse nel cuore e nel corpo il Verbo di Dio e portò la vita al mondo, è riconosciuta e onorata come vera madre di Dio e Redentore. Redenta in modo eminente in vista dei meriti del Figlio suo e a lui unita da uno stretto e indissolubile vincolo, è insignita del sommo ufficio e dignità di madre del Figlio di Dio, ed è perciò figlia prediletta del Padre e tempio dello Spirito Santo; per il quale dono di grazia eccezionale precede di gran lunga tutte le altre creature, celesti e terrestri. Insieme però, quale discendente di Adamo, è congiunta con tutti gli uomini bisognosi di salvezza; anzi, è "veramente madre delle membra (di Cristo)... perché cooperò con la carità alla nascita dei fedeli della Chiesa, i quali di quel capo sono le membra" (S. Agostino, *De S. Virginitate*, 6). Per questo è anche riconosciuta quale sovreminente e del tutto singolare membro della Chiesa, figura ed eccellentissimo modello per essa nella fede e nella carità; e la Chiesa cattolica, istruita dallo Spirito Santo, con affetto di pietà filiale la venera come madre amatissima.

(*Lumen Gentium*, 53)

21. Maria, perché madre santissima di Dio presente ai misteri di Cristo, per grazia di Dio esaltata, al di sotto del Figlio, sopra tutti gli angeli e gli uomini, viene dalla Chiesa giustamente onorata con culto speciale. E di fatto, già fino dai tempi più antichi, la beata Vergine è venerata col titolo di "madre di Dio" e i fedeli si rifugiano sotto la sua protezione, implorandola in tutti i loro pericoli e le loro necessità. Soprattutto a partire dal Concilio di Efeso il culto del popolo di Dio verso Maria crebbe mirabilmente in venerazione e amore, in preghiera e imitazione, secondo le sue stesse parole profetiche: "Tutte le generazioni mi chiameranno beata, perché grandi cose mi ha fatto l'Onnipotente" (Luca I, 48). Questo culto, quale sempre è esistito nella Chiesa sebbene del tutto singolare, differisce essenzialmente dal culto di adorazione reso al Verbo incarnato così come al Padre e allo Spirito Santo, ed è eminentemente adatto a promuoverlo. Infatti le varie forme di devozione verso la madre di Dio, che la Chiesa ha approvato, mantenendole entro i limiti di una dottrina sana e ortodossa e rispettando le circostanze di tempo e di luogo, il temperamento e il genio proprio dei fedeli, fanno sì che, mentre è onorata la madre, il Figlio, al quale sono volte tutte le cose e nel quale piacque all'eterno Padre di far risiedere tutta la pienezza, sia debitamente conosciuto, amato, glorificato, e siano osservati i suoi comandamenti. Il santo Concilio formalmente insegna questa dottrina cattolica. Allo stesso tempo esorta tutti i figli della Chiesa a promuovere generosamente il culto, specialmente liturgico, verso la beata Vergine, ad avere in grande stima le pratiche e gli esercizi di pietà verso di lei, raccomandati lungo i secoli dal magistero della Chiesa; raccomanda di osservare religiosamente quanto in passato è stato sancito circa il culto delle immagini di Cristo, della beata Vergine e dei Santi. (*Lumen Gentium*, 66-67)

22. I sacramenti sono ordinati alla santificazione degli uomini, alla edificazione del corpo di Cristo e, infine, a rendere culto a Dio; in quanto segni hanno poi anche un fine pedagogico. Non solo suppongono la fede, ma con le parole e gli elementi rituali la nutrono, la irrobustiscono e la esprimono; perciò vengono chiamati " sacramenti della fede ". Conferiscono certamente la grazia, ma la loro stessa celebrazione dispone molto bene i fedeli a riceverla con frutto, ad onorare Dio in modo debito e ad esercitare la carità. È quindi di grande importanza che i fedeli comprendano facilmente i segni dei sacramenti e si accostino con somma diligenza a quei sacramenti che sono destinati a nutrire la vita cristiana. (*Sacrosanctum Concilium*, 59)

23. Mediante il battesimo, gli uomini vengono inseriti nel mistero pasquale di Cristo: con lui morti, sepolti e risuscitati, ricevono lo Spirito dei figli adottivi, "che ci fa esclamare: Abba, Padre" (Romani VIII, 15), e diventano quei veri adoratori che il Padre ricerca. (*Sacrosanctum Concilium*, 6)

24. L'Ordinamento generale del Messale romano, stampato sulla copertina di ogni nuovo Messale, dedica un intero capitolo alla "Importanza e Dignità della Celebrazione Eucaristica". Così inizia quel capitolo:

> La celebrazione della Messa, in quanto azione di Cristo e del popolo di Dio gerarchicamente ordinato, costituisce il centro di tutta la vita cristiana per la Chiesa universale, per quella locale, e per i singoli fedeli. Nella Messa, infatti, si ha il culmine sia dell'azione con cui Dio santifica il mondo in Cristo, sia del culto che gli uomini rendono al Padre, adorandolo per mezzo di Cristo Figlio di Dio nello Spirito Santo. In essa inoltre la Chiesa commemora, nel corso dell'anno, i misteri della redenzione, in modo da renderli in certo modo presenti. Tutte le altre azioni sacre e ogni attività della vita cristiana sono in stretta relazione con la Messa, da essa derivano e ad essa sono ordinate.

25. Tutti i sacramenti, come pure tutti i ministeri ecclesiastici e le opere d'apostolato, sono strettamente uniti alla sacra eucaristia e ad essa sono ordinati (38). Infatti, nella santissima eucaristia è racchiuso tutto il bene spirituale della Chiesa (39), cioè lo stesso Cristo, nostra pasqua, lui il pane vivo che, mediante la sua carne vivificata dallo Spirito Santo e vivificante dà vita agli uomini i quali sono in tal modo invitati e indotti a offrire assieme a lui se stessi, il proprio lavoro e tutte le cose create. Per questo l'eucaristia si presenta come fonte e culmine di tutta l'evangelizzazione, cosicché i catecumeni sono introdotti a poco a poco a parteciparvi, e i fedeli, già segnati dal sacro battesimo e dalla confermazione, ricevendo l'eucaristia trovano il loro pieno inserimento nel corpo di Cristo. (*Presbyterorum Ordinis*, 5)

26. Nella sua Costituzione Apostolica Indulgentiarum Doctrina (1967), Papa Paolo VI definisce con estrema chiarezza la natura e lo scopo delle indulgenze:

> Detta remissione di pena temporale dovuta per i peccati, già rimessi per quanto riguarda la colpa, con termine proprio è stata chiamata "indulgenza". Essa conviene in parte con gli altri mezzi o vie destinate ad eliminare ciò che rimane del peccato, ma nello stesso tempo si distingue chiaramente da essi. Nell'indulgenza, infatti, la chiesa facendo uso del suo potere di ministra della redenzione di Cristo signore, non soltanto prega, ma con intervento autoritativo dispensa al fedele ben disposto il tesoro delle soddisfazioni di Cristo e dei santi in ordine alla remissione della pena temporale. Il fine che l'autorità ecclesiastica si propone nella elargizione delle indulgenze, è non solo di aiutare i fedeli a scontare le pene del peccato, ma anche di spingere gli stessi a compiere opere di pietà, di penitenza e di carità, specialmente quelle che giovano all'incremento della fede e al bene comune. Se poi i fedeli offrono le indulgenze in suffragio dei defunti coltivano in modo eccellente la carità e, mentre elevano la mente al cielo, ordinano più saggiamente le cose terrene.

27. Tuttavia i fratelli da noi separati, sia essi individualmente, sia le loro comunità e Chiese, non godono di quella unità, che Gesù Cristo ha voluto elargire a tutti quelli che ha rigenerato e vivificato insieme per formare un solo corpo in vista di una vita nuova, unità attestata dalle sacre Scritture e dalla veneranda tradizione della Chiesa. Infatti solo per mezzo della cattolica Chiesa di Cristo, che è il mezzo generale della salvezza, si può ottenere tutta

la pienezza dei mezzi di salvezza. In realtà noi crediamo che al solo Collegio apostolico con a capo Pietro il Signore ha affidato tutti i tesori della Nuova Alleanza, al fine di costituire l'unico corpo di Cristo sulla terra, al quale bisogna che siano pienamente incorporati tutti quelli che già in qualche modo appartengono al popolo di Dio. (*Unitatis Redintegratio*, 3) 28. Le autorità civili dovranno considerare come un sacro dovere conoscere la vera natura del matrimonio e della famiglia; proteggerli e farli progredire, difendere la moralità pubblica e favorire la prosperità domestica. In particolare dovrà essere difeso il diritto dei genitori di generare la prole e di educarla in seno alla famiglia. (*Gaudium et Spes*, 52)

29. Accesso alla proprietà e dominio privato dei beni; problemi dei latifondi Poiché la proprietà e le altre forme di potere privato sui beni esteriori contribuiscono alla espressione della persona e danno occasione all'uomo di esercitare il suo responsabile apporto nella società e nella economia, è di grande interesse favorire l'accesso degli individui o dei gruppi ad un certo potere sui beni esterni. La proprietà privata o un qualche potere sui beni esterni assicurano a ciascuno una zona indispensabile di autonomia personale e familiare e bisogna considerarli come un prolungamento della libertà umana. Infine, stimolando l'esercizio della responsabilità, essi costituiscono una delle condizioni delle libertà civili. (*Gaudium et Spes*, 71)

30. L'amore coniugale è espresso e sviluppato in maniera tutta particolare dall'esercizio degli atti che sono propri del matrimonio. Ne consegue che gli atti coi quali i coniugi si uniscono in casta intimità sono onesti e degni; compiuti in modo veramente umano, favoriscono la mutua donazione che essi significano ed arricchiscono vicendevolmente nella gioia e nella gratitudine gli sposi stessi.
(*Gaudium et Spes*, 49)

31. I figli della Chiesa, fondati su questi principi, nel regolare la procreazione, non potranno seguire strade che sono condannate dal Magistero nella spiegazione della legge divina. (*Gaudium et Spes*, 51)

32. Dobbiamo inoltre riconoscere la natura unica dell'atto di mettere al mondo un bambino e la sua posizione nell'esistenza umana. Dovremmo tutti riflettere profondamente sul valore incommensurabile della singola persona. Un essere umano è più di una statistica della popolazione. Un individuo è un'espressione irripetibile, di natura limitata e creata, di Dio stesso. Ciascun uomo è immagine del Dio infinito. La vita umana, pertanto, ha un valore assoluto, e ogni singolo individuo ha un valore unico. La vita umana è l'apogeo della creazione di Dio. Questa è la visione, profondamente cristiana, dietro l'uso della parola "procreazione". Quando marito e moglie hanno un figlio, essi partecipano alla perpetua creazione di Dio. Come stabilito nel 1968 dalla Conferenza dei Vescovi, nella procreazione vi è "una triplice unione di marito, moglie e Dio". (*Lumen Gentium*)

In Questo Crediamo: Postfazione

Mons. A.N. Gilbey fu, dal 1932 al 1965, cappellano degli studenti cattolici della Cambridge University; erano proprio loro i giovani destinatari della prima pubblicazione anonima privata, realizzata nel 1983 con il titolo di *We Believe*, di quel corso di insegnamenti che Mons. Gilbey impartiva a quanti gli avessero sottoposto i propri quesiti sulla dottrina cattolica. L'Autore, in principio riluttante, fu infine persuaso a pubblicare i suoi insegnamenti e dedicò quella prima edizione alle persone che l'avevano resa possibile: William Guy, il catecumeno, Adrian Mathias, che si occupò della registrazione del corso di insegnamenti, e Victor Walne e Christopher Monckton, che si assunsero interamente l'onere di pubblicarla. Con grande stupore dell'Autore, *We Believe* raggiunse un pubblico ben più vasto di quello immaginato in principio. La sua opera fu accolta con straordinario entusiasmo da personalità sia cattoliche che protestanti della vita politica e pubblica inglese, da importanti autori e da arcivescovi cattolici di Scozia, Irlanda e Stati Uniti d'America (il Cardinal John O'Connor, allora arcivescovo di New York). Nel 1991, in occasione dei festeggiamenti per il novantesimo compleanno dell'autore, il compianto Cardinal Basil Hume, arcivescovo di Westminster, pronunciò parole di encomio su *We Believe*: "Trovare un catechismo più attendibile ed esauriente sarebbe impresa ardua"; in quella circostanza, il cardinale rivelò che l'autore l'aveva molto ispirato durante il suo sacerdozio.

La Biblioteca Vaticana ha di recente espresso la sua approvazione per il testo, definendo eccellente la traduzione italiana sia per l'ortodossia e la chiarezza della teologia dell'autore che per la qualità dell'esposizione in italiano. La traduzione di *We Believe* è a cura del dott. Giorgio Basciu con il patrocinio del professor Peter Gregory-Jones dell'Università di Cagliari, autore di una storia del cappellanato cattolico di Cambridge, che conosceva bene Mons. Gilbey.

Negli anni '80, in un periodo in cui l'impegno ecumenico dei vescovi per una riconciliazione con la Chiesa Anglicana imponeva loro di evitare di attirare l'attenzione pubblica sulle rivendicazioni di esclusività della Chiesa Cattolica, il bisogno di una presentazione chiara e autorevole della dottrina cattolica in Inghilterra era pressante. Sebbene Mons. Gilbey considerasse i suoi insegnamenti una mera anticipazione di quel Catechismo Universale auspicato da Papa Giovanni Paolo II, *We Believe* è in continua circolazione da trent'anni, e nel 2011 è giunto alla sua quinta edizione. Nel 1994 è apparsa una traduzione del testo in francese, dal titolo *Ce que nous croyons*.

Durante gli studi a Roma, dove fu ordinato nel 1929, e il cappellanato a Cambridge negli anni '30, il giovane Alfred Gilbey fece esperienza diretta degli estremi e delle conformità espresse dalle ideologie del pensiero politico di destra e di sinistra. L'esperienza lo aveva reso insofferente nei confronti di qualunque tentativo di forzare il Vangelo in una matrice ideologica, come quello che scorgeva, all'indomani del Concilio Vaticano II, nell'idea che l'egualitarismo rappresentasse un elemento sostanziale dell'*aggiornamento*. Non ho alcun dubbio sul fatto che la sua decisione di acconsentire a che *We Believe* raggiungesse un pubblico più vasto scaturisse dalla profonda preoccupazione che il concetto di uguaglianza comportasse per i cattolici due gravissime conseguenze. La prima era che l'egualitarismo minasse, implicitamente se non espressamente, la responsabilità di ciascuno di noi nella salvezza della propria anima; la seconda, che esso mettesse in ombra l'insegnamento della Chiesa per cui ogni essere umano è portatore di un valore unico presso quel Creatore che l'ha chiamato in essere, e che ritiene in ogni momento di mantenere in essere. È dalla consapevolezza e dall'accettazione di questo rapporto con il Padre che scaturiscono tutti i doveri cristiani; senza di esso, l'idea di fratellanza degli uomini, benché emotivamente persuasiva, è priva di fondamento teologico.

Alfred Gilbey era un sacerdote di grande fascino, generoso tanto col suo tempo quanto con la sua ospitalità, che ha ispirato i suoi numerosi amici con l'esempio, che incarnava giorno dopo giorno, dei precetti di Fede, Speranza e Carità, le virtù teologali sulle quali ha fondato la struttura espositiva di *We Believe*. Chi legge *We Believe* non può che percepire quello spirito di umiltà e di integrità che traspira da queste pagine, e che il traduttore ha saputo cogliere così efficacemente. *In Questo Crediamo* è il titolo scelto per l'edizione italiana, a sottolineare la natura propriamente oggettiva dell'insegnamento della Chiesa Cattolica e il contrasto con il giudizio privato degli individui, plasmato, come spesso accade, da influenze diverse e a volte inconsce.

Mons. Gilbey ha accettato senza riserve la rivendicazione della Chiesa Cattolica di essere il "pilastro e il fondamento della verità", per usare la splendida definizione di San Paolo. Nel corso dei suoi anni da cappellano, gli insegnamenti e l'esempio di Mons. Gilbey hanno ispirato una quarantina di vocazioni al sacerdozio e alla vita religiosa. In contrapposizione con la consuetudine, sviluppatasi nelle scuole cattoliche in quell'epoca turbolenta che fu l'indomani del Concilio Vaticano II, di incoraggiare i catecumeni a esprimere ciò che piaceva e non piaceva loro della Fede, o di quel poco che della Fede conoscevano, Alfred Gilbey ripeteva di frequente che, poiché ciò che ci piace e che non ci piace è espressione della parte meno razionale di noi, non lo si può assumere come fondamento di una formazione religiosa. Il primo principio della catechesi deve essere che la verità Rivelata, giunta a noi per mezzo della Chiesa, può essere insegnata solo in modo didascalico, e che ognuno di noi, con l'ausilio dello Spirito Santo, potrà tornare e riflettere su di essa per il resto della vita.

Questo libro, frutto della meditazione di una vita sulle verità della Fede, può essere considerato il lascito imperituro del pensiero e della preghiera di Mons. Gilbey. Mons. Alfred Gilbey si è spento nel 1998, all'età di novantasei anni.

Victor WALNE

Recensioni dell'edizione originale

Chiaro, lineare e utile. Sono lieto di poter leggere e rileggere *In Questo Crediamo*, e continuare a trarne insegnamento.
Sir Alec Guinness CBE

Ispirato da una viva passione e scritto con grande lucidità di pensiero, *In Questo Crediamo* presenta una dottrina sufficientemente completa e con sufficienti risvolti per la vita di ognuno da rendere possibile la conversione.
Roger Scruton, The Times

Quella di Monsignor Gilbey è una voce che ci rassicura di quella fondamentale permanenza che ci sostiene tutti.
Auberon Waugh, scrittore

Una gradita rassicurazione e un servizio reso alla Chiesa contemporanea.
Piers Paul Read, scrittore

Una presentazione chiara e solida del cattolicesimo tradizionale.
Rev. Brocard Sewell O. Carm, The Spectator

Elegante, accurato, integerrimo... la migliore presentazione in lingua inglese della religione cattolica.
Christopher Monckton, The Salisbury Review

Una presentazione elaborata con cura e una formulazione elegante e affascinante.
Rev.mo Mervyn Stockwood, Vescovo anglicano di Southwark

Alla luce delle premesse, il lavoro è raramente criticabile.
Rev. Richard Incledon, The Times Literary Supplement

L'esposizione di Monsignor Gilbey è eccellente: è veramente difficile trovare di meglio.
Rev.mo Canone Francis J. Ripley, catechista

In Questo Crediamo è una lettura indispensabile per insegnanti e genitori e per tutti coloro che desiderano ricordare le basi e l'essenza della loro Fede.
Maggior Generale il Visconte Monckton of Brenchley,
Compagno Cavaliere dell'Ordine del Bagno, Deputy Lieutenant,
The Catholic Herald

Un libro da leggere spesso e di cui far tesoro, poiché è come cibo per gli affamati e acqua per gli assetati: ci aiuta a rinsaldare la nostra fede.
John Cardinal O'Connor, Arcivescovo di New York

Tradizionale e al tempo stesso contemporaneo; consiglio vivamente la lettura di questa preziosissima opera.
Rev.mo Kevin McNamara, Arcivescovo di Dublino

www.ingramcontent.com/pod-product-compliance
Lightning Source LLC
Chambersburg PA
CBHW022109150426
43195CB00008B/330